［第三版］
テキストブック
地方財政

篠原正博
大澤俊一 ◎── 編著
山下耕治

創成社

はしがき

　わが国の政府の経済活動規模は，一般政府総支出の対 GDP（Gross Domestic Product：国内総生産）比で測ることが可能である。2014 年度におけるその値は約 4 割である。また，国と地方公共団体（都道府県，市町村）の役割分担を目的別歳出額のデータで眺めると，同年度において，国が約 4 割，地方公共団体が約 6 割となっている。

　このように，国民経済における政府の経済活動すなわち「財政」の役割は大きく，国家財政と地方財政はまさに車の両輪として国民の生活を支えている。我々の生活は，国や地方公共団体の提供する公共財・サービスの存在がなければ成立しないのである。そのため，大学の講義においても財政に関する学びは重要なものとなっている。経済学部を例にとると，国家財政に関する内容が「財政学」，地方財政に関する内容は「地方財政論」として開講されているのが一般的である。国家財政と地方財政は密接に関係しているため，財政を理解するには「財政学」と「地方財政論」の両方を学修することが必要となる。

　さて本書は，大学の「地方財政論」の教科書として執筆された。したがって，読者としてはもっぱら大学生を想定しているが，地方財政に関心を持つ社会人にも参照していただければ幸いである。

　本書は，全体で 11 章より構成されている。第 1 章は，国民経済における財政の位置づけおよび地方財政を取り巻く環境変化と課題を概観し，地方財政改革に関する近年の議論を紹介する。第 2 章では，国と地方公共団体との役割分担の現状およびあり方，地方分権の意義を考察する。第 3 章および第 4 章は，地方公共団体の予算制度の現状および改革の方向性，地方経費の概要，地方財政の状態を判断する各種指標に焦点を当てる。第 5 章から第 8 章までは，地方公共団体の歳入の主たるものである地方税，地方交付税，補助金・負担金・交付金，地方債を取り上げ解説している。第 9 章は，社会保障と地方財政の関係

に注目する。第 10 章は，地域活性化にとって関係の深い公共事業を概説する。第 11 章では，地方公営事業の現状と問題点を明らかにする。

　本書の内容は，わが国の地方財政の制度および政策に重点を置いている。学修の助けとなるように，各章のポイントは「この章でわかること」に箇条書きでまとめた。また，重要な用語はゴシック表記してある。さらに，事例や専門用語，時事ネタ等を「コラム」で解説した。

　最後に，創成社の西田徹氏には企画の段階から大変お世話になった。記して感謝の意を表したい。

　2017 年 5 月

編著者を代表して
篠原正博

第三版発行にあたって

　第三版では，改訂版と同様，データを最新のものに変更するとともに，改訂版発行以降の制度改正や議論の動向にも目配りを行った。さらに，地方税の各論に相当する章（第 6 章）を新たに追加し，地方税に関する読者の学修を深めるようにした。

　第三版の発行に際しても，創成社の西田徹氏に全面的にお世話になった。心より御礼申し上げる。

　2023 年 5 月

編著者を代表して
篠原正博

目　次

第1章　地方財政の現状と改革の課題

この章でわかること

◎財政の概念および財政の規模はどうなっているのか。

◎地方財政の現状はどのようになっているのか。

◎地域経済を巡る環境変化と課題は何か。

◎地方財政改革はどのような課題を抱えているのか。

第1節　政府の範囲および規模

(1) 混合経済

　わが国のような資本主義国における経済活動は市場経済が中心であり，政府の経済活動は民間の経済活動を補完している。このような経済システムを「**混合経済 (mixed economy)**」という。

　市場経済においては，**家計**や**企業**のような**経済主体**が市場において取引を行う。市場は財・サービス市場と生産要素市場から構成される。財とサービスの違いは，前者は有形で後者は無形なことである。**生産要素**は，土地，資本（建物，機械等の生産設備），労働の3種類から成る。**財・サービス市場**においては，家計は企業の供給する財・サービスを購入して消費する。**生産要素市場**においては，家計は生産要素を企業に提供して，企業は供給された生産要素を利用して生産を行う。したがって，図表1－1で示されるように，家計（企業）は財・サービス市場において需要主体（供給主体），生産要素市場においては供給主体（需要主体）となる。

　しかしながら，市場経済は万能ではなく，市場では解決できない事柄がある。

図表1-1　経済主体と市場

	財・サービス市場	生産要素市場
需要主体	家　計 政　府	企　業 政　府
供給主体	企　業	家　計

出所：筆者作成。

公共財の供給，外部性（外部経済，外部不経済），費用逓減産業，所得再分配，景気調整などがその例として挙げられる。このような「**市場の失敗（market failure）**」を是正するために，政府が市場に介入して市場の機能を補完する。政府は，家計や企業から税を徴収して，財・サービス市場および生産要素市場において財・サービスや生産要素を購入する（図表1-1）が，市場において供給主体とはならず，予算システムを通じて家計や企業に財・サービスを提供する。このような予算システムを通じた政府の経済活動が**財政（public finance）**である。

（2）財政の規模

　国民経済計算（SNA：System of National Accounts）では，一国の経済の全体像が国際基準に従い明らかにされており，そこでは一定の基準に基づき**民間部門（private sector）**と**公共部門（public sector）**の線引きが行われる。

　民間部門は，家計や企業から構成され，これらによる市場を通した経済活動が民間経済活動である。他方，図表1-2で示されるように，公共部門は一般政府と公的企業から構成される。**一般政府**は，「財貨・サービスの生産主体として，市場原理だけでは成立しない分野で供給されるサービスを，無償もしくは生産コストを下回る価格で社会に供給する主体」で，**公的企業**は，「政府により所有・支配されている企業」である（以上いずれも出井・参議院総務委員会調査室（2008），26頁）。

　さらに，一般政府は中央政府，地方政府，社会保障基金に分かれる。**中央政府**には，一般会計（公務員住宅賃貸を除く），企業特別会計および非企業特別会

図表 1 − 2　公共部門の分類の概要

一般政府	中央政府	・一般会計（公務員住宅賃貸を除く） ・企業特別会計（国有林野事業債務管理特別＋会計） ・非企業特別会計（国債整理基金特別会計，交付税及び譲与税配付金特別会計等）
	地方政府	・普通会計（住宅事業および公務員住宅賃貸を除く） ・公営事業会計（下水道，と畜場事業等） ・その他（財産区，地方開発事業団等）
	社会保障基金	・特別会計および事業会計（年金特別会計，労働保険特別会計，国民健康保険事業，後期高齢者医療事業，介護保険事業等） ・共済組合（公務員共済組合，健康保険組合等） ・基金（社会保険診療報酬支払基金等）
公的企業	中　央	・特殊法人（日本政策金融公庫，日本たばこ産業株式会社，高速道路株式会社等） ・認可法人（日本銀行，預金保険機構等） ・独立行政法人（国立印刷局，造幣局等）
	地　方	地方公営企業（と畜場事業および下水道事業を除く），地方独立行政法人

出所：内閣府（2021）を参考に作成。

計が，**地方政府**には普通会計（住宅事業および公務員住宅賃貸を除く），公営事業会計などが含まれる。**社会保障基金**は，「社会保障給付を行うことを目的として加入が法律により義務づけられ，資金が積み立て方式以外の方法で運営されている組織」（出井・参議院総務委員会調査室（2008），27頁）であり，特別会計・事業会計や共済組合，基金が含まれる。これらには，国レベルの組織のみならず地方レベルの組織も含まれる。地方レベルの組織の例としては，国民健康保険事業（事業勘定），後期高齢者医療事業，介護保険事業（保険事業勘定），地方公務員共済組合・同連合会などが挙げられる。

　公的企業は，特殊法人や認可法人，独立行政法人，地方公営企業などから構成される。特殊法人は，「政府が必要な事業を行おうとする場合，その業務の性質が企業的経営になじむものであり，これを通常の行政機関に担当させても，各種の制度上の制約から能率的な経営を期待できないとき等に，特別の法律によって設立される法人」（総務省ホームページ「独立行政法人制度等」）のことで，

日本政策金融公庫や日本たばこ産業株式会社，高速道路株式会社（e.g. 東日本高速道路株式会社）などがその例として挙げられる。認可法人は，特別の法律により設立され，かつその設立に関し行政官庁の認可を要する法人のことで，日本銀行や預金保険機構などである。独立行政法人は，「国民生活及び社会経済の安定等の公共上の見地から確実に実施されることが必要な事務及び事業であって，国が自ら主体となって直接に実施する必要のないもののうち，民間の主体に委ねた場合には必ずしも実施されないおそれがあるもの又は一の主体に独占して行わせることが必要であるものを効果的かつ効率的に行わせるため設立される法人」（独立行政法人通則法第2条）であり，国立印刷局や造幣局などがその例である。

　一般政府総支出は，政府最終消費支出，一般政府総固定資本形成，移転支出から構成される。政府最終消費支出は，民間部門から財・サービスを購入してそのまま消費してしまう支出（e.g. 公務員の人件費，物件費）のことであり，一般政府総固定資本形成は，有形の資産を作り出すための経費（e.g. 建物や機械設備の購入費用）である。移転支出は政府が個人の財・サービスの反対給付なしに行う一方的な支出で，社会保障移転支出（年金，失業保険給付など），民間部門への経常補助金，海外移転（e.g. 賠償金，ODA）などで構成される。

　国民経済に占める財政の役割を数値でとらえるために，**一般政府総支出の対GDP比**を主要先進国との比較で眺めてみよう（図表1−3）。ただし，社会保障移転支出は，現物社会移転（市場産出の購入）および現物社会移転以外の社会給付（支払）を含む。前者は，医療保険や介護保険における医療費，介護費のうち保険給付分などが該当する。後者は，年金給付や生活保護等である。統計上，現物社会移転（市場産出の購入）は政府最終消費支出に含まれるため，重複を避けるため政府最終消費支出の数値は，現物社会移転（市場産出の購入）を除いたものとなっている[1]。

　2020年において，わが国の値は45.8%であり，アメリカ（47.3%），イギリス（52.5%），ドイツ（50.4%），フランス（61.4%），スウェーデン（52.1%）より

1）国民経済計算による財政の国際比較に関しては，中川（2020）を参照。

図表1－3　国民経済に占める財政の役割の国際比較（対名目GDP比：％：2020年）

	政府最終消費支出	一般政府総固定資本形成	社会保障移転支出	その他	一般政府総支出（合計）
日　　　本	11.9 (10.5)	4.3 (6.3)	22.0 (12.5)	7.6 (0.9)	45.8 (30.0)
ア メ リ カ	14.9 (14.9)	3.6 (3.8)	20.0 (11.4)	8.8 (7.6)	47.3 (37.7)
イ ギ リ ス	19.5 (15.4)	3.2 (2.3)	17.2 (14.3)	12.6 (6.3)	52.5 (38.3)
ド イ ツ	13.0 (12.1)	2.7 (2.6)	26.6 (24.5)	8.1 (15.8)	50.4 (55.0)
フ ラ ン ス	18.6 (18.6)	3.7 (4.2)	28.7 (22.3)	10.4 (9.7)	61.4 (54.8)
スウェーデン	22.8 (23.5)	5.0 (5.1)	16.4 (19.0)	7.9 (15.4)	52.1 (63.0)

財政規模の推移（1995～2020年）			
	一般政府総支出の変化	社会保障移転支出の変化	社会保障移転支出以外の変化
日　　　本	+15.6	+9.5	+6.1
ア メ リ カ	+9.5	+8.6	+0.9
イ ギ リ ス	+14.1	+2.9	+11.2
ド イ ツ	−4.7	+2.1	−6.8
フ ラ ン ス	+6.7	+6.4	+0.3
スウェーデン	−10.9	−2.6	−8.3

（注）・カッコ内は1995年の数値。
　　　・政府最終消費支出は，現物社会移転（市場産出の購入）を除いた数値である。
　　　・社会保障移転支出は，現物社会移転（市場産出の購入）および現物社会移転以外の社会給付（支払）を含む。
出所：OECD. Stat, *Government deficit/surplus, revenue, expenditure and main aggregates*, 内閣府「国民経済計算」より作成。

も低い。また，一般政府総支出を社会保障移転支出とそれ以外に分け1995年との比較で見ると，社会保障移転支出が＋9.5％ポイントと特に増加しており，結果，一般政府総支出の変化は＋15.6％ポイントと，他の先進諸国と比較して大きくなっている。

（3）国と地方の役割分担

　国と地方の役割分担に関して，行政目的に着目した目的別歳出額を最終支出の主体に着目して国と地方に分類すると，図表1－4のようになる。ただし，この場合の歳出額は国と地方の財政支出の合計額から重複分を除いた歳出純計額である。すなわち，国から地方に対する財政移転（地方交付税，国庫支出金，地方譲与税）および地方から国に対する支出（一級河川や国道の整備等の国直轄事業に対する地方負担）を調整した後の金額である。

　2020年度において，歳出純計額の構成比は，国が44.0％，地方が56.0％となっている。民生費（年金）や防衛費は国が全額負担する。また，商工費，公債費，農林水産業費，住宅費等，恩給費に関しては，国の支出割合が地方を上回っている。しかしながら，これらの支出が歳出総額に占める割合は全体で33.5％であり，残りの66.5％に関しては地方の支出割合が国のそれを上回っている。すなわち，衛生費（保健所・ゴミ処理等），学校教育費（小・中学校，幼稚園等），一般行政費等（戸籍，住民基本台帳等），司法警察消防費，社会教育費等

図表1－4　国と地方の行政事務の分担状況（2020年度：％）

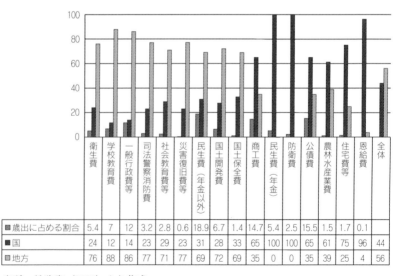

	衛生費	学校教育費	一般行政費等	司法警察消防費	社会教育費等	災害復旧費等	民生費（年金以外）	国土開発費	国土保全費	商工費	民生費（年金）	防衛費	公債費	農林水産業費	住宅費等	恩給費	全体
歳出に占める割合	5.4	7	12	3.2	2.8	0.6	18.9	6.7	1.4	14.7	5.4	2.5	15.5	1.5	1.7	0.1	
国	24	12	14	23	29	23	31	28	33	65	100	100	65	61	75	96	44
地方	76	88	86	77	71	77	69	72	69	35	0	0	35	39	25	4	56

出所：総務省（2022）より作成。

図表1－5　一般政府総支出（社会保障基金を除く）の構造（2020年：％）

	中央政府	地方政府	総　計
日　　　本	29	71	100
ア　メ　リ　カ	39	61	100
イ　ギ　リ　ス	71	29	100
ド　イ　ツ	19	81	100
フ　ラ　ン　ス	60	40	100
スウェーデン	29	71	100

出所：総務省「地方財政関係資料」。

（公民館，図書館，博物館等），災害復旧費等，民生費（児童福祉，生活保護，老人福祉等の年金以外の支出），国土開発費（都市計画，道路，橋りょう，公営住宅等），国土保全費（治山治水事業，海岸事業，土地改良事業，下水道整備事業等）などの国民生活に直接関連する支出に関しては，地方の支出割合が高くなっている。

　国と地方の役割分担の状況に関して国際比較を行うために，社会保障基金を除く一般政府総支出の対GDP比の構造を主要先進国との比較で眺めると，図表1－5のようになる。2020年においてわが国は，中央政府29％，地方政府71％となっている。アメリカ，ドイツ，スウェーデンの場合はわが国と同様に地方政府の割合が中央政府の割合を上回るが，イギリスとフランスにおいては逆の現象が見られる。

第2節　地方財政の現状

（1）地方公共団体の定義

　地方自治法（1947年5月3日施行）によれば，地方公共団体は**普通地方公共団体（都道府県および市町村）**と**特別地方公共団体（特別区，組合および財産区）**から構成される。

　都道府県および市町村の数に関して，戦後の推移を眺めると，都道府県数については，1972年5月15日以降，沖縄返還により47（1都1道2府43県）と

なり現在に至っている。市町村数については，図表 1 － 6 で示されるように，地方自治法の施行された 1947 年には 10,505（市 210，町 1,784，村 8,511）であったが，その後，町村合併促進法（1953 年），新市町村建設促進法（1956 年），市の合併の特例に関する法律（1962 年），市町村の合併の特例に関する法律（1965 年），市町村の合併の特例等に関する法律（2005 年），市町村の合併の特例等に関する法律の一部を改正する法律（2010 年）などの施行により，2022 年 10 月には 1,724（市 792，町 743，村 189）にまで減少している。

　特別区には東京都 23 区が該当し，「人口が高度に集中する大都市地域における行政の一体性及び統一性の確保の観点から，当該区域を通じて都が一体的に

図表 1 － 6　戦後における市町村数の推移

	市	町	村	計	備　考
1947 年 8 月	210	1,784	8,511	10,505	地方自治法施行 (1947 年 5 月 3 日)
1953 年 10 月	286	1,966	7,616	9,868	町村合併促進法施行 (1953 年 10 月 1 日)
1956 年 4 月	495	1,870	2,303	4,668	新市町村建設促進法施行 (1956 年 6 月 30 日)
1962 年 10 月	558	1,982	913	3,453	市の合併の特例に関する法律施行 (1962 年 5 月 10 日)
1965 年 4 月	560	2,005	827	3,392	市町村の合併の特例に関する法律施行 (1965 年 3 月 29 日)
2005 年 4 月	739	1,317	339	2,395	市町村の合併の特例等に関する 法律施行 (2004 年 5 月 26 日)
2006 年 3 月	777	846	198	1,821	市町村の合併の特例に関する法律経過 措置終了
2010 年 4 月	786	757	184	1,727	市町村の合併の特例等に関する法律の 一部を改正する法律施行 (2010 年 3 月 31 日)
2022 年 10 月	792	743	189	1,724	―

　出所：総務省ホームページ「市町村数の変遷と明治・昭和の大合併の特徴」に加筆修正。

処理することが必要であると認める事務を処理する」（地方自治法第281条の2）ことになっている。

　組合には一部事務組合および広域連合がある。前者は「地方公共団体が，その事務の一部を共同して処理するために設ける」（総務省「共同処理制度の概要」）もので，後者は「地方公共団体が，広域にわたり処理することが適当であると認められる事務を処理するために設ける制度」（総務省「共同処理制度の概要」）で，1995年6月より施行されている。一部事務組合と比較して広域連合は，広域的な行政ニーズに対応可能であり，かつ国または都道府県からの権限移譲の受け皿となることもできる。2020年度において，一部事務組合の総数は1,279団体，広域連合は114団体となっている（総務省（2022），95頁）。また一部事務組合の内容は，ゴミ処理等の衛生関係（40.9%），消防関係（21.0%），退職手当組合等の総務関係（14.7%）等となっている（総務省（2022），95頁）。

　財産区とは，「市町村及び特別区の一部で財産を有しもしくは公の施設を設けているもの，又は市町村及び特別区の廃置分合もしくは境界変更の場合におけるこの法律もしくはこれに基づく政令の定める財産処分に関する協議に基づき，市町村及び特別区の一部が財産を有しもしくは公の施設を設けるものとなるもの」（地方自治法第294条第1項）である。2021年4月1日時点で，財産区を有する市町村数は429，財産区の数は3,940となっている。また，財産の種類としては，山林，原野，宅地，用水地・沼地，墓地などである（以上，総務省「財産区に関する調」）。

（2）地方財政の状況
　地方財政の状況を，**基礎的財政収支（プライマリーバランス）**と長期債務残高の2つの指標により眺めてみよう。

① 基礎的財政収支
　基礎的財政収支は，政策的経費（歳出から公債費（債務償還費および利払費）を除いた経費）を新たな借金（公債金収入）に依存せずに，税収等によりどの程度賄えるかを示す指標である。図表1－7は，基礎的財政収支の状況を示してい

図表 1 − 7　基礎的財政収支の概念

（歳入）	（歳出）	
赤　字		
公債金収入	公債費（債務償還費・利払費）	
	基礎的財政収支（赤字）	
税収等	政策的経費	
均　衡		
公債金収入	公債費（債務償還費・利払費）	
税収等	政策的経費	
黒　字		
公債金収入	公債費（債務償還費・利払費）	
税収等	基礎的財政収支（黒字）	
	政策的経費	

出所：筆者作成。

る。赤字の場合には，政策的経費を税収等の収入では賄えない（税収等＜政策的経費）。均衡の場合には，政策的経費を税収等の収入で賄える（税収等＝政策的経費）。黒字の場合には，税収等の収入で政策的経費のみならず公債費の一部を賄えることになる（税収等＞政策的経費）。現実の状況は図表 1 − 8 から明らかなように，基礎的財政収支の対名目 GDP 比は，2021 年度において中央政府は赤字（−6.3％），地方政府は黒字（0.8％）となっている。中央政府は 1994 年度以降継続して赤字であるのに対し，地方政府は 2004 年度以降，黒字である。

② 　長期債務残高
　長期債務残高は，国や地方が抱えている借金の残高を示し，国債残高および地方債残高，借入金残高等から構成される。長期債務残高は，図表 1 − 9 で示されるように，2020 年度末において，国 973 兆円，地方 192 兆円である。また，長期債務残高の対名目 GDP 比は，2020 年度において国 177％，地方 36％である。

図表1－8　プライマリーバランスの推移（対名目GDP比：％）

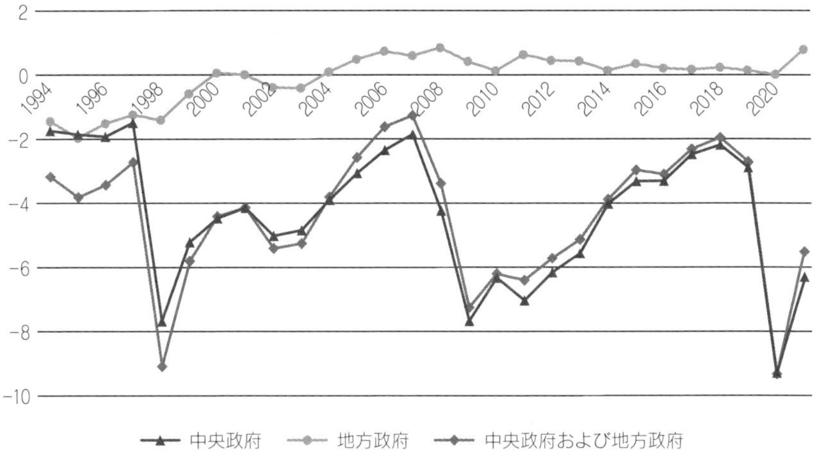

出所：内閣府「2021年度国民経済計算（2015年基準・2008SNA）」より作成。

図表1－9　国および地方の長期債務残高

	1998年度末 （実績値）	2003年度末 （実績値）	2008年度末 （実績値）	2013年度末 （実績値）	2020年度末 （実績値）
国 (a)	390兆円 78%	493 101	573 112	771 152	973 177
地　方 (b)	163兆円 31%	198 38	197 39	201 40	192 36
国・地方合計 (a＋b)	553兆円 103%	692 131	770 149	972 192	1,165 218

（注）・段は債務残高（兆円），下段は対名目GDP比（％）である。
出所：財務省ホームページ「財政関係基礎データ」。

③　基礎的財政収支と長期債務残高の関係

　　基礎的財政収支の対 GDP 比と**長期債務残高の対 GDP 比**は，いずれも財政の健全性を示す指標であるが，基礎的財政収支の状況は長期債務残高へ影響を与える。したがって，基礎的財政収支の概念は**財政の持続可能性**を議論する際

に注目される。基礎的財政収支が赤字および均衡の場合は，長期債務残高は増加する。赤字の場合には，税収等が政策的経費を下回るため，その不足分を新たな公債発行に頼らざるを得ず，債務残高が増加する。基礎的財政収支が均衡の場合においても，新たな借金（公債金収入）は過去の債務の償還・利払いにのみ充てられるため，債務残高は利払費分だけ増加する。

　一般に，長期債務残高の対 GDP 比は，以下の式で示されるように，①プライマリ・バランス（PB）の動向，②名目成長率と金利の大小関係に影響を受ける（財務省（2022），21 頁参照）。基礎的財政収支が均衡の場合（今期の PB 赤字ゼロ）において，長期債務残高の対名目 GDP 比の動向は，名目成長率と金利の大小関係に左右される。今期の債務残高は利払費分だけ増加する。利払費は債務残高に名目金利を乗ずることにより求められる（利払費＝前期の債務残高×名目金利）。また，GDP は名目成長率に比例して変動する。したがって，金利が名目成長率を上回る（下回る）ならば，長期債務残高の対 GDP 比は増加（減少）する。金利と名目成長率が等しいならば，長期債務残高の対 GDP 比は一定である。

今期の債務残高の対 GDP 比

$$= \frac{\text{前期の債務残高} \times (1＋\text{名目金利}) ＋ \text{今期の PB 赤字}}{\text{前期の GDP} \times (1＋\text{名目成長率})}$$

　一般には，「金利から経済成長率を差し引いたものに債務残高を乗じた額以上の基礎的財政収支黒字を確保できれば，長期債務残高の対 GDP 比は低下し，財政は破綻せず持続可能となる」（横山・馬場・堀場（2009），261 頁）と考えられる。

④　地方財政の状況に関する認識

　地方財政の状況に関する認識は，国と地方とでは異なる。図表 1－10 は，財政制度等審議会（財務省の審議会）と地方財政審議会（総務省の審議会）の議論をとりあげ，いくつかの論点に関して見解の違いを示したものである。概し

図表 1 – 10　地方財政の状況に関する認識

	財政制度等審議会	地方財政審議会
基礎的財政収支および長期債務残高	・基礎的財政収支 　地方は黒字が継続 ・長期債務残高 　地方は微減	・地方を国と対比しうる単一の財政主体として認識すべきでない。 ・基礎的財政収支および長期債務残高の数値が国と比較して良くなってきているのは，歳出抑制に努力してきた結果である。 ・諸外国と比較して，わが国では地方が多額の債務残高を抱えている。
基金残高	・2006 年度末（13.6 兆円）と比較すると，2016 年度末（21.6 兆円）の基金残高は約 1.6 倍に増加している。	・基金残高の標準財政規模に対する割合（東京都・特別区を除く）は，1989 年度以降の平均と同程度で，近年はほぼ横ばい。 ・財源の多くは，行政改革や経費削減により捻出されている。 ・一定水準の基金の確保は，財政運営上当然必要である。 ・基金残高の状況は，各地方自治体の自主的な判断に基づく健全な財政運営の結果として尊重すべきである。
臨時財政対策債	・基金残高が増加しながら臨時財政対策債の残高も増加している。 ・健全な財政運営のためには，債務残高の安定的な引き下げが必要。	・基金残高と臨時財政対策債の発行残高の間に直接的な関係はない。 ・予算の執行状況等を踏まえ，地方債の発行額は調整されている。
地方財政計画における計画と決算の乖離	・地方財政計画における歳出が，決算における歳出を継続的に 1 兆円前後上回っている。PDCA サイクルを回して地方財政計画の策定を行うべき。 ・計画と比較可能な形での決算データの公表を検討すべき。 ・「枠計上経費」の成果を検証し，計上水準の適正性を検証すべきである。	・計画と決算が比較可能となるような所要の調整を行うと，決算額が計画額を 1〜2 兆円程度上回っている。 ・地方財政計画は，国が地方公共団体の標準的な行政を保障するために作成する歳入・歳出額の見込額であるから，決算額を基礎として計画を作成することは適切ではない。 ・財源の年度間調整は，各地方自治体がそれぞれの財政の実態に応じて行うべきである。 ・「枠計上経費」に関して国が実績や効果を一義的に判断することは望ましくない。

出所：財政制度等審議会（2018；2019；2021），地方財政審議会（2018；2019；2022）。

て，前者は国と比較して地方は財政的余裕があり，国の財政赤字削減に地方も協力すべきとの立場に立つのに対し，後者はこれに反対する論調となっている。

　基礎的財政収支および長期債務残高の状況に関して，国と比較して地方は良好であるとの指摘に対し，地方は単一の財政主体ではないこと，国と比較して良好なのは地方が歳出抑制に努力してきた結果であること，諸外国と比較するとわが国の地方の債務残高は多いことなどが示される。

　地方の基金残高が増加している点に関しては，基金残高の標準財政規模に対する割合は 1989 年度以降の平均値と同程度であり，行政改革や経費削減などの各地方公共団体による健全な財政運営の結果であるとされる。

　臨時財政対策債（交付税財源が必要な額に満たない場合に発行される赤字地方債で，その元利償還金額が地方交付税の基準財政需要額に算入される）が増加する中で基金残高が増えている状況に関して，地方債の債務残高の安定的な引下げを行うべきとの指摘に対して，臨時財政対策債の発行残高と基金残高との間には直接的な関係はないこと，地方債の発行は各地方公共団体において予算の執行状況に応じて実施されていると反論される。

　地方交付税総額を決定する地方財政計画における計画額が決算額を継続的に上回っていることから，PDCA サイクルを回して，計画額と決算額との比較・検証により歳出改革を行い次の地方財政計画を策定すべきであるとの意見に対しては，所要の調整を行うと決算額が計画額を上回っていること，標準的な行政を保障するという地方財政計画の趣旨からして決算額をベースとして計画額を決定することは適切ではないこと，財源の年度間調整は各地方公共団体が自主的に行うべきことが主張される。さらに，「枠計上経費」（地方単独事業に係る一般行政経費，まち・ひと・しごと創生事業費，地域社会再生事業費，地域デジタル社会推進費等）に関してその具体的内容や積算根拠が明確でないとの指摘に対しては，「枠計上経費」は各地方公共団体がそれぞれの地域の実情を踏まえて自主的・主体的に取り組むためのものであり，国が一義的にその成果を判断することは，地方公共団体の自主性・主体性を損なうとともに地方分権や地方創生の趣旨に反するとされる。

第3節　地域経済を巡る環境変化と課題

（1）少子高齢化

　わが国の総人口は，2021年10月1日現在1億2,550万人である。図表1－11で示されるように，1950年に8,411万人であった総人口はその後増加傾向にあった。しかしながら，2010年以降は減少傾向に転じ，2065年には1955年とほぼ同水準の8,808万人にまで減少すると見込まれている（社会保障・人口問題研究所（2017）における出生中位・死亡中位推計）。

　将来において人口が減少すると予測される背景には**少子化**がある。1950年に3.65であった**合計特殊出生率**（1人の女性が一生の間に産む子供の平均数）は，2005年には過去最低である1.26まで落ち込んだ。その後，緩やかに回復傾向にあったが，2020年は，1.33と前年の1.36より0.03ポイント下回った。人口を維持するのに必要な合計特殊出生率（人口置換水準）は2.08であるとされるが，1970年代後半以降はその値を下回っている。

図表1－11　総人口・高齢化率・合計特殊出生率の推移

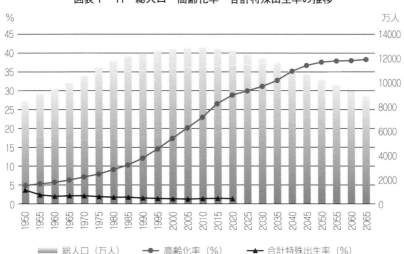

出所：内閣府（2022b；2022c），厚生労働省（2019）より作成。

図表 1 − 12　人口高齢化の動向の国際比較（％）

	1950 年	1980 年	2015 年	2040 年	2060 年
日　　　本	4.9	9.1	26.7	36.1	39.9
ア メ リ カ	8.3	11.3	14.8	21.9	23.5
イ ギ リ ス	10.8	14.9	17.8	23.8	26.0
ド　イ　ツ	9.6	15.6	21.2	31.3	33.1
フ ラ ン ス	11.4	14.0	19.1	26.0	26.4
先 進 地 域	7.7	11.7	17.6	25.2	27.4
開発途上地域	3.8	4.1	6.4	12.4	16.8

（注）先進地域：北部アメリカ，日本，ヨーロッパ，オーストラリア，
　　　　ニュージーランド
　　　開発途上地域：アフリカ，アジア（日本を除く），中南米，メラネ
　　　　シア，ミクロネシア，ポリネシア
出所：内閣府（2016a）。

　さらに，人口構造の特徴として**高齢化率**（総人口に占める 65 歳以上人口の割合）が上昇していることを指摘できる。1950 年には 4.9％ であった高齢化率は，2021 年には 28.9％ に上昇した。2065 年には 38.4％ に達すると見込まれ，急速な**高齢化**が進行すると予測される。高齢化率の動向を国際比較すると図表 1 − 12 のようになる。2015 年におけるわが国の高齢化率は，主要先進国（日本，アメリカ，ドイツ，イギリス，フランス）の中で最も高く，また先進地域の平均値 17.6％ を大きく上回る。今後，高齢化は先進地域のみならず開発途上地域においても急速に進展すると見込まれるが，わが国における高齢化の進行は特に速いと予測される。

（2）人口減少

　地域ブロック別の将来人口推計によると（図表 1 −13），2015 年を 100 とすると，2045 年にはいずれの地域においても人口が減少すると予測されるが，減少の程度の大きいのは，北海道（100 → 74.4），東北（100 → 69.0），北関東（100 → 77.9），四国（100 → 73.4）である。南関東（100 → 93.8），中部（100 → 82.4），近畿

図表1－13　地域別将来人口推計

	2015年	2030年	2045年
北海道	100	89.0	74.4
東　北	100	86.0	69.0
北関東	100	90.9	77.9
南関東	100	99.3	93.8
中　部	100	92.9	82.4
近　畿	100	92.6	81.6
中　国	100	92.1	81.5
四　国	100	87.5	73.4
九州・沖縄	100	93.2	83.0

(注) 北海道：北海道
　　 東　北：青森県，岩手県，宮城県，秋田県，山形県，福島県
　　 北関東：茨城県，栃木県，群馬県
　　 南関東：埼玉県，千葉県，東京都，神奈川県
　　 中　部：新潟県，富山県，石川県，福井県，山梨県，長野県，岐阜県，静岡県，
　　　　　　 愛知県
　　 近　畿：三重県，滋賀県，京都府，大阪府，兵庫県，奈良県，和歌山県
　　 中　国：鳥取県，島根県，岡山県，広島県，山口県
　　 四　国：徳島県，香川県，愛媛県，高知県
　　 九　州：福岡県，佐賀県，長崎県，熊本県，大分県，宮崎県，鹿児島，沖縄
　 出所：社会保障・人口問題研究所（2018）。

(100→81.6)，中国（100→81.5），九州・沖縄（100→83.0）では上記の地域と比較すると減少幅が小さい。

　以上の将来推計では，地域間での人口移動率が将来的には一定程度に収束することを前提としているが，このような仮定が成立しないとすると，「わが国では地方と大都市間の人口移動が激しく，このまま推移すれば，地方の『人口急減・消滅』と大都市（特に東京圏）の人口集中とが同時進行する。…若年女性人口が2040年に5割以上減少する市町村は896（全体の49.8％）に達し，そのうち人口1万人未満は523（全体の29.1％）にのぼる結果となる。…大都市（特に東京圏）は，このまま推移すれば，急速な高齢化に伴い医療介護の雇用需

要が増大することは必至であり，それにより今後も相当規模の若者が流入していくことが見込まれる。」（日本創成会議・人口減少問題検討分科会（2014），14頁）との指摘がある。

（3）人口問題と地方財政の課題

　以上のように，今後わが国は，**少子高齢化**，**地方の人口減少**，大都市圏特に東京圏への人口集中が進行すると予測される。人口高齢化は医療・介護サービスに対する需要へ，少子化は保育サービスに対する需要に影響を与える。内閣府（2016b）では，前述の社会保障・人口問題研究所の将来人口推計に基づき，前者に関しては，「2030年までは全都道府県で需要が増加するが，特に大都市部において顕著なこと，2031年以降の10年間は一部の地域（東京都，神奈川県，宮城県，沖縄県等）を除く多くの地域で需要が減少すること」が予測されている。後者に関しては，「少子化が進行する2030年においても都市部は保育サービスの不足が続く可能性がある一方，地方（島根県，福井県等）では過剰感が相当高まる」と見込まれている。「潜在的な児童数に対する保育所の比率を都道府県別に比較すると，待機児童問題が深刻とされる都市部を中心にその値は低く，地域差が著しい」と指摘されている。

　人口減少は，**行政効率**（住民一人あたり行政費用）や**社会資本の維持更新費用**（住民一人あたり維持更新費用）にも影響をもたらす（以下，内閣府（2016b）参照）。行政効率は，人口規模の縮小に応じて行政費用の縮減が行われない限り低下する。このことは非民生費（土木を除く）においてあてはまる現象である。非民生費は労働集約的であり，人件費は人口規模による影響が大きいことが観察されるのに対し，民生費は高齢化率により説明される部分が大きく，人口規模によりほとんど影響を受けないと考えられるからである。したがって，人口減少地域では非民生費に関して行政効率の改善が課題となる。

　さらに，「わが国の社会資本ストック額は約830兆円あるが，そのうち520兆円程度が地方管理分であり，国道の一部を含めて多くの道路，公営住宅や学校等の公共施設，上下水道，廃棄物処理施設等の身近な生活インフラは，そのほとんどが地方公共団体によって管理されている。…こうした地方公共団体が管

理する公共施設や社会インフラは高度成長期に整備されたものを中心に現在更新期を迎えており，多額の更新費用が必要と見込まれている」（内閣府（2016b），111頁および113頁）。人口減少により，住民一人あたり資産額が上昇すると同時に，一人あたり維持費も増えることとなる。また，更新費用は規模の小さな団体ほど一人あたり負担が多いと考えられる。したがって，特に人口減少地域において社会資本ストックの維持管理および更新に係る費用が問題となる。

第4節　地方財政改革の課題

　以下では，もっぱら政府の審議会に注目し，近年のわが国における地方財政改革の議論のいくつかを紹介しよう。なお，地方財政改革の議論は本書の各章においても展開されるのでそちらも参照されたい。

（1）地方分権改革有識者会議（2014）

　地方分権改革有識者会議（2014）では，1993年6月の衆参両院における「地方分権の推進に関する決議」以降，過去20年の地方分権に関する取り組みを振り返り，今後の進むべき方向を明らかにしている。

　改革の目指すべき方向として，①「**市町村優先の原則**」に基づく国と地方の役割分担の見直し，②「提案募集方式」や「手挙げ方式」等の活用による地方に対する規制緩和の推進，③地方税財政の充実強化が挙げられている。

　②の「**提案募集方式**」とは，地方公共団体から権限移譲または規制緩和（本来は国の仕事であるが事務処理の効率化の観点から地方が受託して行う「**法定受託事務**」以外の「**自治事務**」に対する国の法令による関与の見直し等）に関する全国的な制度改正の提案を募る方式であり，「**手挙げ方式**」は権限移譲を全国一律に行うのではなく，個々の公共団体の発意に応じて選択的に実施する方式である。「提案募集方式」は2014年より実施されている。

　地方税財政の充実強化に関しては，（a）地方の安定的な財政運営に必要な**一般財源**（地方税，地方交付税，地方譲与税などのように使途の特定されない財源のこと）総額の確保，（b）地方交付税の本来の役割（財源調達機能および財政調整機

能）が適切に発揮されるような総額の安定的確保，(c) 地方消費税の充実など，税源の偏在性（特定の地域に税源が偏っていること）が小さくかつ税収が安定的（景気の変動により税収が大きく変化しないこと）な地方税体系の構築による安定的な社会保障財源の確保と地方財政の健全化の両立，(d) 国庫補助負担金等の整理合理化や補助条件の見直しの積極的な推進，(e) 歳出改革などが必要であると指摘されている。

（2）地方財政審議会（2018；2019；2022）

　地方財政審議会（2018；2019；2022）では，まず目指すべき地域の姿および地方財政の姿が明らかにされている。

①　目指すべき地方の姿

　目指すべき地方の姿に関しては，「どのような地域であっても，どのような時代に生まれても，住民に安心と安全，そして，満足度を高めて幸せをもたらす。それが目指すべき地域の姿である」としている。このような地域を実現するために，地方公共団体は社会情勢や技術革新の変化に的確に対応し，住民の生活に必要なサービスを安定的・持続的に提供していくことが必要であるとする。持続可能な地域社会に向けた取組として，人口減少の克服に向けた地方創生，公共施設の適正管理，防災・減災対策，積極的なデジタルの活用とグリーン化の推進による地域経済の活性化や行政サービスの維持・向上，地域コミュニティの再生等に取り組むことを求めている。

②　目指すべき地方財政の姿
（a）持続可能な地方税財政基盤の構築

　目指すべき地方財政の姿として，持続可能な地方税財政基盤の構築および地方財政の健全化の2点が挙げられている。前者に関しては，一般財源総額の確保，地方税の一層の充実および税源の偏在性が小さく税収が安定的な地方税体系の構築が必要であるとされる。

　一般財源総額の確保については，「地方が標準的な行政サービスを行うため

の財源を保障することは，地方交付税法上の国の責務である」との認識に基づき，**地方交付税の法定率**を引き上げ，地方交付税の総額を適切に確保べきことが提言されている。これは，地方交付税の原資は，2020年度現在，国税4税の一定割合（所得税・法人税の33.1%，酒税の50%，消費税の19.5%）および地方法人税の全額で決定されるが，この国税収入の一定割合を引き上げるべきだとの主張である。

　さらに，交付税原資のうち地方法人税は交付税特別会計に直接繰り入れられるが，国税4税の法定率分は一般会計を通して交付税特別会計に繰り入れられるため，地方の固有財源（国が地方に代わって国税として徴収し，一定の基準に従い配分する財源）としての正確をより明確にするためには，交付税特別会計に直接繰り入れるべきであるとする。

　また，**トップランナー方式**（民間委託等の業務改革を行っている地方公共団体の経費水準を，地方交付税の基準財政需要額の算定に反映する取組）による歳出効率化の成果に関しては，他の経費に振り向けるなどにより，すべてを地方公共団体に還元すべきであるとしている。

　税源の偏在性是正については，消費税率10%への引き上げに伴う法人住民税法人税割（法人税額を課税標準として，法人住民税の税率を乗じて税額が計算される）の地方交付税原資化のさらなる推進を評価する一方[2]，**地方法人特別税**および**地方法人特別譲与税**が廃止され法人事業税へ復元されることから[3]，地方

---

2) 2014年度（平成26年度）税制改正において，法人住民税法人税割の税率を引き下げて，地方交付税の財源を確保するために地方法人税（国税）が創設された。2016年度（平成28年度）税制改正において，法人住民税法人税割の税率がさらに引き下げられ，地方法人税の税率が引き上げられた。これにより地方交付税の原資が増加した。

3) 2008年度（平成20年度）税制改正において，税源の偏在による地域間の財政力格差を是正するために，法人事業税の一部を分離して地方法人特別税（国税）が創設され，その全額を地方法人特別譲与税として，人口および従業者数に応じて都道府県に譲与されることが決定された。消費税率が8%へ引き上げられるとともに偏在性が相対的に小さい地方消費税の税率も引き上げられたため，地方法人特別税は2014年度（平成26年度）税制改正において3分の1に縮小された。さらに，2016年度（平成28年度）税制改正において，消費税率が10%に引き上げられる段階で地方法人特別税および地方法人特別譲与税は廃止され，法人事業税が復元されることが決定された。

法人課税における偏在是正の新たな方策を検討する必要性が指摘されている。

（b）地方財政の健全化

地方財政の健全化策として，業務改革，財政マネジメントの強化，公共施設等の適正管理が必要であるとする。

業務改革に関しては，行政の簡素化・効率化を目的としたICTの利活用を行う「**スマート自治体**」の実現や**自治体クラウド**（情報システムの集約と共同利用により，情報システムに係る経費の削減や住民サービスの向上等を図る取り組み），事務・事業の民間委託，**PPP**（Public Private Partnership：官民連携による最適な公共サービスの提供）や**PFI**（Private Finance Initiative：民間資金の活用による社会資本整備）の推進，地域を支える個人や団体などとの連携・協働が求められる。

財政マネジメントの強化として，**地方財政の「見える化」**，公営企業等の経営改革が挙げられる。地方財政の「見える化」に関しては，住民や議会等に対する説明責任の遂行，住民サービスの向上，ガバナンスの向上等の観点から，地方公共団体は決算情報や基金等の情報開示を進めることが重要であるとともに，それに対する国の支援が必要であるとされる。公営企業等の経営改革に関しては，経営戦略（中長期的な経営の基本計画）の策定・公表，計画的な企業運営の実施および取組の進捗と成果の評価・検証，経営状況の「見える化」の推進，水道・下水道事業の広域化，地方公立病院の経営強化の必要性などが提言されている。

公共施設に関しては，今後大量に更新時期を迎えることが予想されることから，中長期的視点に立って，総費用を縮減し，財政負担の軽減・平準化を図る観点から，公共施設等の計画的な集約化・複合化，立地適正化，長寿命化対策などの適正管理に取り組むことが必要であるとする。また，国は公共施設等適正管理推進事業債の活用，先進事例の周知などにより地方公共団体の取組を支援すべきとしている。

（3）財政制度等審議会（2018；2019；2021）

①　持続可能な税財政基盤の構築

　持続可能な税財政基盤の構築に関しては，偏在性が小さく税収が安定的な地方税体系の構築が重要であるとする。地方法人課税に関しては，2019年度（令和元年度）税制改正により，消費税率10%段階において復元される法人事業税の一部を分離して**特別法人事業税**（国税）とし，その税収（全額）を人口を譲与基準として都道府県に譲与する**特別法人事業譲与税**が創設されたが，今後も偏在性の小さい地方税体系構築の取組を継続すべきだとされる。

②　地方財政の健全化

　地方財政の健全化に関しては，地方財政計画と比較可能な形での決算データの公表および債務残高の安定的引き下げ（図表1-10）に加えて，業務改革のさらなる推進，「見える化」されたデータの一層の利活用，広域連携のさらなる推進，**デジタル化**による行政効率化，公営企業改革が挙げられている。

　業務改革のさらなる推進として，同規模類似団体間の経費水準の比較，先進・優良事例の横展開等により，歳出規模を効率的な団体の規模に合わせていくべきとされる。

　「見える化」されたデータの一層の利活用については，「経済・財政と暮らしの指標『見える化』データベース」（内閣府）の内容充実，「類似団体別市町村財政指数表」（総務省）の機能拡充が必要であるとする。

　広域連携は，行政サービスの安定的・持続的提供および効率的な行政運営のために必要であり，広域連携を進めることが可能であるにもかかわらず進んでない分野に関しては，その要因を分析し，広域連携を促す仕組みを検討すべきだとしている。

　デジタル化による行政効率化については，人口減少下において，行政サービスの質の向上と歳出の効率化の両方に貢献する鍵となる取組であるが，地方公共団体間での取組に差があることが課題であるとしている。

　公営企業改革に関しては，独立採算制を原則としながらも，地方財政計画において繰出基準を満たす一定経費については一般会計から「公営企業繰出金」

として計上されているほか，赤字補てんのために繰出基準に基づかない基準外繰出金が公営企業会計に繰り入れられている（2016年度決算において一般会計から地方公営企業会計への繰出金は3兆円，そのうち基準外繰入金は0.7兆円）。

　このことから，基準外繰出金の廃止，広域連携やPPP/PFI等による事業の効率化，民営化や事業の廃止等による抜本的改革を進めるべきとしている。

[まとめ]

◎財政とは，予算システムを通じた政府の経済活動のことである。財政の規模（役割）は一般政府総支出の対GDP比で把握することが可能である。2020年において，その値は45.8%となっている。1995年と2020年の25年間における一般政府総支出の対GDP比の変化を眺めると，特に社会保障支出の変化が大きくなっている。また，一般政府総支出の対GDP比（社会保障基金を除く）の内訳は，2020年において，中央政府29%，地方政府71%となっている。

◎基礎的財政収支および長期債務残高に注目して地方財政の近年の状況を眺めると，前者は黒字，後者に関しては微減となっており，国と比較して財政的余裕があるように見える。しかしながら，この点に関しては，国と地方とでは見解が異なる。

◎地域経済を巡る環境変化として，人口問題（少子高齢化，人口減少，地方の人口減少および大都市圏への人口集中）がある。これらの現象は，医療・介護サービスや保育サービスに対する需要に対して，また行政効率や社会資本の維持更新費用へ影響を与える。

◎地方財政改革を巡る政府の審議会での議論を見ると，持続可能な税財政基盤の構築や地方財政の健全化に関して，さまざまな課題が指摘されている。

[参考文献]

出井信夫・参議院総務委員会調査室（2008），『図説 地方財政データブック〈平成20年度〉』，学陽書房。

厚生労働省（2019），『人口動態統計』。
　https://www.mhlw.go.jp/toukei/saikin/hw/jinkou/suikei19/index.html

財政制度等審議会（2018），『新たな財政健全化計画等に関する建議』。
　https://www.mof.go.jp/about_mof/councils/fiscal_system_council/sub-of_fiscal_
　system/report/zaiseia300523/06.pdf

財政制度等審議会（2019），『令和時代の財政のあり方に関する建議』。

https://www.mof.go.jp/about_mof/councils/fiscal_system_council/sub-of_fiscal_system/report/zaiseia20190619/06.pdf

財政制度等審議会（2021），『財政健全化に向けた建議』。

https://www.mof.go.jp/about_mof/councils/fiscal_system_council/sub-of_fiscal_system/report/zaiseia20210521/index.html

財務省（2022），「日本の財政関係資料（令和 4 年 10 月）」

https://www.mof.go.jp/policy/budget/fiscal_condition/related_data/202210.html

社会保障・人口問題研究所（2018），『日本の地域別将来推計人口（平成 25 年 3 月推計)』。

https://www.ipss.go.jp/pp-shicyoson/j/shicyoson18/1kouhyo/gaiyo.pdf

社会保障・人口問題研究所（2017），『日本の将来推計人口（平成 29 年推計)』。

http://www.ipss.go.jp/pp-zenkoku/j/zenkoku2017/pp_zenkoku2017.asp

総務省（2022），『地方財政白書 令和 4 年版』。

https://www.soumu.go.jp/main_content/000800696.pdf

総務省「独立行政法人制度等」。

https://www.soumu.go.jp/main_sosiki/gyoukan/kanri/satei2_02.html

総務省「財産区に関する調」。

https://www.soumu.go.jp/main_content/000800019.pdf

総務省「共同処理制度の概要」。

https://www.soumu.go.jp/main_content/000196080.pdf

総務省「地方公共団体間の事務の共同処理の状況調（平成 30 年 7 月 1 日現在)」。

https://www.soumu.go.jp/menu_news/s-news/01gyosei03_02000046.html

総務省「市町村数の変遷と明治・昭和の大合併の特徴」。

http://www.soumu.go.jp/gapei/gapei2.html

地方財政審議会（2018），『誰もが希望を持てる地域社会に向けた地方税財政改革についての意見』。

https://www.soumu.go.jp/main_content/000553083.pdf

地方財政審議会（2019），『時代を越えて多様な地域を支えるための地方税財政改革についての意見』。

https://www.soumu.go.jp/main_content/000625256.pdf

地方財政審議会（2022），『活力ある持続可能な地域社会を実現するための地歩税財政改革についての意見』。

https://www.soumu.go.jp/main_content/000815617.pdf

地方分権改革有識者会議（2014），『個性を活かし自立した地方をつくる～地方分権改革の総括と展望～』。

https://www.cao.go.jp/bunken-suishin/doc/260624_soukatsutotenbou-honbun.pdf

内閣府（2016a），『平成 28 年版高齢社会白書』。

https://www8.cao.go.jp/kourei/whitepaper/w-2016/html/zenbun/index.htm

内閣府（2016b），『地域の経済 2016―人口減少問題の克服―』。

https://www5.cao.go.jp/j-j/cr/cr16/chr16_index-pdf.html

内閣府（2022a），「2021 年度（令和 3 年度）国民経済計算における政府諸機関の分類」。

https://www.esri.cao.go.jp/jp/sna/data/data_list/kakuhou/files/2021/sankou/pdf/bunrui.pdf

内閣府（2022b），『令和 4 年版高齢社会白書』。

https://www8.cao.go.jp/kourei/whitepaper/w-2022/html/zenbun/index.html

内閣府（2022c），『令和 4 年版少子化社会対策白書』。

https://www8.cao.go.jp/shoushi/shoushika/whitepaper/measures/w2022/r04webhonpen/index.html

中川真太郎（2020），「［研究ノート］National Accounts を用いた OECD 加盟国の財政の国際比較の試み」『甲南経済学論集』第 60 巻第 3・4 号，93-112 頁。

日本創成会議・人口減少問題検討分科会（2014），『成長を続ける 21 世紀のために「ストップ少子化・地方元気戦略」』。

https://www5.cao.go.jp/keizai-shimon/kaigi/special/future/wg3/0729/shiryou_05-1.pdf

横山彰・馬場義久・堀場勇夫（2009），『現代財政学』有斐閣。

上記 URL の最終アクセス日は 2022 年 12 月 31 日

コラム　基礎的財政収支と財政収支

財政収支は，一般政府部門の貯蓄投資差額であるが，税収等で政策的経費および過去の借金の利払費をどの程度賄えるかを示す指標としてとらえ，財政の持続可能性を議論することも可能である。基礎的財政収支および財政収支は，以下の式で示せる。基礎的財政収支は，公債金収入（国債もしくは地方債の発行により得られる収入）から公債費（債務償還費および利払費）を控除することによっても求められる（図表 1−7）。これに対して財政収支は，公債金収入から債務償還費を控除して計算される。税収等で賄える経費の中に利払費が含まれていない点で，基礎的財政収支は財政収支よりも緩い概念となる。

$$基礎的財政収支＝税収等−政策的経費$$
$$＝公債金収入−公債費$$
$$＝公債金収入−（債務償還費＋利払費）$$
$$財　政　収　支＝税収等−（政策的経費＋利払費）$$
$$＝公債金収入−債務償還費$$

　財政収支は，税収等で政策的経費および利払費を賄えない場合（税収等＜政策的経費＋利払費）赤字，賄える場合（税収等＝政策的経費＋利払費）均衡，税収等の収入で政策的経費および利払費のみならず債務償還費の一部を賄える場合（税収等＞政策的経費＋利払費）黒字となる。財政収支が均衡すれば，税収等で利払費が賄え，かつ新たな借金（公債金収入）により過去の借金（債務償還費）を返済することが可能になるから，債務残高は増加しない。
　2021 年度における基礎的財政収支および財政収支の状況を眺めると，下記の表で示されるように，中央政府は両方とも赤字であるのに対し，地方政府は基礎的財政収支および財政収支ともに黒字となっている。

基礎的財政収支および財政収支の状況（2021年度）

	基礎的財政収支	財政収支
中央政府	−34.8 兆円（−6.3%）	−40.0 兆円（−7.3%）
地方政府	4.4 兆円（　0.8%）	3.4 兆円（　0.6%）

（注）カッコ内の数値は対名目 GDP 比。
出所：内閣府「2021 年度国民経済計算（2015 年基準・2008SNA）」。

第2章 地方制度と地方財政

> **この章でわかること**
>
> ◎地方はどのような仕事をしているのか，すべきか，国についてはどうか。
> ◎分権化のメリットとデメリットは，どのようなことか。
> ◎地方公共財はどのようなルールに従って供給すべきか，それはどうすれば実現できるのか。

第1節 現在の地方財政

(1) マクロ経済と地方財政

　国民経済に対して，地方政府の果たしている役割を知るために2020年度の国内総生産（約535.5兆円）に占める地方政府と中央政府の割合を見ると，地方政府が11.9%，中央政府が4.8%である。公的部門全体の割合は，これに社会保障基金9.0%と公的企業1.4%が加わるので，27.0%になる。地方政府の割合は，国の約2.5倍にもなる。ただしここでは，国内総生産との比較のため，扶助費や公債費といった付加価値の増加を伴わない経費は含まれない。

　第1章第1節で示されたように，地方と国の最終支出額の比率を見ると，2020年度では，地方（**普通会計**）56.0%，国44.0%（合計100%）である。だいたい6：4の関係にあるといえる。どちらにしても，地方の役割は非常に大きい。しかし税収でみると，地方と国は反対に約4：6の比率となる。このままでは国はお金が余ってしまい，地方は不足してしまいそうだが，国の税収の一部が，**国庫支出金**や**地方交付税**，**地方譲与税**として国から地方に支払われていて，この問題を補っている（ただし，地方から国に支払われる**直轄事業負担金**もある）。

　ここで**普通会計**について説明する必要があるだろう。地方（すなわち都道府県や市町村）の会計も，国の会計と同じく，**一般会計**と**特別会計**で構成されている。しかし地方については，各地方公共団体の会計範囲が異なるので，統一的な把握や比較のため，一般会計と，特別会計の**地方公営事業会計**以外を加えたものを**普通会計**と呼ぶ。地方財政白書などで用いられる会計区分である。以上に関する詳細は，第3章第2節を参照されたい。

（2）歳入から見た地方財政

　地方公共団体の収入，すなわち歳入から見た地方の財政構造はどうなっているのだろう。地方の財源は，使途が特定されない**一般財源**（地方税，地方譲与税，地方交付税など）と，特定されている**特定財源**（国庫支出金，地方債など）に分けることができ，また自主的に調達できる**自主財源**（地方税など）とそうでない財源である**依存財源**（地方交付税，地方譲与税，国庫支出金，地方債など）に分けられる。一般財源の特定財源に対する比率，自主財源の依存財源に対する比率が高いほど，地方分権・地方自治が進んでいるといえるが，実際はどうだろうか。実は，地方公共団体といっても，それが都市圏にあるか地方圏にあるかで，財政構造はまったく異なる。図表2－1は，東京都と鳥取県の2022年度の一般会計予算の歳入割合を示すものであるが，鳥取県では国から支払われる**地方交付税**と**国庫支出金**の合計が約57.3% であり，全体の収入の半分以上になっている。県税収入は15.3% である。対して東京都は不交付団体であるため，地方交付税を受け取っていない。歴代の東京都知事は堂々と国にものが言え，地方圏の知事や市長がどこか国に遠慮がちであるのも，このようなことが要因の一つであるのかもしれない。

（3）歳出から見た地方財政

　地方財政の歳出を見るとき，**性質別歳出**と**目的別歳出**の2つの分類の仕方がある。**性質別歳出**は，経費の経済的性質に着目した分類で，1990年度から2020年度までの10年ごとの決算での構成比は，図表2－2のように示される。ここで**義務的経費**とは，簡単には削減できない経費で，人件費，**扶助費**，

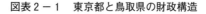

図表2-1　東京都と鳥取県の財政構造

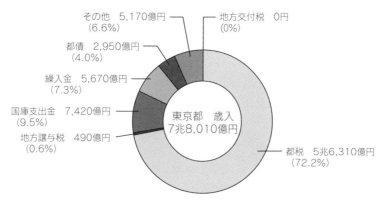

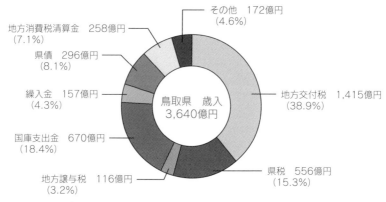

（注）：地方消費税清算金は，鳥取県では一般会計に入るが，東京都では入らない。
出所：東京都と鳥取県のホームページより作成。

公債費からなる。扶助費とは生活保護など生活困窮者などの生活を維持するための費用であり，公債費は公債の利払いや償還のための費用である。投資的経費は，道路や公営住宅など，社会資本の整備のための費用である。近年の傾向としては，義務的経費では，地方政府が業務の効率化を進めたため，人件費は減少傾向にあるが，少子高齢化と地方債の増発により，扶助費，公債費が増加しているように見える。投資的経費については，無駄な公共事業を行ってきたという反省から，減少傾向にある。

図表 2 − 2　　性質別歳出比率の推移

区分＼年度	1990 年度	2000 年度	2010 年度	2020 年度
義務的経費	42.0%	46.4%	50.4%	40.2%
人件費	28.4%	27.5%	24.8%	18.4%
扶助費	5.3%	6.2%	11.9%	12.3%
公債費	8.3%	12.6%	13.7%	9.6%
投資的経費	29.8%	25.0%	14.2%	13.4%
その他の経費	28.2%	28.6%	35.4%	46.3%
合　計	100.0%	100.0%	100.0%	100.0%

　　出所：総務省『地方財政白書（各年版）』より作成。

　目的別歳出は行政目的に着目した分類で，2020 年度決算を地方財政全体（125 兆 4,588 億円）の構成比でみると，**民生費**（22.9%），総務費（18.0%），教育費（14.4%），土木費（10.1%），**公債費**（9.6%），商工費（9.2%），衛生費（7.3%），農林水産業費（2.7%），警察費（2.6%），消防費（1.7%）などとなっている。民生費とは，児童，高齢者，障害者，生活困窮者などのための施策の費用である。以上，地方財政歳出に関するより詳細な説明は，第 4 章第 1 節を参照されたい。

第 2 節　　地方自治と地方公共団体

（1）国と地方の役割分担の現状

　1970 年頃には，大都市でも図書館が県立図書館と市立図書館の 2 つしかなく，いずれも市の中心部にあり，重複しているように感じられたりした。現在でも，県立と市立の工業高校がすぐ近くにある場合などがある。県と市がそれぞれ話し合って調整を行わずに施設の立地や仕事の計画を立てれば，当然重複したり，非効率な状態が生じる。いったい国，都道府県，市町村の仕事は，どのように役割が分担されており，またどうあるべきなのだろうか。

　図表 2 − 3 は現在の国と都道府県，市町村の仕事を示している。いくつもの

図表 2 - 3　国と地方の事務分担

	公共資本	教　育	福　祉	その他
国	高速道路, 国道, 一級河川	大学, 私立大学助成	社会保険, 医師等免許, 医薬品許可免許	防衛, 外交, 通貨発行
都道府県	都道府県道, 二級河川, 港湾, 公営住宅, 市街化区域・調整区域決定	高校, 特別支援学校, 小・中学校教員の給与・人事, 私学（幼稚園～高校）助成, 公立大学	生活保護（町村の区域）, 児童福祉, 保健所	警察, 職業訓練
市町村	都市計画, 市町村道, 準用河川, 港湾, 公営住宅, 下水道	幼稚園, 小・中学校	生活保護（市の区域）, 児童福祉, 国民健康保険, 介護保険, 上水道, ごみ・し尿処理, 保健所（特定の市）	消防, 戸籍, 住民基本台帳

出所：総務省ホームページ「地方財政の果たす役割」。

県にまたがる川や道路は国が管理するというのは，理にかなうことである。また小学校や中学校は住んでいる市町村内の学校へ歩いて通う生徒がほとんどなので，市町村が管理し，高校，大学と進むにつれ，遠くの学校に行く学生も増えるので，都道府県，国が管理するのもうなずけるだろう。消防は火事の連絡があるとすぐ駆けつけなければならないため，便益を受ける地理的範囲が狭く，ゆえに市町村の仕事である。逆に警察は，最近は県境を超えて犯罪が起こることも多いと考えると，県でも狭すぎるといえるかもしれない。生活保護に関しては市が行うが，町村は規模が小さすぎるので，県がかわって仕事を行う。このように基本的には供給する地方公共財（便益を受ける住民の範囲が地域的に限定される公共財で，公共サービスも公共財に含まれる）の便益を受ける住民の範囲，情報の優位性（その地域にある組織ほど，住民のニーズをより把握していること）と規模の経済性（大きな組織，大規模な供給の効率の良さ）を考慮して，望ましい役割分担が決まるべきであるし，実際そうなっている場合も多い。しかし，今の状態ですべて良いのか，と言えば，必ずしもそうとは言えないところ

もあるだろう。行き過ぎた集権化，縦割り行政，二重行政などの問題があり，現在の国，都道府県，市町村という枠組み自体も考え直す必要があるのかもしれない。実際少しずつではあるが改革が行われてきた。

（2）役割分担はどうあるべきか

　財政学で一般的によく述べられる，政府の役割としては，**マスグレイヴの財政の 3 機能**が有名である。マスグレイヴ（Musgrave, R. A.）は財政の機能（財政は政府の経済活動のことなので，結局「政府の役割」と考えてよいだろう）として，「**資源の効率的配分**」，「**所得の再分配**」，「**経済の安定化**」の 3 つを挙げている。

　本来**市場の失敗**がなければ，市場に任せておけば効率的に**資源**（**土地**，**労働**，**資本**）が配分されるというのが，経済学の主張するところである（**厚生経済学の第一基本定理**）。しかし公共財は，民間企業では十分に供給されないので，政府が供給しなければならないことになる。さらにティブー（Tiebout, C. M.）は，ほとんどの公共財は地方公共財であると主張している。このことを考えると，「**資源の効率的配分**」に関しては，地方の果たすべき役割は大きいといえる。

　「**所得の再分配**」については，基本的に国の果たすべき役割と考えられる。今仮に，A 市は高所得者に厳しく低所得者にやさしい，非常に累進的な住民税を課し，隣の B 市では高所得者にやさしく低所得者に厳しい，比例的な住民税を課すものとする。しばらくすると，A 市には低所得者しかいなくなり，B 市は高所得者のみとなる。はたしてこれで，A 市で所得再分配政策は可能だろうか。高所得者と低所得者が両方住んでいて，初めて「**所得の再分配**」は意味を持つ。それぞれの地域が独自の再分配政策を行うことから，よい結果は予想できない。

　「**経済の安定化**」も，一国全体のマクロ的政策なので，国が果たすべき役割である。

（3）地方分権への流れ

　地方自治とは，地方公共団体が住民の意思に基づいて，独立した団体としてその事務を自己の責任において行うことである。つまり地方自治の確立は，多

くの権限が地方公共団体に付与されていること（地方分権）を意味する。日本やイギリスのように，権限が中央政府に集中する中央集権的な国は，**単一国家**と呼ばれ，国の権限が強く地方の権限は弱い。これに対して，アメリカ合衆国，オーストラリアやドイツなどは**連邦国家**と呼ばれ，分権的で地方の権限が強い。よく「国の形を変える改革」という言葉を耳にするが，それは日本では具体的には，「**単一国家**から**連邦国家**への改革」を示す場合が多い。日本の明治政府は，もともと分権的な幕藩体制を廃し，中央集権的な体制を目指したものであるので，集権的性格が強かった。第 2 次世界大戦後（1945 年以後），日本国憲法や地方自治法によって地方自治は保障・具体化され，例えば地方の首長（知事や市長）は住民の選挙で選ぶことになったが，各地方公共団体がそれぞれの個性を表すような，多様な公共サービスを供給するまでには，分権化は進まない状態が続いた。復興期から「均衡ある国土の発展」が重視され，これは高度成長期，安定成長期，バブル経済の頃まで続く。当時の地方への分権化が進まない状況は，「三割自治」（地方税収が地方の総収入の約 3 割であることから地方自治が国によって著しく制約されていることを表す）と批判されることもあったが，制度的改革は進まなかった。経済が成長し，税収も増加する過程では，あえてそれを変えるインセンティヴがなかったこと，中央・地方の政治家・官僚の分権化への抵抗などが原因といわれる。

　しかしバブル経済の崩壊（1990 年代初頭）以後に状況は変わる。もはや国内経済がほとんど成長せず，そのため国や地方の税収も伸びなくなったため，一定の税収をいかに多様な住民のニーズに合うように用いるか，考えなければならなくなった。異なる住民のニーズについて，より正確な情報を持つのは国より住民に近い，その地方の行政機関である。また国はどうしても画一的な行政を行いがちであるので，地方がより権限を持ち，住民の多様なニーズに合った公共サービスを供給すべきであるとする，地方分権改革への期待が高まった。

　1995 年に設置された**地方分権推進委員会**の勧告により，2000 年から施行された**地方分権一括法**は，国と地方が対等であることを確認し，また，**機関委任事務**を廃止した。**機関委任事務**とは，国が監督し，地方は実施のみを行うものであり，かつては都道府県の事務の 8 割，市町村の事務の 5 割がこれにあたる

とされ，日本の地方自治への国の制約の象徴とされた[1]。そして地方の仕事は法定受託事務と自治事務に分けられた。法定受託事務は，本来国が行うべきであるが，効率性や利便性の観点から地方が引き受ける事務であり，自治事務は，法定受託事務以外の地方が行う事務である。そして国と地方のそれぞれの果たすべき役割，仕事の区分を明確にした。このため地方が国から独立して仕事を行うために，**自主財源**すなわち地方税収など，地方の独立した財源が確保されなければならなくなった。さらに地方分権一括法により，地方債の発行と法定外税の新設及び変更も国からの許可制から事前協議制に変わった。

　このような状況の下，2004 年から 2006 年までの小泉首相による「**三位一体改革**」では，「民間でできることは民間に，地方でできることは地方に」の方針のもとで，国税である所得税から地方税である個人住民税への約 3 兆円の税源移譲，補助金削減（4.7 兆円），地方交付税改革（5.1 兆円の削減）が行われた。しかし地方にとっては税収が 3 兆円増えても，国からの移転が 10 兆円近く削減されたのでは，財政運営が著しく厳しくなったと言わざるを得なかった（三位一体改革の詳細は，第 8 章第 2 節を参照）。

　2006 年，小泉首相の諮問機関である地方制度調査会は，都道府県を廃止し，全国を 9～13 に分ける**道州制**の導入が適当であると答申した。国の仕事の多くは道州に，県の仕事は多くを市町村に移すことで，「小さな政府」と地方分権の実現を目指した。一見，単に都道府県がなくなり道州に変わるだけで，かえって地方分権とは反対の動きにしかならないようにも思える。しかし「小さな政府」と地方分権を目指す改革ならば，国，都道府県，市町村の持つ，権限，財源，人材は，図表 2－4 の矢印のように移動することとなるはずである。

　道州制の考えの根幹にあるのは，便益が一国全体に及ぶ公共財である**国家的公共財**（例えば国防，外交，皇室など）の供給に関するもの以外の国の権限のほとんどを地方に移譲することである（（1）の矢印で示される）。すなわち国は，ほぼ国家的公共財の供給に専念することとなる。しかしこの場合，現在の都道府県では国の多くの権限を譲り受けるには小さすぎるため，その受け皿として

1）　記憶に新しいのが，「消えた年金問題」での市町村による国民年金の保険料徴収事務である。

36

図表2−4　道州制への改革による権限，財源，人材の譲与

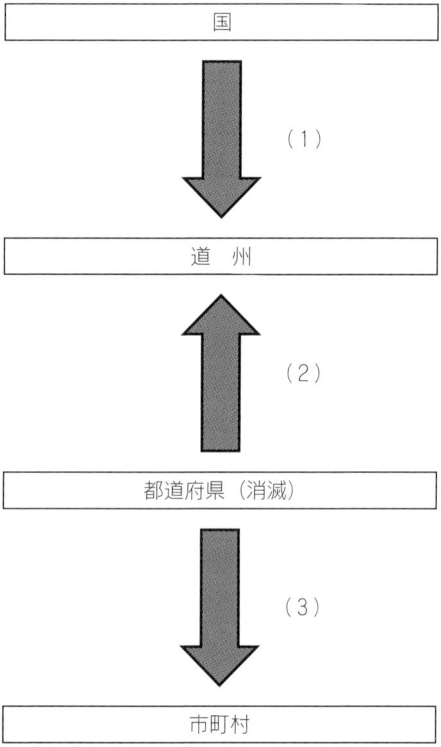

国

（1）

道　州

（2）

都道府県（消滅）

（3）

市町村

矢印は，権限・財源・人材の流れを示す。
出所：筆者作成。

の道州が必要となるのである。都道府県は消滅するので，それが持つ多くの公
共財供給に関する権限は，市町村にゆだねられる（（3）の矢印で示される）。た
だし規模の経済性（大きな組織，大規模な供給の効率の良さ）を考えると，現在都
道府県が供給しているが，道州で供給した方が，より効率的である地方公共財
もある。例えば警察，環境対策，防災などである。これらの供給に関する権限
は，都道府県から道州に移譲されるべきである（（2）の矢印で示される）。（1）
と（3）については，より住民に近いところが住民のニーズ，地域の実情を詳
しく知っていること（情報の優位性）を考慮しての改革といえる。

　さらに道州制が実現すれば，各地域間での競争により，地方公共団体も企業のように競争を行い，より効率的な行政が期待される。すなわち住民が自己のニーズに合う地域を選択してそこに移住するようになれば，その住民の期待に答えられない地域は，人口減少により衰退せざるを得ないからである。このように，住民が自らの効用を最大にするために地域を移動することは，「足による投票」と呼ばれる。これはティブーの主張に基づくもので，詳しくは第3節（4）で説明する。ただし，地域が画一的では住民が地域を選択することが実質的に不可能なので，これが成り立つためには，分権化されていることが大前提である。また道州制により国の権限が地方に移れば，地域は「政策の実験場」としての役割も果たすことができるだろう。現在のように画一的，集権的に全国で同じ政策が行われてしまうと，その政策が失敗したとき，全国的に被害が広がり，取り返しのつかないことになってしまうかもしれない。ある地域で試験的に大胆な政策が行われ，成功した場合には全国で行うという方が，リスク管理的にも優れているといえるだろう。ただ，道州制への改革の動きは現在下火となり，あまり議論されなくなりつつある。ただし現在，道州のような広域行政を担うため，関西を中心とした2府5県によって構成される関西広域連合が2010年に設立され（現在は2府6県4政令指定都市），将来の地方分権と国からの権限移譲を目指している[2]。

（4）分権化のメリットとデメリット

　地方分権化を理論的に説明したものとして，しばしば**オーツ**（Oates, W. E.）の「**地方分権化定理**」が示される。これは地域間で公共財への住民のニーズが異なるとき，国が一律に公共財供給を行うより，それぞれの地域が住民のニーズに合わせて供給した方が社会厚生が上がるということを示している。図表2−5によってこのことを示す。ある国に2つの地域，地域1と地域2があるとする。横軸 X_1 と X_2 は，地域1と地域2の地方公共財の供給量を表す。地方公共財

　2）現在では，京都府，大阪府，滋賀県，兵庫県，奈良県，和歌山県，鳥取県，徳島県，京都市，大阪市，堺市および神戸市（福井県，三重県は連携団体）によって構成されている。

図表 2 - 5　地方分権化定理

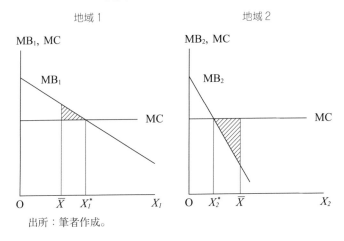

出所：筆者作成。

はある地域で供給されると，他の地域には便益をもたらさない（スピルオーバーはない）ものとする。MC は地方公共財を 1 単位追加的に生産するための費用（限界費用）であり，一定であるとする。MB_1 と MB_2 は，それぞれの地域住民の地方公共財が 1 単位増えることによる便益の増加分である限界便益を表す。もしそれぞれの地域が地方公共財供給量についての権限を持つなら，各地域は自分の地域についての MC と MB についての情報を持つので，MC と MB が等しくなる X_1^* と X_2^* まで地方公共財を供給する。しかしその権限が地方になく国にあるなら，国は地方についての情報を十分には持たないため，一律に X_1^* と X_2^* の平均である $\bar{X}$ まで供給するので，総余剰（厚生）は地方に権限がある場合に比べて，斜線部の面積だけ減少する。

　しかし確かに住民から地理的にも近く，住民のニーズを知る地域がそれに合う公共財供給を行う方が，より大きな政府が画一的な供給を行うより良いのは自明であるが，それだけ考えると，いくらでも地方分権を進めるほうが良いことになり際限がなくなってしまう。一方で規模の経済性も考えなければならないはずである。

　例えば，最初に挙げた図書館の例で考えてみよう。われわれが日常的に借りる小説などは，家からも近く住民のニーズに応えてくれやすい，市立図書館に

あることが望ましいだろう。しかし歴史的価値のある貴重な資料などは，購入する価格も高く保存するコストもかかり，その地域の住民がまったく利用しない場合もあることを考えれば，県立か，あるいは国立の図書館にある方が望ましいだろう。つまり図書を保存し貸し出すというサービス（これも公共財である）であっても，どのような本であるかによって，供給するのに適した主体は異なるのである。一般の小説などの場合，住民のニーズへの情報の優位性などが重視される反面，貴重な歴史的価値のある資料などは，規模の経済性を重視しなければならない。そして地方分権を考えるにはそれ以外にも考慮しなければならない問題がある。

　ただ人材に関しては，いかに今の中央官庁の官僚が優秀であろうと，それは中央に権限が集中しているため優秀な人が集まっているためであり，もっと地方に権限が移れば，地方にも優秀な人材が集まるので問題ない。問題となるのは，財源に関することであり，**地域間の財政力格差**である。

　地方分権を進めると地方の仕事が増える。それを行うには財源が必要である。それを国からの補助金に頼っていては，本当の地方自治とはいえない。したがって国からの税源移譲が必要となり，それに伴い当然，国からの国庫支出金や地方交付税は削減される。小泉内閣での三位一体改革のときとは異なり，税源移譲額より削減額のほうがはるかに多いということがなく，全国的に見れば両者の額が同じであったとしても，それぞれの地方公共団体がすべて，税収の増加分と，国庫支出金と地方交付税の削減額が同じにはならない。おそらく東京や名古屋，大阪などの大都市およびその周辺の地域は大幅に税収が増加するが，法人が少なく，住民の所得もあまり高くない地域では，いくら法人二税や住民税の税率を上げても，あまり税収の伸びは期待できない。自主財源が乏しい地域は多くを国からの地方交付税などに頼っており，これが削減されることはますます財政が苦しくなることを意味する。

　地方交付税は地域間の所得再分配の役割を担っているのである。したがってこの問題は，公平と効率に関する個人間の問題に似ているところがある。個人を尊重し，自己責任を強調し福祉を削減すれば，効率は良くなるが個人間の所得格差は広がる。同じことが地域間でもある程度いえる。

　2007 年に北海道夕張市が，353 億円の赤字を抱えて，事実上財政破綻した。このことは，国と地方に衝撃を与えた。さらに夕張市だけでなく，財政状況が厳しい地方自治体があることがわかった。このため 2008 年からは，**実質公債費比率，将来負担比率**など 4 つの健全化判断比率をすべての地方自治体に公表することを義務付ける，**財政健全化法**が施行された。

　先の 4 つの判断比率について，1 つでも早期健全化基準以上になると，財政健全化計画または財政再生計画を策定しなければならず，すなわち国からイエローカードを出されたことになり，財政再生基準以上だとレッドカードを出される。

第 3 節　地方公共財と公共財

（1）公共財の性質

　これまで，地方公共財という言葉を何度か用いてきたので，ここでは公共財，地方公共財とはどのようなものなのか，明らかにする。公共財とは「公共部門（中央政府や地方公共団体）が供給するもの」と考えられがちだが，厳密にはそうではない。**公共財**とは，経済学的に正しくいうと，消費についての「非排除性」と「非競合性」という性質を持つ財のことである。消費についての「非排除性」とは，対価を支払わない人をその財の消費から排除できないことをいう。例えば高速道路以外の一般の道路は，料金を払った人のみに利用させることはできない。入口と出口が無数にあり，料金徴収所をそのすべてに設けることは実質的に不可能だからである。この性質がある財は民間で供給することがあまり期待できない。普通の商品（私的財）はこの性質がない，すなわち排除性があるため，民間でも供給ができる。それに対して消費についての「非競合性」とは，ある消費者の消費が他の消費者の消費を妨げないという性質である。先ほどの一般道路の例でいえば，誰かがその道を通るからといって，他の人が通れないということは一般的にはないので，この性質を持つといえる。チョコレートなどの商品は，誰かがそれを消費すれば他の人は消費できないので，消費についての競合性がある。

図表2－6

	排除性	非排除性
競合性	私的財（チョコレート，鉛筆）	コモンズ（公海の海洋資源）
非競合性	クラブ財（スポーツクラブ）	純粋公共財（一般道路）

出所：筆者作成。

　以上をまとめると，図表2－6のようになる。表の中に示されているように，「非排除性」と「非競合性」の性質を両方完全に持つ財を**純粋公共財**と呼び，2つの性質のうち一つのみを持つコモンズやクラブ財のことを，**準公共財**と呼ぶ。そして，2つの性質を完全ではないが，ある程度持つ公共財もある。

　また先にも述べたとおり，その便益を受ける人，利用できる人が全国に渡る公共財を特に**国家的公共財**，便益を受ける人，利用可能な人が地域的に限られる公共財を**地方公共財**と呼ぶこともある。そしてしばしば，**クラブ財**と**地方公共財**は，非常に似た性質を持つと説明されている。これはいささかわかりにくいことである。両者の定義は，明らかにまったく異なるように見えるからである。したがって，「なぜ地方公共財である市道がクラブ財なのだろう？」と不思議に思うかもしれない。実はこの場合の「地方公共財」とは，ある地方公共団体が供給する地方公共財をセットにして1つのものとして考えているのである。ある地方公共団体（例えば広島市）の供給する公共財（例えば市道や公園）から便益を受ける，あるいは利用できる人は，例外はあるにしても，基本的には広島市の住民と考えられる。しかし広島市の市民になれば当然，広島市に個人住民税を支払わなければならない。つまり実質的に住民税を支払わなければその公共財を利用できないという点では，排除可能性があるが，住民になれば，他の住民の消費に自分の消費が制約されないという意味で非競合性があるので，クラブ財と非常に似た性質がある，あるいは一種のクラブ財と考えることができる。

　コモンズは共有地，共有資源とも呼ばれ，排除性はないが競合性はあるので，社会的に望ましい水準よりも過度に消費される。このことは「コモンズ（共有地）の悲劇」と言われ，環境経済学で，重要なテーマとなっている。

（2）サムエルソン・ルール

　公共財の社会的に望ましい供給量とは，どのようなものと考えるべきだろうか。私的財（消費の排除性と競合性という性質が完全にある財）については，完全競争市場で外部性がないなら，政府が干渉せず市場に任せておけば，社会的に望ましい供給が行われる。政府としては，基本的にほっておけばよいということになる。しかし純粋公共財は，民間企業では十分には供給されない。

　公共財を，個人の限界便益の合計が公共財生産の限界費用に等しくなる（これをサムエルソン・ルールという）まで供給すると，社会厚生が最大になると考えられる。個人の限界便益とは，公共財が1単位増えることによるその個人の効用（満足度）の増加分を金銭で表したものと考えてよい。

　例えばある地域に，太郎君と花子さんの2人だけが住んでいて，2人の家はすぐ近くであるとする。駅から帰る道に街灯が1本できると，太郎君は真っ暗い道を歩かなくて済むため，満足度が増加する。これを金銭で表すと10万円であり，花子さんは15万円であるとする。以下2人の限界便益は，図表2－7のようであるとしよう。街灯は1本立てるごとに10万円かかるとする。すなわち限界費用は10万円ということになる。1本目の街灯を立てると，10万円＋15万円－10万円＝15万円分だけ社会厚生（総余剰）は増加する。さらに2本目の街灯をたてると，太郎君は限界便益が5万円，花子さんは10万円であるので，2本目を立てることによりさらに社会厚生は5万円＋10万円－10万円＝5万円増加する。しかし3本目になると，太郎君の限界便益は3万円，花

図表2－7　太郎君と花子さんの街灯についての限界便益

街灯の数	1本目	2本目	3本目	4本目
太郎君の限界便益	10万円	5万円	3万円	1万円
花子さんの限界便益	15万円	10万円	7万円	5万円
社会的限界便益	25万円	15万円	10万円	6万円
限界費用	10万円	10万円	10万円	10万円
厚生の増加	15万円	5万円	0円	－4万円

　　出所：筆者作成。

子さんのそれは 7 万円で，3 万円 + 7 万円 − 10 万円 = 0 円なので，もはやこれ以上は街灯を立てても社会厚生は増加せず，さらに街灯を増やすと，厚生は逆に減少してしまう。したがってサムエルソン・ルールが成り立つ 3 本の街灯を立てることが，社会厚生を最大にすることになる。

（3）リンダール・メカニズムとフリーライダー

　さてしかし，この公共財の最適供給量を，政府はいかにして見つければよいのだろうか。まさか太郎君と花子さんに，「街灯 1 本目が立つことによる，あなたの限界便益はいくらですか？」などとアンケートを取ることもできないだろう。このような質問では，だれも答えることはできない。そこでリンダール（Lindahl, E. R.）は，以下のやり方で，サムエルソン・ルールの成り立つ公共財供給水準を見つけられるとした。これを**リンダール・メカニズム**という。

　まず太郎君と花子さんの街灯設置にかかる費用の負担配分を 0.5：0.5，すなわち 1 本につき 5 万円ずつと定める。それを伝えた後で，2 人にそれぞれ立ててほしい街灯の希望本数を尋ねる。太郎君と花子さんが，それぞれ 2 本，4 本と答えるなら，少ない希望本数を答えた人の負担割合を減らし，多く答えた人の割合を増やしていくのである。そして，もし図表 2 − 8 のように太郎君と花子さんの負担割合を 0.3：0.7，すなわち 1 本につき 3 万円と 7 万円としたとき，2 人の希望本数がともに 3 本になるなら，社会的に望ましい公共財の供給量，この場合は街灯の本数は 3 本である。

　なぜそうなるのであろうか。太郎君と花子さんの街灯 1 本を立てるごとのそ

図表 2 − 8　太郎君と花子さんの街灯についての希望本数

太郎君と花子さんの負担比率	0.5：0.5	0.3：0.7
太郎君の街灯 1 本あたりの負担	5 万円	3 万円
花子さんの街灯 1 本あたりの負担	5 万円	7 万円
太郎君の希望本数	2 本	3 本
花子さんの希望本数	4 本	3 本

出所：筆者作成。

れぞれの負担分（私的限界費用）が3万円，7万円であるとき，いずれも3本立てることを希望した。ということは，太郎君は街灯が2本から3本になることによる効用の増加分が3万円なのであり，花子さんは7万円なのである。だから2人とも3本を希望したと考えられるのである。個人の限界便益はその人の公共財（街灯）の需要曲線の高さであり，私的限界費用は公共財の価格を表すので，両者が等しくなる供給量を個人は希望するはずである。なぜなら，そこで個人の消費者余剰が最大になるからである。したがって希望供給量では，その個人の私的限界費用は限界便益に等しいのである。街灯が3本なら2人の限界便益の合計は3万円＋7万円＝10万円であり限界費用に等しく，これはサムエルソン・ルールを満たすのである。

　ただしリンダール・メカニズムも万能とはいえない。もし政府がこのようなやり方で公共財の供給量と負担割合を決めるということを住民が知るなら，自分の希望供給量をわざと少なく申告し，負担を減らそうとするかもしれない。これを**フリーライダー（ただ乗り）問題**という。

（4）ティブーの「足による投票」

　地方公共財の社会的に望ましい供給量については，第1節と第2節でふれた**ティブーの足による投票**という考え方もある。ティブーはまず，ほとんどの現実にある公共財は地方公共財であるとして，地方公共財の供給に焦点を絞る。そしてその国が連邦国家であれば（十分に地方分権化が進み，各地域が多様な公共財の供給をしているならば），次の7つの条件が満たされるとき，「足による投票」（人々が自らの効用を最大にするような地方公共財供給をする地域に移住すること）によって，厚生が最大化されるとした。

①　人々は地域間を完全に移動可能
②　人々は各地域の税と支出についての正確な情報を持つ
③　地域が非常にたくさんある
④　スピルオーバー，外部不経済がない
⑤　仕事のために住むところが制約されない

　⑥　各地域はある人口で，公共財供給の1人当たり費用が最小になる
　⑦　各地域はその人口より少なければ住民が増えるように努力し，人口が多
　　すぎれば，一部の住民が自発的に出ていく

　各人は，レストランの料理のメニュー（その地域が供給する地方公共財のセット）とその価格（地方税）を考慮して，一番満足が得られる料理（住む地域）を選べば，完全競争市場での私的財の場合と同様に，社会的厚生が最大になるというわけである。そのためにはまず，料理が1種類しかないような，すなわちどこの地域も同じような公共財供給をしている単一国家では話にならない。また①と③の条件は自明である。②についても完全競争市場であるための完全情報の条件と同じで，これがないと住んでみて初めてその地域の状況を知るのでは，各地域を放浪することになり，当然，厚生は最大にならない。

　④も完全競争の外部性がないという条件とほぼ同じであるし，⑤は①に含めてもよいかもしれないが，例えば，すべての個人が企業からの株主配当所得で生活している状態を考えればよい。⑥は少しわかりにくいが，公共財は本来「非競合性」という性質があるので，この条件がないと，1つの地域にすべての国民が移住すると，地方公共財供給の一人当たり費用が最小になるため，社会厚生が最大化される可能性がある。⑦により，最適な人口になるように，それより少なければその地域は努力するし，それより多ければ，さすがにその地域が住民を追い出そうとすることは現実的ではないが，住民自身が判断して，平均費用がより低い（すなわち税率が低い）他の地域へ移っていくはずであると考える。

　効率的な行政を行い，税金を無駄使いせず，魅力的な公共財供給を行う地域には住民が集まり，その反対の地域は人口が減り，すたれてしまう。各地域は住民を呼び寄せるために，競争してより魅力的な行政を行うので，すべての地域で公共財供給の平均費用は最小（すなわち地方税の税率は最低）に近いものになり，すべての国民は，自分の選好に最も合った公共財供給を受けることができるというわけである。

　例えば，教育を重視する住民と，環境の良さを重視する住民が両方同じ地域

に住んでいれば，行政としては，教育への支出を多くする政策を選択しても，環境を良くするために公園を充実させる政策を行っても，どちらかの住民には不満が残ってしまい，両方をほどほどに重視する政策では，どちらの住民からもある程度不満が出てしまう。しかしもし同じ選好を持った住民（例えば教育を重視する住民）だけが集まったなら，より良い教育を行う政策を選択すればよいので，行政もやりやすく，住民もより幸福になれる。環境を重視する人々は，それを実現してくれる政策を行う地域へ移住すればよい。各個人は地域を移動することにより，自らの選好を示すことになるので，自らの選好を偽って負担を逃れようとする，フリーライダー問題も生じない。各地域で少数派であった意見も，同じ考えの人々が1つの地域に集まることによって，その地域の政策に反映される。

　もちろんこのようなティブーの考えには批判もある。先に挙げた7つの仮定は，現実的ではないと思われるものもあるかもしれない。しかし我々がよく仮定する完全競争のための条件も，完全に現実と一致するとは限らないものであり，それでも競争的な市場であれば近似的にそれが成り立つものとしているのであって，モデルの仮定はすべて現実と完全に一致するわけではない。そう考えると，ティブーの主張にも耳を傾けるべき価値が十分にあるだろう。

（5）中位投票者理論

　最後に，「足による投票」ではなく，普通の「（手による）投票」による公共財供給の決定について考える。住民がA，B，Cの3人がいる地域があり，ある地方公共財の供給量について，Aは3，Bは4，Cは8供給することを希望するものとする。そして3人の選好について，**単峰性**を仮定する。これは，自分の希望に近い選択肢を，遠い選択肢より同方向であれば好むという仮定である。例えばAは，3を希望するが，8より4のほうが，自分の希望に近いのでまだよいと考えるし，Cも，3よりは4のほうが良いと考えるということである。この場合，住民投票によって供給量を決めると，必ず中央値（真ん中の値で平均値ではない）である4が選ばれる。そしてこの中央値を希望する投票者を**中位投票者**といい，このように中位投票者の希望するものが選ばれるという考

えを**中位投票者理論**という。ただし，住民の希望する地方公共財供給量の中央値が，サムエルソン・ルールを満たす，すなわち社会的に望ましい水準であるとは限らない。またもし選好の単峰性という仮定がない場合は，投票によって必ず同じ選択肢が選ばれるとは限らない，**投票のパラドックス**という事態が生じることがある。

ま と め

◎地方は現在，図表 2−3 の都道府県と市町村で示されている仕事をしている。理想的には住民のニーズにこたえることが重要視され，規模の経済性が小さい地方公共財を供給することが望ましい。国は国家的公共財や規模の経済性が大きい公共財の供給と，所得の再分配，経済安定化などの仕事をすることが望ましい。

◎分権化は，住民のニーズに合った政策ができるというメリットと，規模の経済性が大きい場合，非効率になるというデメリットがある。

◎地方公共財はその地域でサムエルソン・ルールが成り立ちパレート最適な資源配分が達成されるように供給するべきである。そのための方法としては，リンダール・メカニズム，住民投票，「足による投票」などがある。

参考文献

総務省（2022），『令和 4 年版地方財政白書』。

林健久（2003），『地方財政読本（第 5 版）』東洋経済新報社。

吉田和男・林宜嗣・神野直彦・飯野靖四・井堀利宏・小西砂千夫（1998），『財政システム』有斐閣。

米原淳七朗（1997），『はじめての財政学』有斐閣。

Tiebout, C. M. (1956), A pure theory of local expenditures, *Journal of Political Economy* 64, pp.416-424.

コラム 夕張市の財政破綻と「足による投票」

2007 年に北海道夕張市は，353 億円もの負債を抱え，財政破綻した。国の管理下に置かれる財政再生団体となり，日本一税金と公共料金が高く，日本一公共サービスが悪い地域と言われている。そうして 20 年かけて借金を返していくことになった。国や北海道庁に，借金を隠していたことも明らかになり，同情されるばかりというわけにもいかなかった。

今はメロンで有名な夕張市は，かつては石炭の炭鉱の町として栄え，最盛期には人口は 12 万人近くに達していた。しかし炭鉱が閉山となり，衰退する街を何とか再生させようと，行政はテーマパークやホテルなどを積極的に建設する「箱モノ行政」を行ったことが，かえって借金を増やした。総合病院もなくなり，バスの本数や小中学校も減り，生活の不便さが人の流出に拍車をかけ，現在では人口が 1 万人を切っている。

「日本経済新聞 2016 年 6 月 20 日朝刊」によると，働く場がないわけではなく，むしろ子供の教育環境のことを考え，結婚するとすぐ市を出て行ってしまう，子育て世代の流出が深刻であるという。

このような事実に接すると，やはりティブーの「足による投票」のことを考えさせられてしまう。その地域を出ていきたいと思い，実際に出ていける子育て世代の人々やその家族は，その地域の財政が破綻することは望ましいことではもちろんないが，自分たちにとって大きな悲劇とまではいえなく，「足による投票」を行えば，すなわち出ていけば，ある程度被害を回避できる。皆がそうすることによって，その地域が衰退してしまっても，借金を隠していたりしたのだから，ある意味自業自得といえるのかもしれない。そうして失敗ばかりする非効率な行政，あるいは住民や他の機関に対して不誠実な行政を行う地域は，消滅していき，より効率的で誠意のある地域が繁栄し，社会全体は発展していく…

問題は「足による投票」を行うには，さまざまな理由から移動コストが高すぎる高齢者たちである。彼らには，ティブーの理論はむなしいものにしか見えないだろう。

ただし，だからと言ってすぐ「ティブーの「足による投票」の理論は夕張市の悲劇を説明できないから駄目だ」と考えるのは，少し早合点かもしれない。ある一つの理論・モデルですべてのことを説明することはもともと難しいのであり，ある事実についてはうまく説明する理論やモデルでも，また別の事実についてはうまく説明できないということが多い。

第3章　地方財政の運営

> **この章でわかること**
>
> ◎地方公共団体の予算はどのように決まるか。
> ◎地方公共団体にはどのような会計や予算があるのか。
> ◎地域住民のための予算の改革課題は何か。

第1節　地方財政における意思決定

（1）地方自治と財政

　さまざまな行政サービスは，国と地方公共団体とが相互協力関係を形成して提供されている。防衛費のように国のみが行う行政分野は別として，住民生活に深く関連する行政分野の中心的な担い手は，地方公共団体である。

　地方公共団体の経済活動である地方財政は，地方自治の本旨に基づいて運営される。ここで，**地方自治の本旨**とは，住民自治と団体自治の2つの考え方を含む。**住民自治**とは，地域住民がその地域の政治に参加して地方公共団体を組織し，住民によって地方行政が決定されるべきというものであり，**団体自治**とは，国から独立したかたちで地方公共団体が自治権を認められ，地方公共団体によって地方行政が処理されるべきという考え方である。地方自治法第1条の2では，住民に身近な行政はできる限り地方公共団体に委ねることを基本とし，地方公共団体に関する制度の策定や施策の実施にあたって，地方公共団体の自主性と自立性が十分に発揮されるようにしなければならないと定められている。

（2）予算と財政民主主義

　地方公共団体は，租税や補助金，地方債などによって財源を調達し，警察，消防，道路，社会福祉，学校教育，公衆衛生など，私たちの生活の安心，安全，ゆたかさを支える行政サービスを提供する。こうした地方公共団体の財政は，予算システムを通して運営されている。

　予算とは，一定期間の財政支出と財政収入の見積もりであり，一定期間における政府の行動計画を表す。これを政治的側面からとらえると，予算制度は，住民を代表する議会が地方公共団体の財政をコントロールするためのシステムということができる。市民革命前の前近代社会のように君主や領主の恣意的な権力行使により歳入や歳出が決定されるのではなく，社会を構成する人々による集団的意思決定に基づき，その地方公共団体における行政サービスと租税負担のあり方について合意形成を図るシステムである。こうした，議会を核とした財政統制の体系を，**財政民主主義**と呼ぶ。

　予算は，地方公共団体の首長が編成し，議会に提出して，審議・議決を経なければならないことが定められている（地方自治法第211条）。議会は，予算の審議・議決を通して，住民の意思に従って地方公共団体の執行機関を統制している。これにより，地方財政の運営が民主主義的な手続きに則って行われることが期待される。つまり，財政民主主義を保障するところに，予算の重要な意義があるといえる。

　予算の機能は，次の3つに整理される。1つは，地域のさまざまなニーズの総合調整や議会による財政統制といった政治的機能であり，地域のニーズ実現と，その費用負担を決定する予算編成プロセスそれ自体が政治過程である。2つは，地方公共団体の財政運営が適切に行われるための行政の内部管理といった行政管理的機能であり，議会による地方公共団体の執行機関に対する財務上の統制手段となる。3つは，地域住民の福祉の最大化を図るための政策的機能であり，これは，地方の限られた資源を効率的かつ効果的に利用し，どの行政目的にどれだけ資源を配分するかを決める経済的機能ともいわれる。

（3）財政民主主義を保障するための予算原則

　予算制度を設計して運用するにあたり，財政民主主義を実現するための，あるべき姿としての予算原則がある。

　第1に，**予算公開**の原則である。予算に関する情報はすべて住民に公開されなければならない。これは，予算の編成，審議，執行，決算に至る予算過程において，あらゆる予算情報が住民に公表されることにより，議会を通じた財政統制を可能とするための財政民主主義の情報的基礎といえる。

　第2に，**予算事前議決**の原則である。会計年度が始まる前に，予算は議会で議決されなくてはならない。予算は住民の財政統制の手段であり，もし事後的承認となれば，財政統制の機能は失われることになる。議決がない場合は予算を執行できず，間に合わない場合は当面必要最小限の支出だけ認める暫定予算を議決し，本予算が引き続き審議されることとなる。

　第3に，**会計年度独立**の原則である。ある年度の歳出は，その年度の歳入で賄わねばならない。次年度以降の歳入を当てにした歳出や，複数年度にまたがる歳出計画を盛り込んだ予算は原則として認められない。会計年度は通常1年間とされるので単年度主義とも呼ばれ，会計年度ごとに，予算を編成して議会の議決を経なければならない。

　第4に，**限定性**の原則である。この原則は，費目間流用を禁止する質的限定性，超過支出を禁止する量的限定性のほか，上記の会計年度独立による時間的限定性の3つの内容から成り立つ。もし，議決された予算について費目をまたがって支出が行われ，または予算計上額を超えて支出されたとすれば，議会による財政統制が侵害されてしまう恐れがある。

　第5に，**総計予算主義**の原則（完全性の原則）である。すべての歳入と歳出はもれなく予算に計上しなければならない。もし，予算に記載されない歳入や歳出があると，議会を通じた財政統制を困難にする。この原則によれば，相互に関係のある収入と支出をそれぞれ控除した純額で計上することは認められない。

　第6に，**単一予算主義**の原則（単一性，または統一性の原則）である。歳入と歳出を記載する予算は単一の見積もりとして作成することが望ましい。もし，

複数の予算の作成が認められると，財政収支全体の把握が困難となり，議会を通じた財政統制を妨げる恐れがある。この原則に関するものとして，特定の収入と特定の支出を結び付けてはならないという，**ノン・アフェクタシオン原則**（目的非拘束原則）があり，これは財政の硬直化を防ぐとともに，財政が有するべき総合性を確保するものである。

　以上のように，予算原則は，財政を民主的意思決定によりコントロールするために必要な原則を示したものであり，財政民主主義の根幹を成す考え方である。

（4）予算原則の限界

　しかし，財政運営の実態をみると，予算原則に当てはまらないものや諸原則が十分に実現されていないといった予算原則の限界があり，実際には諸原則の例外が数多く設けられている。これらを以下に例示しておこう。

　1つは，地方公共団体の予算には，一般会計以外にさまざまな特別会計が存在し，また，当初予算に続いて，多くの地方公共団体では年4回以上の補正予算が編成されている。これは，単一予算主義の原則の例外である。予算の全体像がわかりにくくなり，最終的な予算は，当初予算の内容から大きく変化していることが多く，首長や執行機関の財政運営に対する，議会を通じた住民による財政統制を難しくしている側面がある。しかし，現実には，予算成立後に生じる社会情勢の変化などに応じて既定予算を変更する必要や，財政運営の多様化に従い特定の事業を一般会計から切り離した別会計で処理する必要が生じている。使途に定めのある目的税はノン・アフェクタシオン原則に反するが，議会による議決により例外的に認められている。

　2つは，地方公共団体の財政全体にわたり総計予算主義の原則を徹底することの難しさである。例えば，行政サービスの高度化，複雑化，多様化に伴い，地方公共団体が出資する地方公社や第3セクターの役割が拡大しており，地方公共団体の歳入歳出予算だけでは必ずしも予算全体を把握できず，これら第3セクター等に対しては，財政統制が十分に及ばない。土地開発公社が先行取得した遊休地である「塩漬け土地」問題や，第3セクターの経営破たんによって

一般会計への財政負担を招いた歴史は，歳入歳出予算における総計予算主義の限界が一因といえる。

　3つは，会計年度独立をはじめとする限定性の原則には，いくつかの例外的な事項が認められている。上下水道設備やごみ最終処分場，小中学校の建設などのように複数年度に及ぶ事業を実施する場合や，予算成立後に生じたやむを得ない事情によって経費の年度内支出が困難となった場合に，この原則を厳格に適用すると，地方公共団体による効率的・計画的な財政運営が難しくなるためである。また，天変地異や社会情勢の変化などといった年度途中に生じた事由に対応するため，予算の費目間流用もしばしば行われている。

　4つは，予算事前議決の原則によれば，議会の議決のない場合には予算を執行できないが，議会を招集する時間的余裕がないときや，議会が議決すべき事件を議決しないときに，首長の専決処分による予算執行が認められている。例えば，豪雪に伴う除排雪費や衆議院解散に伴う選挙執行経費といった必要経費が専決処分されることが少なくない。この場合，処分後に議会に報告し承認を求める必要がある。一方で，予算事前議決の例外が多く認められてしまうと，住民による財政統制を弱めてしまうほか，首長と議会との政争の手段となってしまう懸念もある。

　5つは，予算公開の原則について，地方自治法では，議決後に予算の要領を住民に公表すると定められており，予算編成プロセスを含めて公表することまでは求めていない。むろん，各地方公共団体の取り組みにより，要求から査定に至る予算編成プロセスも含めた全過程の公開に努めているところも少なくない。予算書それ自体が緻密かつ複雑なものであるため，これを住民にわかりやすく公開し，住民の理解を高める工夫が求められる。

　以上のように，地方公共団体の財政運営の現状をみると，予算原則は必ずしも厳格に適用されていない。こうした弾力的で機能的な財政運営を可能とするための例外事項の必要性や合理性を認めつつ，予算原則を中心とした予算システムの構築は，財政民主主義の保障に不可欠である。

（5）予算の情報発信と住民参加

　代議制を基礎とする財政民主主議のもとでは，議会を通じた財政統制が基本であることはいうまでもない。しかしながら，住民の意見や要望を反映するうえで，間接的な財政統制には限界もある。議員が民意をつねに正確かつ丁寧に反映しているとはいいがたく，予算の内容や編成技術の複雑化・高度化を背景に，地方公共団体の執行機関が議会に対して優位にあるといわれる。

　こうした議会を核とする財政民主主義の限界を補完する方法の１つとして，予算過程における住民参加の試みが全国に広がっている。例えば，予算書の様式は後述するように地方自治法によって規定されているが，一般には非常にわかりづらい。そこで，近年では，地方公共団体が提供する行政サービスやそれにかかる財源について，その内容を住民に向けてわかりやすくまとめなおして財政情報を発信している地方公共団体が多い。インターネットの普及に伴い，毎年度の予算編成方針，各部課による予算要求，財政担当部局による査定なども含め，予算編成過程におけるさまざまな情報が住民向けに発信されている。さらに，予算に対する直接的な住民参政の試みも注目される。全国各地の地方公共団体で導入が広がっている「市民提案型事業」（コラム参照）のような住民と行政との協働作業は，納税者である住民自らが，地域が直面している人口減少対策や地域活性化などの課題解決のための事務事業を発案するものであり，住民の納税者意識をいっそう高める場ともなっている。

　このように，代議制のもとでは議会を通じた財政統制を基本としつつ，間接的な財政統制の限界を考慮しながら，予算編成プロセスにおいて住民の意見や要望を正確かつ丁寧に反映していくことが，財政民主主義を保障するための課題となる。

第２節　予算・決算制度

（1）予算の種類：会計区分

　地方公共団体の予算は，その形式や性質に従い，図表３−１のとおり，いくつかの種類に分けることができる。地方自治法第 209 条により，予算は，**一般**

図表 3 - 1　地方公共団体の会計区分

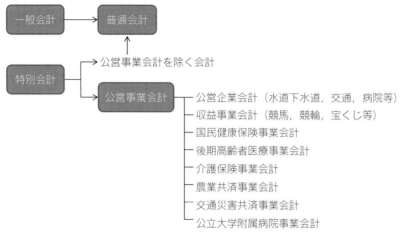

出所：総務省自治財政局「地方財政状況調査表作成要領」を参考にして作成。

会計と**特別会計**に区分経理されている。一般会計は，地方公共団体の基本的な歳入と歳出を経理するもので，通常，予算という場合には一般会計をさすことが多い。特別会計は，地方公共団体が特定の事業を営む場合，特定の歳入をもって特定の歳出に充て一般の歳入歳出と区分して経理する必要がある場合に設けられる。単一予算主義の原則によれば，すべての歳入と歳出は 1 つの会計に計上されることが望ましいが，現代における財政運営の多様化，複雑化に従い，一般会計から切り離した別会計で経理される必要が生じており，特別会計の存在が限定的に認められている。

　特別会計には，上下水道・交通・病院や国民健康保険・介護保険などのように，地方公営企業法・地方財政法のほか国民健康保険法・介護保険法といった国の特別法に基づいて設置が義務付けられているものと，各地方公共団体の条例によって独自に設置されるものとがある。特別会計のうち，特にその経費が事業収入をもって充てられる独立採算を基本とするものを公営企業会計といい，これには地方公営企業法の適用を受ける法適用企業と同法の適用を受けない法非適用企業とがある。

　また，地方公共団体の会計には，**普通会計**と**公営事業会計**という区分もある。国の法令で設置を義務付けられた事業を除いて，ある事業を一般会計か特別会計のどちらで処理するかは地方公共団体ごとに異なっており，各地方公共団体の会計区分は必ずしも一様ではない。このため，地方公共団体相互間の財政比較や地方財政の全国的な統一的把握を可能とするために，統計上の概念として用いられる。普通会計は，一般行政部門の会計を整理したもので，公営事業会計を除く特別会計と一般会計を合わせた会計である。公営事業会計は，地方公営企業法や地方財政法に基づく公営企業会計のほか，競馬・競輪などの収益事業会計，国民健康保険事業など地方公共団体の経営する事業会計の総称である。

（2）予算の種類：通常予算，補正予算，暫定予算，骨格予算

　予算は，予算事前議決の原則に基づき，会計年度開始前に議会の審議・議決を経て，通常，会計年度開始前に成立する。ここで成立した，一会計年度を通して歳入歳出を計上する基本予算は地方自治法上，**通常予算**と呼ばれ，一般には**当初予算**や本予算ともいわれる。これに対し，天変地異，経済情勢の変化，政策の変更など，会計年度開始後に生じた事由に基づいて，既定予算の内容に修正や変更が加えられる予算を**補正予算**という。地方公共団体の予算は，国の法改正への対応や国庫支出金，地方交付税などの交付決定などにかかる対応もあり，相当回数の補正予算が編成されている。

　このほか，年度開始までに何らかの理由で本予算が成立する見込みがない場合に，予算成立までの間，年度内の一定期間にかかる必要経費に限って計上した**暫定予算**が組まれる。暫定予算は本予算が成立すれば，これに吸収されることになる。さらに，国の予算編成が遅れている場合や地方公共団体の首長や議員の改選を控える場合などに，慣行として当初予算には政策関連経費を盛り込まず義務的経費を中心に編成する**骨格予算**があり，その後に政策関連の経費が組み込まれたものは**肉付予算**と呼ばれる。4月に統一地方選挙が執行される地方公共団体では骨格予算が作成されることが多く，改選後に補正予算というかたちで政策関連の経費が肉付けされる。

（3）予算の内容

　予算の内容は，地方自治法第215条により，①歳入歳出予算，②継続費，③繰越明許費，④債務負担行為，⑤地方債，⑥一時借入金，⑦歳出予算の各項の経費の金額の流用，の7つで構成されている。このうち，①の歳入歳出予算は，予算の本体であり，予算の基本をなすものである。一般に狭義の予算という場合，この歳入歳出予算を指す。「歳」とは会計年度を意味し，歳入歳出予算が1会計年度を単位とした収入と支出の見積もりであることを表す。②の継続費以下は，1会計年度を超えた支出などを認めるものであり，これらは予算原則の例外を示している。

　地方公共団体の予算は，地方自治法や同法施行令により，国が定める基準に基づいて款項目節に区分するよう定められている。図表3-2は予算の中味をごく簡略化したものである。歳入歳出予算の内容をみると，歳入ではその性質に従い，歳出予算ではその目的に従い，それぞれ款・項に区分される。例えば，市町村分の予算科目区分でみると，歳入では，市（町村）税，地方交付税，国庫支出金，市（町村）債などは款に，市（町村）民税，固定資産税，国庫負担金，国庫補助金などは項に整理されている。さらに，目として市（町村）民税は個人・法人に，国庫負担金は民生費国庫負担金・衛生費国庫負担金というように区分される。歳出では目的に従い，款として総務費，民生費，衛生費，農林水産業費，商工費，土木費，消防費，教育費，公債費などに整理され，さらに項・目に区分される。それぞれの目は，さらに経済性質別に節として区分されている。議会での議決対象となるのは款・項までであり，これらを議決科目といい，予算執行上の明細を示す目・節は執行科目という。予算原則に照らせば科目間の流用は禁止されるものの，地方自治法第220条により歳出予算の執行過程で必要がある場合に限り流用することができるとされるが，その場合でも款を超えた流用は認められていない。

　継続費は，単年度で実施するのが困難な事業について，数年度にわたり支出を要する経費の総額と年割額を予め議決しておき，数年度にわたって支出できるものである。繰越明許費は，工事の完成の遅れや国の補助金の交付決定の遅れなどのような予算成立後の事由により，年度内にその支出が終わる見込みの

図表 3 - 2 　市の歳入歳出予算の事例

【歳入】

款	項	目	節
市 　税	市民税	個人	現年課税分，滞納繰越分
		法人	現年課税分，滞納繰越分
	固定資産税	固定資産税	現年課税分，滞納繰越分
		国有資産等所在市町村交付金及び納付金	現年課税分
地方譲与税	地方揮発油譲与税	地方揮発油譲与税	地方揮発油譲与税
	自動車重量譲与税	自動車重量譲与税	自動車重量譲与税
国庫支出金	国庫負担金	民生費国庫負担金	社会福祉費負担金，児童福祉費負担金，生活保護費負担金
		衛生費国庫負担金	保健衛生費負担金
	国庫補助金	土木費国庫補助金	道路橋りょう費補助金，住宅費補助金
		教育費国庫補助金	小学校費補助金，中学校費補助金，社会教育費補助金

【歳出】

款	項	目	節
衛生費	保健衛生費	保健衛生総務費	報酬，給料，旅費，需用費，役務費，委託料，使用料及び賃借料
		予防費	需用費，役務費，委託料，使用料及び賃借料，負担金・補助及び交付金
	清掃費	清掃総務費	報酬，給料，旅費，需用費，役務費，委託料，使用料及び賃借料
		じんかい処理費	需用費，役務費，委託料，工事請負費，原材料費，備品購入費
教育費	小学校費	学校管理費	報酬，給料，旅費，需用費，役務費，委託料，使用料及び賃借料，工事請負費，原材料費，備品購入費
		学校建設費	委託料，工事請負費，備品購入費
	社会教育費	公民館費	報償費，需用費，役務費，委託料，備品購入費
		美術館費	報酬，報償費，需用費，役務費，委託料，使用料及び賃借料，備品購入費

出所：月刊「地方財務」編集局（2020），各市「一般会計・特別会計予算書及び予算に関する説明書」を参考にして作成。

ない場合，前もって議決しておき翌年度に繰り越して使用できる経費をいう。年限が翌年度まで，所要の財源も合わせて繰り越すという点で継続費とは異なる。債務負担行為は，契約は年度内に行うが実際の支出は翌年度以降に行われるものである。例えば，土地や建造物などの購入や，公社等の第3セクターが民間金融機関から融資を受ける際の債務保証や損失補償などが，予算で債務負担行為として定められる。

　以上でみた，継続費，繰越明許費，債務負担行為は，いずれも会計年度独立の原則に反する。しかし，今日，地方公共団体の行う事業の大規模化などに伴い，同原則を厳格に適用することが難しくなっていることもあり例外的な対応として認められている。一方，これらが濫用されないよう，議会を通じた十分な財政統制が必要である。

　地方債と一時借入金は，地方公共団体が歳入不足を補うために行う借入れである。地方債が一会計年度を超えて行う借入れであり，起債の目的，限度額，起債の方法，利率および償還の方法が予算で定められる。これに対し，一時借入金は，当該年度内に返済されるもので借入れの最高額は，予算で定めることになっている。

　歳出予算の各項の経費の流用は，さきに述べたように歳出予算は款・項に区分され，これは議決予算として流用が認められていない。しかし，ここに明記された各項の流用については認めることとされている。

（4）予算過程

　毎年度の予算は，前年度に編成，審議され，年度開始とともに執行され，翌年度に執行の結果を決算としてまとめる。つまり，ある年度の予算は，編成，審議，執行，決算という過程をたどり，この3年間にわたる一連の流れを**予算循環**という。

①　予算の編成

　地方公共団体の予算編成権は，その首長（知事，市町村長）にある。首長は，毎年度，予算を作成し，年度開始前に議会の議決を経なければならない。予算

の編成過程は，予算編成方針の提示，各部局課からの予算要求，財政担当部課や首長による予算査定，という 3 つの手続きから成る。

　まず，首長は，自らが実施しようとする政策の重点事項，予算規模などの骨格，予算要求を行う際の基本的ルールなどを文書化した予算編成方針を決定し，地方公共団体ごとに異なるが，この方針を 7 月から 10 月頃までの間に提示する。

　次に，各部局課はこの方針に基づき，概ね 10 月から 12 月の間に，財政担当部課に対して予算要求を行う。財政担当部課は，この予算要求の内容についてヒアリングを行い，実務的な査定を行う。およそ 1 月から 2 月の間に首長査定が行われ，最終的な予算案の内容は首長が決定する。査定終了後，予算書を作成し議会に提出するが，その際，予算に関する説明書を合わせて提出しなければならない。

② 　予算の審議

　こうして作成された予算書は議案として，都道府県および政令指定都市においては会計年度開始 30 日前，それ以外の市町村においては 20 日前までに，議会に提出される（地方自治法第 211 条）。通常，3 月の定例議会で審議，議決される。予算の審議は，首長による提案理由説明から行われ，一般議案と同様，総括質問，委員会付託，委員会の審査結果報告，本会議における討論，議決という手続きが取られる。予算の議決がなされたときは，議会の議長は首長に送付し，これを受けた首長は再議その他の措置をとる必要がない場合は，予算の要領を住民に公表する必要がある（地方自治法第 219 条）。

③ 　予算の執行

　会計年度が始まると，予算は執行過程に入る。予算の執行権は各地方公共団体の首長に属している。歳入予算は，単なる見積もりであり，地方税法や関係条例に従い，あるいは国庫支出金や地方交付税などについては国の予算や法令に従い調定，収入の手続きをとる（地方自治法第 231 条）。これに対して，歳出予算は拘束力を持ち，経費の支出を行う場合は，その目的，金額，時期などについて予算または法令の定めに従わなければならない。年度当初に示される予

算執行方針に基づいて，各部局課は配当された歳出予算の限度内で，支出負担行為，支出という手順で予算は執行されていく。支出負担行為とは支出の原因となる購入契約や請負契約などの行為のことである。支出負担行為が行われると，首長は会計管理者に支出命令を発し，予算や法令に合致していることを確認したうえで支出が行われる（地方自治法第232条の3，第232条の4）。

④　決　算

　予算の執行が終わると決算が行われる。一会計年度の歳入歳出予算の執行の結果を計数的にまとめたものが決算である。決算過程は，会計管理者による決算の調製，**監査委員**の審査，議会の認定，住民への公表という手順をとって行われる。予算執行は3月31日をもって終了しても現金の収受は年度を超えてしまうため，5月31日まで出納整理期間がおかれている。決算は，出納閉鎖（5月31日）後3ヶ月以内（8月31日まで）に作成され，首長に提出される。首長は会計管理者から受け取った決算を監査委員の審査に付し，監査委員の意見を付けて議会に提出しなければならない。これを議会が認定することで，予算の循環プロセスは終了する（地方自治法第233条）。

第3節　地方公共団体の予算制度の改革課題

（1）予算・決算制度の特質

　これまで見てきたように，予算制度は，地方財政の規模や内容を決める意思決定システムであると同時に，地方財政を運営するうえで重要な役割を果たしている。地方公共団体の予算・決算制度や予算過程にはさまざまな特質がある。
　1つは，国の財政との密接な関係である。地方公共団体の財政運営は，歳入面では国からの移転財源に大きく依存し，主要な地方税の税目や標準税率などは国の法令で定められている。歳出面では国の法令や全国的な長期計画に基づく事務事業を行っている。また，国の予算案とともに策定される地方財政計画によって地方公共団体の標準的な経費が積算され，これに基づき地方交付税や地方債の総額が確定する。国と地方の予算編成はほぼ同時に行われ，地方公共

団体では国の移転財源が未確定のまま予算が組まれるので，会計年度開始後に国庫支出金や地方交付税が交付決定されるたびに補正予算が編成される。このように，地方公共団体は，国の法令や予算，地方財政計画に協調して財政運営することが求められており，自律的に予算編成をすることが難しい。

2つは，地方公共団体の予算編成の権限が首長に専属している。議会には予算提案権がなく審議権も制約されており，議会に対する首長の優越的な地位が保障されている。その1つの例は，首長の**原案執行権**である。議会が行った予算の議決に首長として異議があれば，議会に再議を求めることができ，これを首長の拒否権という。国の法令による義務的な経費を削減または減額する議決を再議に付し，なおも同じ結論となった場合，首長はその経費を原案どおり予算に計上し執行することが認められている（地方自治法第176条，第177条）。もう1つの例は，さきに述べた**専決処分**である。議会が成立しないときや，議会を招集する余裕がないとき，または議会が議決すべき事件を議決しないとき，首長は専決処分によって議会に代わって予算を決定することができる（地方自治法第179条）。

3つは，予算編成過程での**増分主義**（インクレメンタリズム）である。これは漸変主義とも呼ばれ，前年度までの実績を基準にして予算配分するものである。財政状況が厳しくなると，増分主義による上乗せ配分方式から，シーリング方式（上限設定）や一律削減方式（減分主義）へと変化してきた。いずれにせよ，これらの方式では，確かに実務的な査定作業は効率化されるものの，各部局課のタテ割り的な予算配分が行われ，各部局課や圧力団体など利益集団の既得権益と結びつきやすい。そのため，社会情勢の変化や住民の意見・要望の変化に対して柔軟に対応しにくい硬直的な予算内容となりがちである。

4つは，地方公共団体の予算過程では，決算よりも予算が重視されている。予算の執行結果である決算は，予算編成の目的が達成されたかを評価し，次年度以降の財政運営を検討するための参考となりうる。しかし，決算は事後的な計数的整理の側面があり，やや軽視される傾向がある。議会では決算の議決は行わず，認定されるにとどまる。もし，議会が決算を否認しても既に予算は使用されているため，議会の認定は，法的にみると決算の効力に影響はないとさ

れている。

　このように，現行の予算制度は，中央集権的な政府間財政関係のもとでは地方公共団体の予算編成権が必ずしも十分には保障されておらず，地方議会を通しての住民による財政統制が十分に機能しているとはいいがたい。また，予算編成過程において社会情勢の変化や住民の意見・要望を反映しにくい実態や，予算執行の成果としての決算が次年度以降の財政運営の指針となり得ていないなどの問題点が指摘される。これらはいずれも，地方自治の本旨や財政民主主義の根幹にかかわる問題である。

（2）地方公共団体の予算の改革動向

　これまで見てきたように，予算制度には検討すべき課題があり，ここには地方自治の本旨や財政民主主義の根幹にかかわる問題も含まれる。こうしたなかで，地方公共団体の財政運営がより財政民主主義的に行われ，また，行政管理的な機能や地域住民の福祉の向上を図るため，さまざまな予算制度改革が試みられている。

①　増分主義からの脱却

　1つは，増分主義からの脱却である。その試みとして，例えば，予算の個別項目について根本から必要性を見直す「ゼロベース予算」方式や，予算の有効期限を定める「サンセット」方式が政策的経費を中心に導入されてきた。このほか，各部局課に対して設定された予算配当額の範囲内で，事務事業に熟知する担当部局課が具体的使途を決定する「枠配分」方式，中長期の目標や代替的方策を明確にしたうえで費用と便益を分析するPPBS（planning programming budgeting system）方式なども検討されてきた。これらは増分主義がもたらす問題を解決するため，予算の個別項目を精査する手法として，これまで議論されてきたものである。

②　決算の重要性と公会計改革

　2つは，決算の重要性である。予算の全過程にわたり財政民主主義を体系的

に保障するため，予算編成や審議といった事前統制とともに，予算執行や決算過程での事後統制が求められる。予算が議会を通じての住民による財政統制の手段であり，決算がその総括とするならば，監査委員による監査機能や議会による認定機能を強めることが必要であり，議会の決算認定を通じて首長の政治的・道義的責任を明確にすることも期待される。

　また，予算執行の成果である決算を次年度以降の予算編成と連動させようという改革も注目される。その1つは，ニューパブリックマネジメント（NPM）の考え方であり，民間企業の経営効率化の手法を地方公共団体に導入することにより，地方公共団体の経営の効率化を図ることにねらいがある。予算執行後に行政のパフォーマンス評価を行い，その結果を次年度の予算編成に活用するものである。もう1つは，地方公共団体のマネジメント機能を高めるために，**公会計**の改革が進んでいる。地方公共団体はバランスシートや行政コスト計算書などの財務諸表を作成し，財政情報開示を充実させ，いわゆる **PDCA サイクル**による予算マネジメントの強化を図る試みである。計画（Plan）→ 実行（Do）→ 検証（Check）→ 見直し（Action）を予算制度の一連のサイクルに適用することによって，予算の編成・審議，執行，決算・行政評価，次年度以降の予算や計画への反映というかたちで，財政運営の効率化や有効化が求められている。これまで，NPM や公会計改革はその理念や技法が先行しており，今後，地方公共団体の財政運営にどう実践的に活かすのかが課題となっている。

③　中長期的な総合計画の予算への反映

　3つは，地方公共団体の中長期的な総合計画を予算に反映させる動きである。一般に，地方公共団体が策定する総合計画は，概ね10年後を目標とする地域ビジョンを示す「基本構想」，5年後を目標とする構想実現のための施策を示す「基本計画」，3年程度の具体的施策を示す「実施計画」から構成される。これまで，地方公共団体の総合計画と予算とは必ずしも整合性がなく，総合計画に盛り込まれる事務事業や施策の財源的裏付けが十分とはいえなかった。そのため近年では，各地方公共団体の企画担当部課，財政担当部課，事務事業の担当部局課が連携して総合計画と予算とを結び付け，各年度の予算編成におい

て実施計画が示す具体的施策を予算化して，これを予算書に明示するなどし，その実現を目指そうとする試みが広がっている。いわゆる Pay-as-you-go 原則（代替財源の義務付け）のように，総合計画の事務事業や施策を実現するための歳出増に伴う財源確保の検討も必要である。

　こうした予算改革が奏功するためには，地方公共団体による自律的かつ計画的な財政運営が可能であることが重要で，地方税源の拡充を含む一般財源の保障や地方分権の推進が不可欠である。

まとめ

◎住民を代表する議会を通じて，行政サービスと租税負担のあり方について合意形成を図っている。予算の決定プロセスでは，財政を民主的に統制するための「予算原則」に基づくことで，住民の意見や要望を反映するとともに，財政民主主義の実現を図っている。

◎基本的な歳入歳出を経理する「一般会計」と，特定の事業を営む「特別会計」とに区分される。また，全国の地方公共団体の財政を統一的に把握できる「普通会計」と「公営事業会計」の区分がある。予算の種類には通常予算や補正予算などがあり，毎年度の予算は編成，審議，執行，決算という過程をたどる。

◎増分主義（漸変主義）からの脱却によって，社会情勢や住民ニーズに柔軟に対応する。予算執行の成果としての決算や行政評価を，次年度以降の予算編成に活用する。さらには，地方分権の推進や地方税財源の充実によって，地方公共団体による自律的な予算編成と財政運営をめざす。

参考文献

川村毅（2020），『自治体職員研修講座　地方自治制度・地方公務員制度・地方財政制度　第 3 次改訂版』学陽書房。

月刊「地方財務」編集局編（2020），『九訂　地方公共団体歳入歳出科目解説』ぎょうせい。

重森曉・植田和弘編（2013），『Basic 地方財政論』有斐閣ブックス。

地方自治予算制度研究会（2022），『予算の見方・つくり方』学陽書房。

林健久編（2003），『地方財政読本　第 5 版』東洋経済新報社。

松本英昭（2017），『新版　逐条地方自治法　第 9 次改訂版』学陽書房。

持田信樹（2013），『地方財政論』東京大学出版会。

和田八束・星野泉・青木宗明編（2004），『現代の地方財政　第 3 版』有斐閣ブックス。

コラム 「量出制入」と「量入制出」

　収入と支出，どちらが先に決まるのか。従来から，家計や企業を中心とする市場経済では「量入制出」（入るをはかって出ずるを制する）の原則，国や地方公共団体が営む財政では「量出制入」（出ずるをはかって入るを制する）の原則が妥当するとされてきた。というのも，市場経済では，労働市場や生産物市場において家計の賃金や企業の売上げが先に決まり，その収入に基づいて，家計や企業は消費，貯蓄，投資といった支出のしかたを決める。これに対して，財政では，公的な需要，人々に共通するニーズを充足するために必要な支出を考えてから，それを賄うための収入となる財源を人々がどのように負担し合うのかを決める。このように，家計や企業の収入は市場経済のメカニズムで決まるが，国や地方公共団体の収入，つまり租税をどのように調達するのかは民主的な政治過程で決定される。

　しかし，現在では，逆もまた真であって，財政においても，「量入制出」の考え方に則り，限られた収入をいかに有効に支出するのかという効率的な財政運営が課題となっている。とはいえ，人々のニーズを満たし，よりよい社会をつくるために財政が果たす役割の重要性を考えると，「量出制入」の原則は，今もなお，財政が拠るべき原則といえる。

参考文献

　佐藤進・関口浩 (2019)，『新版　財政学入門』同文舘出版。

　神野直彦 (2007)，『財政のしくみがわかる本』岩波ジュニア新書。

第4章　地方財政の経費と財政指標

> **この章でわかること**
> ◎地方財政の経費をどのようにみたらよいか。
> ◎地方財政の状態をどのように判断したらよいか。
> ◎財政健全化法はどういうものか。

第1節　経費の構造

　第3章2節で見たように，地方公共団体の会計は，一般会計と特別会計に区分して経理されている。特別会計の中には，一般行政活動に係るものと水道，交通，病院等の企業活動に係るものがある。一般会計と特別会計の一般行政活動に係るものを足した純計額を「**普通会計**」，企業活動に係るものを「**地方公営事業会計**」として区分している。普通会計は，地方公共団体ごとに各会計の範囲が異なっているため，財政状況の統一的な掌握及び比較が困難であることから，地方財政状況調査上，便宜的に用いられる会計区分である。

　地方公共団体の経費の分類方法には，行政目的に着目した「**目的別分類**」と経費の経済的な性質に着目した「**性質別分類**」が用いられる（図表4-1）。

（1）目的別分類

　目的別分類は，その行政目的によって，**議会費，総務費，民生費，衛生費，労働費，農林水産業費，商工費，土木費，警察費，消防費，教育費，公債費，災害復旧費，諸支出金等**に分類できる。目的別分類は，予算および決算の款・項の区分を基準としている。

図表 4 － 1　　目的別分類と性質別分類の内容

目的別分類		性質別分類	
議会費	議員報酬など	人件費	職員給与，議員報酬など
総務費	徴税費や統計調査費など	物件費	旅費，交際費，委託料など
民生費	民生の安全等の社会保障関係	維持補修費	公共用施設等の保全・維持
衛生費	保健衛生と環境保全	扶助費	生活保護等の各種扶助費用
労働費	失業対策費など	補助費等	報奨金，火災保険料，寄附金など
農林水産業費	農林水産業振興経費	普通建設事業費	社会資本整備全般の費用
商工費	商工業発展のための経費	災害復旧費	被災施設等の復旧費用
土木費	道路橋りょう等の公共事業関係	失業対策事業費	失業者への臨時雇用機会費用
警察費	警察事業のための経費	公債費	地方債元利償還・一時借入金利子
消防費	消防事業のための費用	積立金	特定目的の基金への支出
教育費	小学校費，中学校費など	投資及び出資金	財団法人への出資など
公債費	地方債元利償還・一時借入金利子	貸付金	民間企業や個人等への貸付
災害復旧費	被災施設等の復旧費用	繰出金	各種特別会計の繰入
諸支出金	公営企業の費用など	前年度繰上充用金	前年度に繰上使用の場合の計上

出所：浅羽（2015）72 頁，表 5-1 を一部修正。

『令和 4 年版地方財政白書』によると，2020 年度の歳出純計決算額は 125 兆 4,588 億円で，2019 年度と比べると 25.8％ 増となっている。このうち，通常収支分は 123 兆 9,385 億円で，2019 年度と比べると 26.6％ 増となっており，東日本大震災分は 1 兆 5,203 億円で，前年度と比べると 15.8％ 減となっている。

　歳出総額の目的別歳出の構成比は，図表 4 － 2 のとおりである。2020 年度は新型コロナウイルス感染症対策による特徴がみられる。

　民生費は，社会福祉の充実を図るため，児童，高齢者，障害者等のための福祉施設の整備，運営，生活保護の実施等の諸施策に要する経費である。生活福祉資金の貸付事業，ひとり親世帯臨時特別給付金給付事業等の新型コロナウイ

図表 4 － 2　　目的別歳出純計決算額の状況（2020年度）

区　　分	決算額			構成比		増減率	
	2020年度	2019年度	増減額	2020年度	2019年度	2020年度	2019年度
	億円	億円	億円	％	％	％	％
総務費	225,346	96,700	128,646	18.0	9.7	133.0	4.1
民生費	286,942	265,337	21,606	22.9	26.6	8.1	3.4
衛生費	91,202	63,540	27,662	7.3	6.4	43.5	1.9
労働費	3,264	2,443	821	0.3	0.2	33.6	△1.8
農林水産業費	34,106	33,192	913	2.7	3.3	2.8	2.1
商工費	115,336	47,821	67,515	9.2	4.8	141.2	0.5
土木費	126,902	121,274	5,627	10.1	12.2	4.6	2.1
消防費	21,250	20,920	330	1.7	2.1	1.6	4.5
警察費	33,211	33,558	△348	2.6	3.4	△1.0	1.7
教育費	180,961	175,235	5,726	14.4	17.6	3.3	3.8
公債費	120,636	121,414	△778	9.6	12.2	△0.6	△1.8
その他	15,433	15,588	△155	1.2	1.5	△1.0	△27.4
合　　計	1,254,588	997,022	257,567	100.0	100.0	25.8	1.7

出所：総務省（2022），第 7 表　目的別歳出純計決算額の状況（その 1 　総計）。

ルス感染症対策に係る事業の増加等により，前年度と比べると 8.1％ 増となっている。

　総務費は，地方税の課税と徴収，住民登録，広報，人事，財政等の一般管理費や退職手当等の一般職員の共通経費等である。特別定額給付金事業等の新型コロナウイルス感染症対策に係る事業の増加等により，前年度と比べると 133.0％ 増となっている。

　教育費は，小中学校費等の学校教育や社会教育に関する経費である。児童生徒向けの 1 人 1 台端末の整備等の GIGA スクール構想の推進に伴う事業の増加等により，前年度と比べると 3.3％ 増となっている。

　商工費は，制度融資等の新型コロナウイルス感染症対策に係る事業の増加等により，前年度と比べると 141.2％ 増となっている。

　衛生費は，医療提供体制の確保等の新型コロナウイルス感染症対策に係る事業の増加等により，前年度と比べると 43.5％ 増となっている。

図表 4 － 3　目的別歳出純計決算額の構成比の推移（2010年度〜 2020年度）

区　　分	2010年度	2011年度	2012年度	2013年度	2014年度	2015年度	2016年度	2017年度	2018年度	2019年度	2020年度
	%	%	%	%	%	%	%	%	%	%	%
総務費	10.6	9.6	10.3	10.3	10.0	9.8	9.1	9.3	9.5	9.7	18.0
民生費	22.5	23.9	24.0	24.1	24.8	25.7	26.8	26.5	26.2	26.6	22.9
衛生費	6.1	7.0	6.2	6.1	6.2	6.4	6.4	6.4	6.4	6.4	7.3
労働費	0.9	1.0	0.8	0.6	0.4	0.4	0.3	0.3	0.3	0.2	0.3
農林水産業費	3.4	3.3	3.3	3.6	3.4	3.3	3.2	3.4	3.3	3.3	2.7
商工費	6.8	6.8	6.4	6.1	5.6	5.6	5.3	5.0	4.9	4.8	9.2
土木費	12.6	11.6	11.7	12.4	12.2	11.9	12.2	12.2	12.1	12.2	10.1
消防費	1.9	1.9	2.0	2.0	2.2	2.1	2.0	2.0	2.0	2.1	1.7
警察費	3.4	3.3	3.3	3.2	3.2	3.3	3.3	3.3	3.4	3.4	2.6
教育費	17.4	16.7	16.7	16.5	16.9	17.1	17.1	17.2	17.2	17.6	14.4
公債費	13.7	13.4	13.5	13.5	13.6	13.1	12.8	12.9	12.6	12.2	9.6
その他	0.7	1.5	1.8	1.6	1.5	1.3	1.5	1.5	2.1	1.5	1.2
合　計	100.0	100.0	100.0	100.0	100.0	100.0	100.0	100.0	100.0	100.0	100.0
	億円	億円	億円	億円	億円	億円	億円	億円	億円	億円	億円
歳出合計	947,750	970,026	964,186	974,120	985,228	984,052	981,415	979,984	980,206	997,022	1,254,588

出所：総務省（2022）第 8 表　目的別歳出純計決算額の構成比の推移。

　目的別歳出の構成比の推移は，図表4 － 3のとおりである。民生費の構成比は，社会保障関係費の増加を背景に最も大きな割合を占めている一方で，公債費は低下の傾向にある。2020 年度は，新型コロナウイルス感染症対策の影響で，総務費と商工費の割合が大きくなっている。

　図表4 － 4は，目的別歳出を都道府県と市町村ごとに構成比をみたものである。都道府県においては，教育費が最も大きな割合（17.1％）を占めている。それは，政令指定都市を除く市町村立義務教育諸学校教職員の人件費を負担していることによる。次いで，民生費（16.3％），商工費（14.3％），公債費（11.1％），土木費（10.5％）の順となっている。市町村においては，民生費が最も大きな割合（29.7％）を占めている。それは，児童福祉，生活保護に関する事務（町村については，福祉事務所を設置している町村に限る）等の社会福祉事務の比重が高いことによる。次いで，総務費（26.7％），教育費（10.6％），土木費（8.7％），公債費（7.2％）の順となっている。

　今度は市町村の規模別に，目的別歳出の構成比をみてみる。

　政令指定都市，中核市，施行時特例市，中都市は，民生費が最も割合を占め

図表4－4　都道府県と市町村の目的別歳出構成比（2020年度）

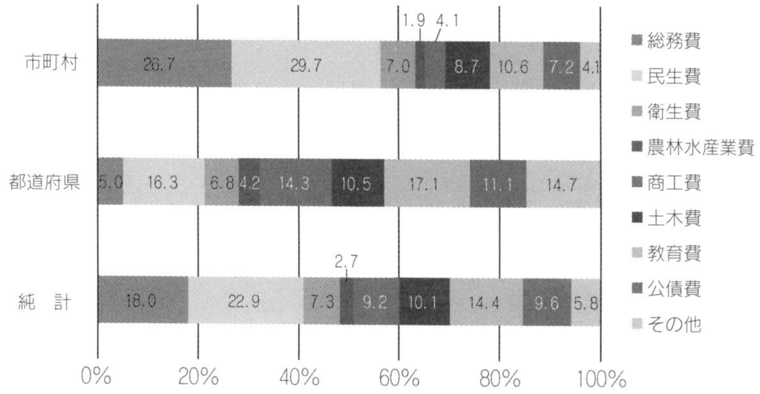

出所：総務省（2022）第11図　目的別歳出決算額の構成比。

図表4－5　団体規模別目的別歳出の状況（人口1人当たり額及び構成比）（2020年度）

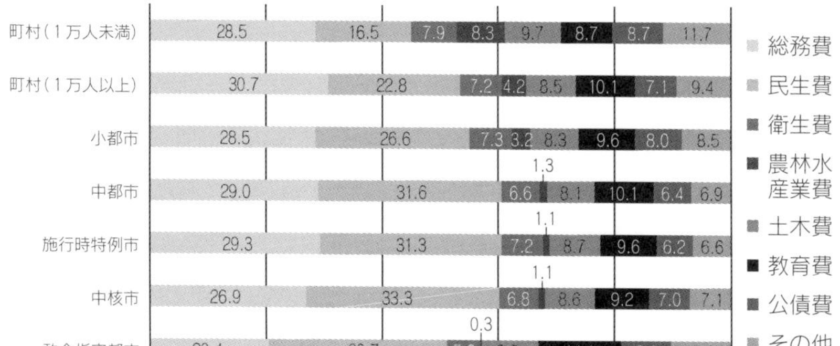

出所：総務省（2022）第106図　団体規模別歳出（目的別）決算の状況（人口1人当たり額及び構成比）。

ており，小都市以下は，総務費の割合が高い。政令指定都市，中核市，特例市，中都市においては，民生費，総務費，教育費の順，小都市及び人口1万人以上の町村においては，総務費，民生費，教育費の順，人口1万人未満の町村においては総務費，民生費，土木費の順となっている（図表4－5）。

（2）性質別分類

　性質別分類は，その**経済的な性質**に着目する分類方法で，予算および決算の**節**に該当する。項目は，人件費，物件費，維持補修費，扶助費，補助費等，普通建設事業費，災害復旧費，失業対策事業費，公債費，積立金，投資及び出資金，貸付金，繰出金，前年度繰上充用金である。

　性質別分類は，**義務的経費，投資的経費，その他の経費**に大別することができる。**義務的経費**は，職員給与費等の**人件費**，生活保護費等の**扶助費**，地方債の元利償還金等の**公債費**から構成されている。地方公共団体が支出を義務づけられているものであり，任意に節減できない支出である。**投資的経費**は，道路，橋りょう，公園，公営住宅，学校の建設等に要する**普通建設事業費，災害復旧事業費，失業対策費**から構成されている。普通建設事業費は，国からの補助金等を受けずに一般財源を活用する**単独事業**と補助金付きの補助事業，国が主体の国直轄事業に分かれる。**その他経費**は，義務的経費以外の消費的な支出，他会計や基金への繰入等に充てられる経費で，**物件費，補助費等，貸付金，繰出金，積立金**等で構成される。

　歳出純計決算額の主な性質別内訳をみると，図表4－6のとおりである。義務的経費は，前年度と比べると9,736億円増加（2.0%増）している。増加の理由は，会計年度任用職員制度の施行に伴う人件費の増加，ひとり親世帯臨時特別給付金給付事業等の新型コロナウイルス感染症対策に係る事業や幼児教育・保育の無償化に伴う扶助費の増加等である。

　投資的経費は，補助事業費の増加等による普通建設事業費の増加等により，前年度と比べると4,469億円増加（2.7%増）している。

　その他の経費は，特別定額給付金事業等の新型コロナウイルス感染症対策に係る事業の増加等による補助費等の増加，新型コロナウイルス感染症対策に係る制度融資の増加等による貸付金の増加等により，前年度と比べると24兆3,361億円増加（72.1%増）となっている。

　図表4－7は，性質別歳出を都道府県と市町村ごとに構成比をみたものである。人件費の構成比は，都道府県において，政令指定都市を除く市町村立義務教育諸学校教職員の人件費を負担していること等から，都道府県（20.9%）が

図表 4 － 6　性質別歳出純計決算額の状況（2020年度）

区　　分	決算額			構成比		増減率	
	2020年度	2019年度	増減額	2020年度	2019年度	2020年度	2019年度
	億円	億円	億円	%	%	%	%
義務的経費	504,847	495,111	9,736	40.2	49.7	2.0	0.8
人件費	230,283	224,568	5,715	18.1	22.5	2.5	△0.0
扶助費	154,222	149,410	4,812	12.3	15.0	3.2	4.5
公債費	120,342	121,133	△791	9.6	12.1	△0.7	△1.8
投資的経費	168,709	164,239	4,469	13.4	16.5	2.7	3.9
普通建設事業費	158,663	154,164	4,499	12.6	15.5	2.9	4.4
うち補助事業費	82,416	75,855	6,561	6.6	7.6	8.6	8.0
うち単独事業費	67,074	70,084	△3,010	5.3	7.0	△4.3	△0.2
災害復旧事業費	10,045	10,075	△30	0.8	1.0	△0.3	△3.1
失業対策事業費	0	0	△0	0.0	0.0	△12.5	△29.4
その他の経費	581,033	337,672	243,361	46.3	33.9	72.1	2.0
うち補助費等	287,853	96,284	191,568	22.9	9.7	199.0	3.4
うち繰出金（＊）	56,412	60,048	△3,636	4.5	6.0	△6.1	0.0
合　　計	1,254,588	997,022	257,567	100.0	100.0	25.8	1.7

出所：総務省（2022）第 10 表　性質別歳出純計決算額（その 1 総計）の状況。

図表 4 － 7　都道府県と市町村の性質別歳出構成比（2020年度）

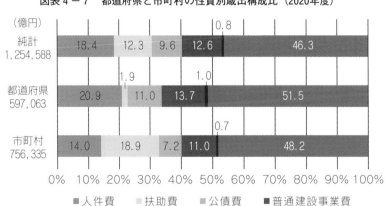

出所：総務省（2022）第 14 図　性質別歳出決算額の構成比。

市町村（14.0％）を上回っている。また，扶助費の構成比は，市町村におい
て，児童手当の支給，生活保護に関する事務（町村については，福祉事務所を設
置している町村）等の社会福祉関係事務が行われていること等から，市町村
（18.9％）が都道府県（1.9％）を上回っている。

第2節　財政指標

（1）実質収支

　実質収支とは，形式収支（歳入歳出差引額）から明許繰越等のために翌年度に
繰り越すべき財源を控除した額であり，2020年度の実質収支は2兆7,274億円
の黒字（前年度2兆1,595億円の黒字）で，1956年度以降黒字となっている（図表
4－8）。形式収支とは，出納閉鎖期日時点におけるその年度中に収入された現
金と支出された現金の差額である。

　実質収支を団体区分別にみると，都道府県においては1兆285億円の黒字
（前年度7,539億円の黒字）であり，2004年度以降黒字となっている。また，市
町村においては1兆6,989億円の黒字（前年度1兆4,056億円の黒字）であり，

図表4－8　実質収支の状況（2020年度）

区分		2020年度				2019年度		増　減	
		団体数	形式収支	翌年度に繰り越すべき財源	実質収支	団体数	実質収支	団体数	実質収支
			億円	億円	億円		億円		億円
全団体	都道府県	47	21,878	11,593	10,285	47	7,539	—	2,746
	市町村	3,020	24,006	7,017	16,989	3,034	14,056	△14	2,932
	合計	3,067	45,884	18,610	27,274	3,081	21,595	△14	5,679
黒字の団体	都道府県	47	21,878	11,593	10,285	47	7,539	—	2,746
	市町村	3,019	23,931	6,939	16,992	3,034	14,056	△15	2,936
	合計	3,066	45,808	18,531	27,277	3,081	21,595	△15	5,682
赤字の団体	都道府県	—	—	—	—	—	—	—	—
	市町村	1	76	79	△3	—	—	1	△3
	合計	1	76	79	△3	—	—	1	△3

　出所：総務省（2022）第3表　実質収支の状況。

1956年度以降黒字となっている。

　実質収支が赤字である団体は，市町村1団体である。

　実質収支比率をみると，2020年度は4.2％（前年度3.4％）となっており，都道府県においては3.6％（前年度2.6％），市町村においては4.7％（前年度4.0％）となっている。

（2）単年度収支と実質単年度収支

　2020年度の**単年度収支**（当該年度の実質収支から前年度の実質収支を差し引いた額）は5,680億円の黒字（前年度1,774億円の黒字）となっている。

　単年度収支を団体区分別にみると，都道府県においては2,746億円の黒字（前年度1,503億円の黒字），市町村においては2,934億円の黒字（同271億円の黒字）となっている。

　また，**実質単年度収支**（単年度収支に財政調整基金への積立額及び地方債の繰上償

図表4－9　赤字団体の状況（2020年度）

区　分	全団体数(A)	赤 字 の 団 体 数					
		実質収支		単年度収支		実質単年度収支	
		団体数(C)	割合(C)/(A)	団体数(E)	割合(E)/(A)	団体数(G)	割合(G)/(A)
			％		％		％
都道府県	47	—	—	5	10.6	7	14.9
市町村計	3,020	1	0.0	1,016	33.6	1,157	38.3
政令指定都市	20	1	5.0	8	40.0	9	45.0
中核市	60	—	—	10	16.7	25	41.7
施行時特例市	25	—	—	3	12.0	12	48.0
都　市	687	—	—	189	27.5	266	38.7
中都市	156			38	24.4	54	34.6
小都市	531			151	28.4	212	39.9
町　村	926			323	34.9	356	38.4
市町村小計	1,718			533	31.0	668	38.9
特別区	23			6	26.1	9	39.1
一部事務組合等	1,279	—	—	477	37.3	480	37.5
合　計	3,067	1	0.0	1,021	33.3	1,164	38.0

出所：総務省（2022）第5表　赤字団体数の状況より作成。

還額を加え，財政調整基金の取崩し額を差し引いた額）は 2,485 億円の黒字（前年度 779 億円の黒字）となっている。

　実質単年度収支を，団体区分別にみると，都道府県においては 324 億円の黒字（前年度 2,652 億円の黒字），市町村においては 2,160 億円の黒字（同 1,873 億円の赤字）となっている。

　なお，実質収支，単年度収支及び実質単年度収支の赤字団体数の状況は，図表 4 - 9 のとおりである。

（3）財政力指数

　財政力指数とは，地方公共団体の財政力を示す指数で，基準財政収入額を基準財政需要額で除して得た数値の過去 3 年間の平均値である。

　財政力指数が高いほど，普通交付税算定上の留保財源が大きいことになり，財源に余裕があるといえる。とくに 1 以上になると，概ね地方交付税の普通交付税の不交付団体となり，かなり豊かな地方公共団体だといえる。

　地方公共団体を個別に見ると，地方公共団体間で大きな財政力の格差が存在している。地方公共団体間の財政力格差の原因は，地方税，とりわけ地方法人二税（法人事業税及び法人住民税）が東京等大都市に偏在していることによる。地方消費税は，地域間の清算基準により，清算前の偏在性の高い状態が大幅に緩和されている。

　2021 年度決算の財政力指数の都道府県平均・市町村平均共に，0.50 である。都道府県別では，東京都が，1.07 と最も高く，続いて，愛知県の 0.89，神奈川県の 0.85 となっている。

（4）経常収支比率

　経常収支比率とは，地方公共団体の財政構造の弾力性を判断するための指標で，人件費，扶助費，公債費等のように毎年度経常的に支出される経費（経常的経費）に充当された一般財源の額が，地方税，普通交付税を中心とする毎年度経常的に収入される一般財源（経常一般財源），減収補塡債特例分，猶予特例債及び臨時財政対策債の合計額に占める割合である。

$$\frac{経常経費充当一般財源}{経常一般財源＋減収補塡債特例分＋猶予特例債＋臨時財政対策債}$$

この指標は経常的経費に経常一般財源収入がどの程度充当されているかを見るものであり，比率が高いほど財政構造の硬直化が進んでいることを表す。

地方公共団体規模別の分布状況をみると，図表 4 − 10 のとおりである。経

図表 4 − 10　団体規模別経常収支比率の状況（構成比）（2020年度）

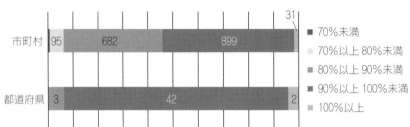

出所：総務省（2022）第 13 表　経常収支比率の段階別分布状況より作成。

図表 4 − 11　経常収支比率の推移（2010年度〜 2020年度）

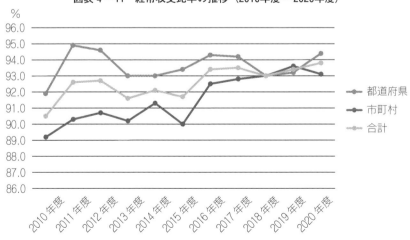

出所：総務省（2022）第 12 表　経常収支比率等の推移より作成。

常収支比率が 80% 以上の団体数は，都道府県においては 47 団体，市町村においては全体の 93.8% を占める 1,612 団体となっており，大きな割合を占めている。また，経常収支比率が 100% 以上の団体は，都道府県においては 2 団体，市町村においては全体の 1.8% を占める 31 団体となっている。図表 4 − 11 は経常収支比率の推移である。2015 年度から上向き傾向にある。

（5）財政健全化法と健全化判断比率

　地方公共団体の財政再建は，「地方財政再建促進特別措置法」（昭和 30 年法律第 195 号，以下，旧再建法という）の規定の一部を準用する形で行われてきた。旧再建法は，1954 年度の赤字団体の財政再建のための手続き（本再建）を中心とした臨時的な特別措置法であって，それ以降の赤字団体については準用再建してきた。再建団体として承認を受けた団体は 588 団体（都道府県 18 団体，市町村 570 団体），準用再建団体として承認を受けた団体は 296 団体（都道府県 2 団体，市町村 294 団体）となっている（平成 19 年度地方財政白書）。

　また，公営企業については，1955 年度の赤字企業の財政再建のための手続として制度が整備され，その後の赤字企業については，この規定を準用しながら再建を行う仕組みとなっている。再建団体として承認を受けた団体は 155 団体（都道府県 1 団体，市町村 154 団体），準用再建団体として承認を受けた団体は 25 団体（都道府県 1 団体，市町村 24 団体）となっている（平成 19 年度地方財政白書）。

　しかし，従来の制度については，わかりやすい財政情報の開示や早期是正機能がない等の課題が指摘されてきた。

　2006 年 5 月の「地方分権 21 世紀ビジョン懇談会」では，再生型破綻法制を整備すべきであると指摘されてまもなく，2006 年 6 月 20 日に夕張市が破綻した。破綻の理由は不適切な会計処理による隠蔽工作と採算度外視の事業経営であった。一般会計と他会計間で出納整理期間中に次年度の他会計から当該年度の一般会計に償還するという，年度をまたがる会計間の貸付・償還が行われてきた。これらの貸付金の資金手当てには，一時借入金が充てられており，実質的な赤字を見えなくするとともに，多額の赤字を累積してきた。

　2006 年 8 月 31 日に「新しい地方財政再生制度研究会」が発足し，2006 年

12 月 8 日に報告書が出された。財政指標を整備してその公表の仕組みを設けるとともに，地方分権を進める中で財政の早期健全化及び再生のための新たな制度を整備することが提言され，2007 年 6 月 22 日に「**地方公共団体の財政の健全化に関する法律**」（以下，**財政健全化法**と略す）が公布され，2008 年 4 月より一部施行，2009 年 4 月より全面施行された。

　財政健全化法の特徴は，**イエロー・カードの導入**である。いきなり強制的な財政再建を迫るのではなく，**早期健全化基準**を設け，**財政健全化計画の策定**を義務づけて，**自主的な財政再建**を実施できる仕組みが作られた。また，監査委員の審査や議会への報告・住民への公表等を義務づけて情報開示を徹底することである。フローだけでなくストックにも着目し，公営企業や第三セクターの会計も対象とする新たな指標を導入する等，**地方公共団体の財政の全体像を明らかにする制度**となっている（図表 4 −12）。

図表 4 −12　財政健全化法の意義・目的

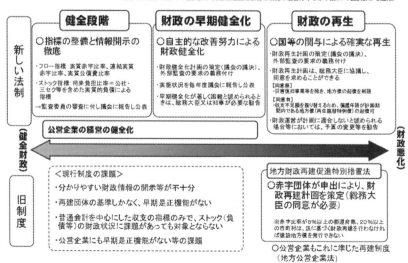

出所：総務省ホームページ。

図表 4 −13　健全化判断比率

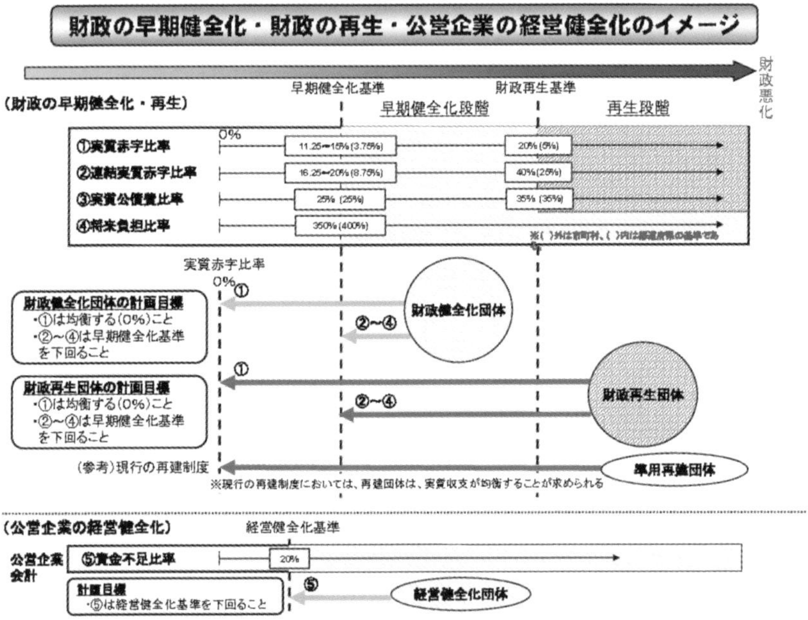

出所：総務省ホームページ。

　図表 4 −13 で示すように，①**実質赤字比率**，②**連結実質赤字比率**，③**実質公債費比率**，④**将来負担比率**の 4 種類の**健全化判断比率**を用いた**早期健全化基準**と**財政再生基準**を設け，その基準を超えた地方公共団体は，それぞれ**財政健全化団体**と**財政再生団体**に区分される。財政健全化団体になった地方公共団体は，**財政健全化計画**を策定し，実質赤字比率は収支均衡まで健全化しなければならず，それ以外の比率は早期健全化基準を下回る必要がある。財政再生団体になった地方公共団体は，**財政再生計画**を策定し，総務大臣と協議して同意を得る必要がある。早期健全化段階への移行は認められず，実質赤字比率は収支均衡まで健全化しなければならず，それ以外の比率は早期健全化基準を下回る必要がある。

　公営企業については，**資金不足比率**を用いた**経営健全化基準**を超えた場合は**経営健全化団体**となる。経営健全化団体となった公営企業は，**経営健全化計画**

図表 4 － 14　早期健全化基準と財政再生基準

指　標	早期健全化比率	財政再生基準
①実質赤字比率	都道府県：3.75% 市 町 村：11.25〜15%	都道府県：5% 市 町 村：20%
②連結実質赤字比率	都道府県：8.75% 市 町 村：16.25〜20%	都道府県：15% 市 町 村：30%
③実質公債費比率	25%	35%
④将来負担比率	都道府県・政令市：400% 市　　　町　　　村：350%	—
⑤資金不足比率（公営企業ごと）	経営健全化基準：20%	—

出所：総務省『平成 28 年度地方財政白書ビジュアル版』より加筆修正。

を策定し，経営健全化基準を下回る必要がある。

　早期健全化基準と財政再生基準は図表 4 － 14 のとおりである。

　実質赤字比率とは，一般会計等に占める赤字の割合である。地方公共団体の一般会計等を対象とした実質赤字額の標準財政規模に対する比率である。ここでいう一般会計等とは，地方公共団体の会計のうち，地方公営事業会計以外のものが該当する。これは，地方財政の統計で用いられている普通会計とほぼ同様の範囲であるが，地方財政の統計上の「想定企業会計」の分別（一般会計において経理している公営事業に係る収支を一般会計と区分して特別会計において経理されたものとする取扱い）は行わないこととしている。実質赤字比率は福祉，教育，まちづくり等を行う地方公共団体の一般会計等の赤字の程度を指標化し，財政運営の悪化の度合いを示す指標ともいえる。

$$実質赤字比率 ＝ \frac{一般会計等の実質赤字額}{標準財政規模}$$

　連結実質赤字比率とは，公営企業会計を含む地方公共団体の全会計を対象とした実質赤字額及び資金の不足額の標準財政規模に対する比率である。すべての会計の赤字と黒字を合算して，地方公共団体全体としての赤字の程度を指標化し，地方公共団体全体としての財政運営の悪化の度合いを示す指標ともいえる。

$$連結実質赤字比率 = \frac{連結実質赤字額}{標準財政規模}$$

実質公債費比率とは，地方公共団体の一般会計等が負担する元利償還金と準元利償還金の標準財政規模から元利償還金等に係る基準財政需要額算入額を控除した額に対する比率である。借入金（地方債）の返済額及びこれに準じる額の大きさを指標化し，資金繰りの程度を示す指標ともいえる。地方公共団体財政健全化法の実質公債費比率は，起債に協議を要する団体と許可を要する団体の判定に用いられる地方財政法の実質公債費比率と同じである。

$$実質公債費比率 \atop (3か年平均) = \frac{(地方債の元利償還金＋準元利償還金)－(特定財源＋元利償還金・準元利償還金にかかる基準財政需要額算入額)}{標準財政規模－(元利償還金・準元利償還金にかかる基準財政需要額算入額)}$$

将来負担比率とは，地方公社や損失補償を行っている出資法人や公営企業等を含めた地方公共団体の一般会計等が将来負担すべき実質的負債の標準財政規模から元利償還金等に係る基準財政需要額算入額を控除した額に対する比率である。地方公共団体の一般会計等の借入金（地方債）や将来支払っていく可能性のある負担等の現時点での残高を指標化し，将来財政を圧迫する可能性の度合いを示す指標ともいえる。

将来負担額とは，健全化法制定時は，一般会計等の地方債残高，債務負担行為に基づく支出予定額，公営企業会計等の地方債の元金償還に充てる一般会計等からの繰入見込額，退職手当支給予定額，地方公社や第三セクター等に係る負債の一般会計等の負担見込額であったが，健全化法改正（平成28年法律第14号）により，平成28年度決算から，第三セクター等に対する短期貸付金と不動産の信託に係る負債も追加された。

$$将来負担比率＝\frac{将来負担額－（充当可能基金額＋特定財源見込額＋地方債現在高等にかかる基準財政需要額算入見込額）}{標準財政規模－（元利償還金・準元利償還金にかかる基準財政需要額算入額）}$$

　資金不足比率とは，地方公共団体の公営企業会計ごとの資金の不足額の事業の規模に対する比率。分母の事業の規模とは，損益計算書で示される料金収入等の営業収益を指す。法適用企業は営業収益額－受託工事収益額で，非適用企業は営業収益相当収入額－受託工事収益相当収入額である。分子の資金の不足額とは，公営企業ごとに資金収支の累積不足額を表すもので，法適用企業は流動負債と建設改良費等以外のための地方債現在高から流動資産と解消可能資金不足額を控除した額で，非適用企業は，繰上充用額と支払繰延額・事業繰越額と建設改良費等以外の経費の財源に充てるために起こした地方債現在高を足し合わせた額から解消可能資金不足額を控除した額である。解消可能資金不足額とは，事業の性質上，事業開始後一定期間に構造的に資金の不足額が生じる等の事情がある場合において，資金の不足額から控除する一定の額である。

$$資金不足比率＝\frac{資金の不足額}{事業の規模}$$

　財政健全化法の施行により，2008 年度には，北海道夕張市が財政再生団体となり，21 団体が財政健全化団体となったが，財政健全化計画のもと，財政再建に取り組んだ結果，2009 年度には財政健全化団体が 13 団体に減り，2010 年には 6 団体，2011 年には 2 団体，2013 年度には北海道美唄市だけとなり，美唄市も財政再建を完了したため，2022 年 11 月 30 日現在では，財政再生団体の夕張市のみとなった（財政健全化団体は無し）。

　2021 年度決算において，実質赤字額がある団体は無し（2020 年度決算も無し）で，連結実質赤字額がある団体も無しであった（2020 年度決算は 1 団体）。実質公債費比率の早期健全化基準以上の団体は夕張市（2020 年度決算も同様），将来負担比率の早期健全化基準以上である団体数は無しである（2020 年度決算も無

し）。

　2021 年度決算において，経営健全化基準以上の公営企業会計は 7 会計である（2020 年度決算は 10 会計）。簡易水道事業 1 会計，交通事業 3 会計，病院事業 1 会計，下水道事業 1 会計，観光施設事業 1 会計である。資金不足額がある公営企業会計は 44 会計（2020 年度決算は 49 会計）である。

まとめ

◎歳出の分類方法には，行政目的に着目した「目的別分類」と経費の経済的な性質に着目した「性質別分類」が用いられる。
◎財政指標には，実質収支，単年度収支，実質単年度収支，経常収支比率，財政力指数，健全化判断比率など，さまざまな種類があり，複合的に見る力を養える。
◎コロナ禍となり，私たちを取り巻く環境が激変した。今後ますます，地方公共団体の財政をきちんと見る力は必要になると思われるので，経費や財政指標の見方をしっかりと学んでほしい。

参考文献

浅羽隆史（2015），『入門　地方財政論』同友館。
財団法人地方自治情報センター（2008），『地方消費税の清算基準に関する研究会報告書』。
神野直彦・小西砂千夫（2014），『日本の地方財政』有斐閣。
総務省（2006a），『地方分権 21 世紀ビジョン懇談会』。
　https://www.cao.go.jp/bunken-suishin/doc/archive-20060703.pdf
総務省（2006b），『新しい地方財政再生制度研究会報告書』。
　https://www.soumu.go.jp/main_sosiki/kenkyu/new_saiseiseido/pdf/061211_1.pdf
総務省（2022a）『令和 4 年版地方財政白書』。
　https://www.soumu.go.jp/menu_seisaku/hakusyo/chihou/r04data/2022data/mokuji.html
総務省（2022b）『令和 3 年度決算に基づく健全化判断比率・資金不足比率の概要（確報）』。
　https://www.soumu.go.jp/main_content/000848937.pdf
内閣府（2016），『中長期の経済財政に関する試算』（平成 28 年 7 月 26 日）。
　http://www5.cao.go.jp/keizai3/econome/h28chuuchouki7.pdf
中井英雄・齊藤愼・堀場勇夫・戸谷裕之（2010）『新しい地方財政論』有斐閣。

林宜嗣 (2008)，『地方財政（新版)』有斐閣。

北海道 (2006)，『夕張市の財政運営に関する調査』。

　https://www.pref.hokkaido.lg.jp/fs/2/6/7/0/2/5/9/_/honpen.pdf

上記 URL の最終アクセス日は 2023 年 5 月 3 日

コラム　公会計改革（地方公会計の整備）

　私たちの税金がどのように使われているのかについては，予算書や決算書から把握することができる。地方公共団体の会計は，一般会計と特別会計に区分して経理されており，目的別分類と性質別分類で表記されている。目的別分類は，予算および決算の款・項の区分を基準としている。性質別分類は，予算および決算の節に該当している。款・項・目・節の区分といっても，私たちにはほとんどなじみがないため，以前から，予算書や決算書をみても，地方公共団体の状況が理解しにくいという指摘があった。1980 年代後半から，欧米諸外国で企業会計の手法を用いて財政を把握する取り組みが始まり，日本でも，1990 年代後半から，従来の官庁会計だけでなく，企業会計の考え方を取り入れるようになった。このような動きを日本では公会計改革と呼んでいる。

　公会計改革の動きが始まって 20 年近くが経った。その間，多くの議論がなされ，紆余曲折がみられたが，公会計改革によって，地方公共団体は，従来の決算資料に加え，新たに連結財務書類 4 表を作成するようになった。それぞれの地方公共団体のホームページで確認することができる。2015 年には，『統一的な基準による地方公会計マニュアル』が公表され，システム化も進み，固定資産台帳の整備も進んでいる。2020 年には，地方公会計取組支援人材ネットも構築された。

第5章　地方税総論

> **この章でわかること**
> ◎地方税とはどのような税か。
> ◎地方税の実態はどうなっているか。
> ◎地方税が満たすべき性質は何か。
> ◎地方税は地域経済にどのような影響を与えるか。

第1節　地方税の体系

（1）地方税とは何か

　わが国の租税にはさまざまな種類（税目）があるが，それらは国，つまり中央政府が徴収する**国税**と都道府県や市町村といった地方公共団体が徴収する**地方税**に分類することができる。さらに地方税の中でも道府県が徴収するものを**道府県税**，市町村が徴収するものを**市町村税**という。なお東京都については，原則として東京都が道府県税を徴収するが，特別区においては市町村税の一部も東京都が徴収する。そして特別区は東京都が徴収することとされている税以外の税を徴収する。

　また，税収の使途が特定されていない税を**普通税**，税収の使途が特定されている税を**目的税**という。図表5－1は，租税を徴収する組織（課税主体）と税収の使途の側面に注目してわが国の地方税を整理したものである。主な地方税の現状や仕組みについては第6章で取り上げている。

　地方税は**法定税**と**法定外税**に分類することもできる。法定税とは地方税法で定められている税のことである。ただし，地方税法が規定しているのは大枠の

図表5－1　地方税の体系

地方税	道府県税	普通税	道府県民税 事業税 地方消費税 不動産取得税 道府県たばこ税 ゴルフ場利用税	軽油引取税 自動車税 鉱区税 道府県法定外普通税 固定資産税（特例分）
		目的税	狩猟税 水利地益税	道府県法定外目的税
	市町村税	普通税	市町村民税 固定資産税 軽自動車税 市町村たばこ税	鉱産税 特別土地保有税 市町村法定外普通税
		目的税	入湯税 事業所税 都市計画税 水利地益税	共同施設税 宅地開発税 国民健康保険税 市町村法定外目的税

出所：総務省ホームページ「地方税体系」より作成。

みなので，地方公共団体は地方税法の枠内で条例を制定して法定税を徴収している。一方，法定外税は法定税以外で地方公共団体が条例により新設した税のことである。図表5－1においては，法定外税を課税主体と税収の使途の側面から，道府県法定外普通税，道府県法定外目的税，市町村法定外普通税，市町村法定外目的税に区分しており，それ以外の税目が法定税である。なお，地方税法上，地方公共団体が「課するものとする」と規定されている税を法定税といい，地方公共団体が「課することができる」と規定されている税を法定任意税ということもある。

（2）税率の種類

　地方税の税率には**標準税率**，**制限税率**，**一定税率**，**任意税率**の4種類がある。標準税率は地方公共団体が通常よるべき税率で，制限税率は地方公共団体が定めることができる上限の税率である。また税率が一定税率となっている場

合，地方公共団体はそれ以外の税率を定めることができない。それに対して税率が任意税率となっている場合は，税率を地方公共団体が任意に定めることができる。

　定められている税率の種類や水準は税目によってさまざまである。例えば，道府県民税の所得割には標準税率のみが設定されており，その税率は4％である。また市町村民税の法人税割の税率は，標準税率6.0％，制限税率8.4％となっている。このように標準税率と制限税率の2種類の税率が定められている税もある。さらに都市計画税の税率は制限税率0.3％で，制限税率のみが定められている。税率が一定税率となっている例としては，道府県民税の利子割があり，税率は5％である。また，税率が任意税率となっている税目としては水利地益税などがある。

　標準税率は通常よるべき税率なので，地方公共団体は必要があれば標準税率とは異なる水準の税率を設定することができる。特に標準税率を超えて課税することを**超過課税**という。ただし，地方交付税の基準財政収入額の算定には標準税率が用いられる。また標準税率より低い税率を設定することはできるが，税目によっては地方債の発行に影響が及ぶ。通常，地方公共団体は総務大臣又は都道府県知事との協議を経ることで地方債を発行できるが，普通税（地方消費税，道府県たばこ税，市町村たばこ税，鉱区税，特別土地保有税及び法定外普通税を除く）の税率のいずれかが標準税率未満である地方公共団体については，総務大臣又は都道府県知事の許可を受けなければならない。

第2節　地方税の実態

（1）税収構造

　国税と地方税の税収の割合を示したのが図表5-2である。これによると税収総額は105兆7,586億円で，そのうち国税が64兆9,330億円で割合にすると61.4％，地方税が40兆8,256億円で割合にすると38.6％である。したがって，税収は国税の方が多く，国税対地方税はおおよそ6対4である。さらに地方税のうち道府県税は18兆3,687億円で全体の17.4％，市町村税は22兆

図表 5 － 2　国税と地方税の割合（2020年度決算額）

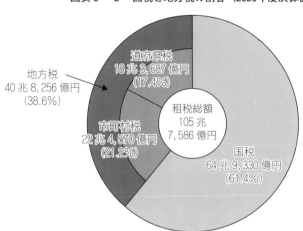

（注）東京都が徴収した市町村税相当額は，市町村税に含み，道府県税には含まない。
出所：総務省（2022）。

図表 5 － 3　道府県税の税収の構成（2020年度決算額）

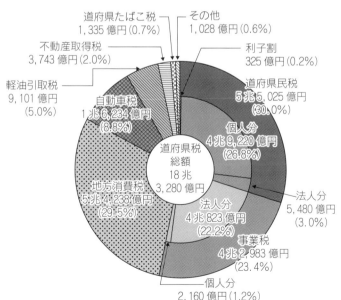

出所：総務省（2022）。

4,570 億円で全体の 21.2% で，市町村税の方が多いことがわかる。また，地方税に占める割合を求めると，道府県税は 45.0%，市町村税は 55.0% になる。

　図表 5 - 3 は道府県税の内訳を示したものである。この中で道府県民税が最も税収が多く，その額は 5 兆 5,025 億円で，道府県税に占める割合は 30.0% である。そして地方消費税（5 兆 4,238 億円，29.5%），事業税（4 兆 2,983 億円，23.4%）と続く。道府県民税の法人分と事業税の法人分（法人事業税）を合わせたもの，つまり企業に対する課税をみると，税収は 4 兆 6,303 億円で割合は 25.2% である。

　図表 5 - 4 は市町村税の内訳を示したものである。この中で市町村民税が最も税収が多く，その額は 10 兆 2,393 億円で，市町村税に占める割合は 45.6% である。次いで固定資産税が多く，税収が 9 兆 3,801 億円で，市町村税に占める割合は 41.8% となっている。したがって，これら 2 つの税で市町村税収の 87.4% を占めていることになる。また，市町村民税の法人分は税収が 1 兆 8,126 億円で，割合にすると 8.1% である。ここから，道府県税と比較すると市町村税は企業課税に対する依存度が低いことがわかる。

　また，図表 5 - 5 は税収配分の概要を示したものである。これによると，国税は所得税や法人税といった所得課税が 52.2%，消費税などの消費課税が 42.8%，相続税などの資産課税等が 5.0% となっている。所得課税が 5 割を超える水準で最も高く，消費課税は所得課税よりやや低い水準で，資産課税等の割合はかなり低いということがわかる。地方税のうち道府県税についてみると，法人事業税や道府県民税などの所得課税が 53.4%，地方消費税などの消費課税が 44.3%，不動産取得税などの資産課税等は 2.4% である。割合でみると税収配分は国税とよく似ている。一方，市町村税をみると，個人と法人の市町村民税である所得課税は 45.6%，市町村たばこ税などの消費課税は 5.0%，固定資産税などの資産課税等は 49.4% である。固定資産税の税収が多いため，資産課税等の割合が最も高くなっている。ただし，道府県税と市町村税を合わせた地方税全体でみると，所得課税が 49.1% で最も高く，資産課税等は 28.3% で消費課税の 22.7% とそれほど大きな差はない。また国と地方を合わせた一国全体でみると，所得課税が 51.0%，消費課税が 35.0%，資産課税等は 14.0% となっている。

図表 5 − 4　市町村税の税収の構成（2020年度決算額）

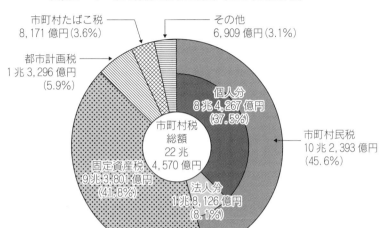

市町村たばこ税
8,171 億円（3.6%）

その他
6,909 億円（3.1%）

都市計画税
1 兆 3,296 億円
（5.9%）

個人分
8 兆 4,267 億円
（37.5%）

市町村税
総額
22 兆
4,570 億円

市町村民税
10 兆 2,393 億円
（45.6%）

固定資産税
9 兆 3,801 億円
（41.8%）

法人分
1 兆 8,126 億円
（8.1%）

出所：総務省（2022）。

図表 5 − 5　税収配分の概要（2020年度）

単位：%

		所得課税	消費課税	資産課税等	計
国		52.2 個人：30.2 法人：22.0	42.8	5.0	100.0
地方	道府県	53.4 個人：28.1 法人：25.2	44.3	2.4	100.0
	市町村	45.6 個人：37.5 法人： 8.1	5.0	49.4	100.0
		49.1	22.7	28.3	100.0
計		51.0	35.0	14.0	100.0

（注）　1　国税は特別会計分を含み，地方税は超過課税分及び法定外税を含む。
　　　　2　国税は地方法人特別税及び特別法人事業税を含み，地方税は特別法人事業
　　　　　　譲与税を含まない。
　　　　3　四捨五入しているため，合計が一致しない場合がある。
出所：総務省ホームページ「国・地方の主な税目及び税収配分の概要」より作成。

図表 5 − 6　税源配分の国際比較

単位：%

国　　名	国　税	州　税	地方税	計
日　本	60.1	―	39.9	100.0
アメリカ	53.3	27.3	19.4	100.0
イギリス	93.6	―	6.4	100.0
ドイツ	47.6	38.6	13.7	100.0
フランス	79.8	―	20.2	100.0
カナダ	44.9	43.7	11.4	100.0
スウェーデン	54.9	―	45.1	100.0
オーストラリア	80.8	15.6	3.6	100.0

（注）1　日本以外の国は，「Revenue Statistics 1965-2020」による2019年
　　　　の数値である。
　　　2　日本は2019年度決算額であり，国税には地方法人特別税を含
　　　　み，地方税には地方法人特別譲与税を含まない。
　　　3　フランスの州税は，OECDの統計上「地方税」に含まれている。
　　　4　四捨五入しているため，合計が一致しない場合がある。
出所：総務省ホームページ「主要国の税収比較（未定稿）」より作成。

　道府県税の所得課税の個人は28.1％，法人は25.2％でそれほど大きな差は
ない。それに対して，市町村税の所得課税の個人は37.5％，法人は8.1％で法
人の割合が低くなっている。ここからも道府県税と比較して市町村税は企業課
税に対する依存度が低いことがうかがえる。
　図表5 − 6は税源配分について国際比較したものである。これによると，国
税の比率が高い国として，イギリス（93.6％），フランス（79.8％），オーストラ
リア（80.8％）がある。また国税の比率がそれほど高くない国として日本
（60.1％），アメリカ（53.3％），ドイツ（47.6％），カナダ（44.9％），スウェーデン
（54.9％）がある。これら8か国の中で，日本，イギリス，フランス，スウェー
デンは単一国家である。残りのアメリカ，ドイツ，カナダ，オーストラリアは
連邦国家である。連邦国家について，州税と地方税を比較してみると州税の割
合の方が高くなっている。

（2）超過課税の状況

　図表 5－7 は超過課税の状況を示したものである。2021 年 4 月 1 日現在，道府県民税の個人均等割で超過課税を実施しているのは 37 団体であるが，所得割については神奈川県の 1 団体となっている。また，法人均等割では 35 団体，法人税割では静岡県を除く 46 団体が超過課税を実施している。一方，市町村民税の個人均等割は 2 団体，所得割は 1 団体と少ないが，法人均等割は 390 団体，法人税割は 1,013 団体となっている。市町村の数はおおよそ 1,700 であるから，約 6 割の市町村が法人税割について超過課税を実施していることになる。こうしたことから超過課税が法人を中心に実施されていることがうかがえる。

　また 2020 年度決算額における超過課税による税収は 5,944.8 億円である。その内訳をみると，道府県税が 2,829.3 億円，市町村税が 3,115.5 億円で市町村税の方がやや多くなっている。図表 5－2 の数値を利用して超過課税の占める割合を求めると，地方税収に占める割合は 1.5％，道府県税に占める割合は 1.5％，市町村税に占める割合は 1.4％ である。また，超過課税に占める地方法人二税の割合は 88.9％ となっており，ここからも超過課税は法人を中心に実施されていることがうかがえる。なお，ここでの法人二税とは法人住民税（道府県民税と市町村民税の法人均等割，法人税割）と法人事業税のことである。

（3）法定外税の状況

　図表 5－8 は法定外税の状況を示したものである。これによると法定外税による収入は 597 億円（うち，法定外普通税が 477 億円，法定外目的税が 120 億円）で地方税収に占める割合を求めると 0.15％ である。法定外普通税の税収の内訳は，都道府県が 452 億円，市町村が 26 億円で，都道府県では核燃料関係の税が多いことがわかる。一方，法定外目的税の税収の内訳は，都道府県が 78 億円，市町村が 42 億円である。都道府県では，27 の道府県で産業廃棄物関係の税が課せられている。また市町村では，山梨県富士河口湖町の遊漁税，大阪府箕面市の開発事業等緑化負担税を含めて環境に関する税が多い。また，宿泊税を課す地方自治体も多くなっており，都道府県では 3 団体，市町村では 5 団体が導入している。

図表 5 − 7　超過課税の状況

イ　超過課税の規模 (2020 年度決算)

○ 道府県

道府県民税	個人均等割 (37 団体)	251.2 億円
	所得割 (1 団体)	28.6 億円
	法人均等割 (35 団体)	101.3 億円
	法人税割 (46 団体)	997.8 億円
法人事業税 (8 団体)		1,450.4 億円
道府県税計		2,829.3 億円

○ 市町村

市町村民税	個人均等割 (2 団体)	20.6 億円
	所得割 (1 団体)	0.5 億円
	法人均等割 (391 団体)	163.4 億円
	法人税割 (1,014 団体)	2,573.6 億円
固定資産税 (152 団体)		352.9 億円
軽自動車税 (14 団体)		2.8 億円
鉱産税 (30 団体)		7 百万円
入湯税 (9 団体)		1.7 億万円
市町村税計		3,115.5 億円

超過課税合計	5,944.8 億円

※地方法人二税の占める割合：88.9%
(注) イの表中における団体数は、2020 年 4 月 1 日現在。

ア　超過課税実施団体数 (2021 年 4 月 1 日現在)

○ 都道府県

<道府県民税>

個人均等割　37 団体　[岩手県、宮城県、秋田県、山形県、福島県、茨城県、栃木県、群馬県、神奈川県、富山県、石川県、山梨県、長野県、岐阜県、静岡県、愛知県、三重県、滋賀県、京都府、大阪府、兵庫県、奈良県、和歌山県、鳥取県、島根県、岡山県、広島県、山口県、愛媛県、高知県、福岡県、佐賀県、長崎県、熊本県、大分県、宮崎県、鹿児島県]

所得割　1 団体　[神奈川県]

法人均等割　35 団体　[岩手県、宮城県、秋田県、山形県、福島県、茨城県、栃木県、群馬県、神奈川県、富山県、石川県、長野県、岐阜県、静岡県、愛知県、三重県、滋賀県、大阪府、兵庫県、奈良県、和歌山県、鳥取県、島根県、岡山県、山口県、愛媛県、高知県、福岡県、佐賀県、長崎県、熊本県、大分県、宮崎県、鹿児島県]

法人税割　46 団体　[静岡県を除く< 46 都道府県 >]

<法人事業税>　8 団体　[宮城県、東京都、神奈川県、静岡県、愛知県、京都府、大阪府、兵庫県]

○ 市町村

<市町村民税>

個人均等割　2 団体　[神奈川県横浜市、兵庫県神戸市]

所得割　1 団体　[兵庫県豊岡市]

法人均等割　390 団体

法人税割　1,013 団体

<固定資産税>　151 団体

<軽自動車税>　14 団体

<鉱産税>　30 団体

<入湯税>　13 団体　[北海道釧路市、北海道登別市、北海道伊達市、北海道上川町、北海道東川町、北海道壮瞥町、北海道洞爺湖町、栃木県那須塩原市、三重県桑名市、大阪府箕面市、岡山県美作市、山口県長門市、大分県別府市]

出所：総務省ホームページ「超過課税の状況」より作成。

図表 5 － 8　法定外税の状況 (2022年 4 月 1 日現在)

1　法定外普通税

(2020 年度決算額)
[単位：億円]

[都道府県]

石油価格調整税	沖縄県	9
核燃料税	福井県，愛媛県，佐賀県，島根県，静岡県，鹿児島県，宮城県，新潟県，北海道，石川県	238
核燃料等取扱税	茨城県	12
核燃料物質等取扱税	青森県	193
計	13 件	452

[市区町村]

別荘等所有税	熱海市（静岡県）	5
砂利採取税	山北町（神奈川県）R4.4.1 失効 (＊2)	0.05
歴史と文化の環境税	太宰府市（福岡県）	0.5
使用済核燃料税	薩摩川内市（鹿児島県），伊方町（愛媛県）柏崎市（新潟県）(＊1)	12
狭小住戸集合住宅税	豊島区（東京都）	6
空港連絡橋利用税	泉佐野市（大阪府）	2
計	7 件	26
［合　計］	20 件	477

2　法定外目的税

[都道府県]

産業廃棄物税等	三重県，鳥取県，岡山県，広島県，青森県，岩手県，秋田県，滋賀県，奈良県，新潟県，山口県，宮城県，京都府，島根県，福岡県，佐賀県，長崎県，大分県，鹿児島県，宮崎県，熊本県，福島県，愛知県，沖縄県，北海道，山形県，愛媛県	68
宿泊税	東京都，大阪府，福岡県	10
乗鞍環境保全税	岐阜県	0.03
計	31 件	78

[市区町村]

遊漁税	富士河口湖町（山梨県）	0.1
環境未来税	北九州市（福岡県）	7
使用済核燃料税	柏崎市（新潟県）R2.10.1 失効 (＊1)，玄海町（佐賀県）	7
環境協力税等	伊是名村（沖縄県），伊平屋村（沖縄県），渡嘉敷村（沖縄県），座間味村（沖縄県）	0.1
開発事業等緑化負担税	箕面市（大阪府）	1
宿泊税	京都市（京都府），金沢市（石川県）倶知安町（北海道），福岡市（福岡県）北九州市（福岡県）	26
計	13 件	42
［合　計］	44 件	120

*1　柏崎市の使用済核燃料税は，2020 年 10 月 1 日から法定外普通税として施行。そのため，2022 年 4 月現在の件数は法定外普通税として計上し，2020 年度決算額は 2020 年 9 月 30 日までを法定外目的税として，2020 年 10 月 1 日以降を法定外普通税として計上している。

*2　山北町の砂利採取税は，2022 年 4 月 1 日をもって失効しているが，2020 年度の徴収実績があるため掲載している。

*3　端数処理のため，計が一致しない。

出所：総務省ホームページ「法定外税の状況」より作成。

第3節　地方税原則

　税制が準拠すべき一般的な基準のことを**租税原則**という。したがって，租税原則は税制が満たすことが望ましい性質ということもできる。古くからある有名な租税原則としてアダムスミスの4原則，ワグナーの4大原則・9原則，マスグレイブの7条件があるが，現代の財政学ではそれらを踏まえて**公平，効率，簡素**という3つの性質を租税原則としている。

　租税原則は税制全般を対象としている，あるいはどちらかというと国税を念頭に置いているととらえることができる。そこで，地方税が準拠すべき独自の基準，すなわち**地方税原則**が必要になってくる。地方税原則としてよく挙げられるのが**応益原則，安定性の原則，伸張性の原則，普遍性の原則，負担分任の原則，自主性の原則**などである。本節では租税原則を概観した後，地方税原則について説明をする。

（1）租税原則

　租税原則の3つの性質のうち，まず公平の原則を取り上げる。公平に関しては**水平的公平**と**垂直的公平**という概念がある。水平的公平とは公平の尺度に関して同じ経済主体には同じ課税をするのが公平であるという考え方で，それに対して垂直的公平とは公平の尺度に関して異なる経済主体には異なる課税をするのが公平であるという考え方である。

　例えば，わが国の所得税について考えてみると，超過累進課税を採用しているので垂直的公平を満たすことになる。その一方，職業によって所得の捕捉率に格差があることが指摘されており，そうであれば水平的公平を満たさないことになる。ただし，垂直的公平の観点から超過累進課税が是認されるとしても租税原則から望ましい累進度を導き出すことはできない。それは社会の構成員の価値判断に委ねられることになるだろう。

　また，公平に関しては**応益説**と**応能説**という概念もある。応益説とは公共サービスから享受する便益に応じて課税するのが公平であるという考え方で，

利益説ともいう。それに対して応能説とは税負担能力（担税力）に応じて課税するのが公平という考え方で，能力説ともいう。担税力の指標としては通常，所得や消費が用いられる。

　次に効率の原則を取り上げる。これはミクロ経済学で登場する概念である「効率的な資源配分」に関係するものである。課税前に効率的な資源配分が達成されている場合，効率の原則では課税後もできるだけその状態を維持することが望ましいとされる。したがってこの場合，民間部門の資源配分に影響を与えない税が望ましく，ここから効率の原則のことを中立の原則と呼ぶこともある。こうした資源配分に影響を与えない税としては，人頭税（一括固定税）がある。一方，課税前に効率的な資源配分が達成されていない場合，つまり資源配分に歪みが生じている場合，効率の原則では課税によってその歪みを是正し，効率的な状態に近づけることが望ましいとされる。例えば，公害を抑制することが期待される環境税は資源配分の歪みを是正する税と考えることができる。

　最後の原則は簡素である。簡素の原則では，税の仕組みや手続きがわかりやすい方が望ましいとされる。簡素の原則を満たすと納税コストや徴税コストが少なくてすむ，租税回避の余地が少なくなる，人々の納税者としての意識が高まるといったメリットがあると考えられる。わが国の地方税には eLTAX（地方税ポータルシステムの呼称で，エルタックスと読む）[1] というシステムがあり，インターネットを利用して地方税に関する手続きを行うことができる。地方税の手続きはそれぞれの地方公共団体で行う必要があったが，このシステムにより電子的な一つの窓口から手続きできるようになった。よって，これは簡素の原則の達成に貢献するシステムといえる。

　以上，公平，効率，簡素という 3 つの性質について概観したが，これらの性質が両立しないことがしばしばある。例えば，累進的な所得税は垂直的公平の観点からすると望ましいが，労働と余暇の選択に歪みを生じさせるため，効率の原則からは望ましくない。また，人頭税（一括固定税）は資源配分に影響を与えず，さらにその仕組みも簡単であるので，効率の原則，簡素の原則からは

1）国税に関しては，e-Tax（イータックス）という国税電子申告・納税システムがある。

望ましい税といえる。しかし，各人の所得水準に関係なく一律の負担を求める
ことになるので，公平の原則からは望ましくない。

（2）地方税原則

① 応益原則

　応益原則は，公共サービスから享受する便益に応じて課税するのが公平で望
ましいという考え方である。これは租税原則で説明した応益説と同じ考え方で
ある。応益説に基づく課税の課題として，住民が公共サービスから享受する便
益を政府が正確に把握することが難しいという点が挙げられる。また，所得再
分配政策からの便益に応じて課税することは望ましくないという点も挙げられ
る。しかし，地方政府が主に担っているのは便益の及ぶ範囲が地域的に限定さ
れた公共財（地方公共財）の供給である。便益が一国全体に及ぶような公共財
ではないので，便益の把握が比較的容易である。また，所得再分配機能は地方
政府ではなく主に中央政府が果たすべき機能である。したがって，地方税にお
ける公平性については応益原則が重要視されているのである。

　応益原則を満たす地方税としては，固定資産税があるといわれている。公共
サービスが充実していると暮らしやすくなり，それが固定資産税の課税ベース
である土地の価格に反映されると考えられるからである。また，法人事業税の
外形標準課税も法人が公共サービスから享受する便益に応じた課税であると考
えられる。

② 安定性の原則

　安定性の原則は税収が安定的であることが望ましいという考え方である。前
述のように地方公共団体の主な役割は地方公共財の供給である。地方公共財は
地域住民にとって身近なものであり，安定的な供給が求められる。そこで，そ
の財源である地方税の税収にも景気の変動に左右されない安定性が必要なので
ある。一方，国税の場合は経済安定化機能を担っているので税収の安定性は必
ずしも求められない。図表5−9は地方税収の対前年度変化率の変遷を示した
ものである。これによると道府県税，市町村税ともに直近でみると変化が少な

図表5－9　地方税収の対前年度変化率

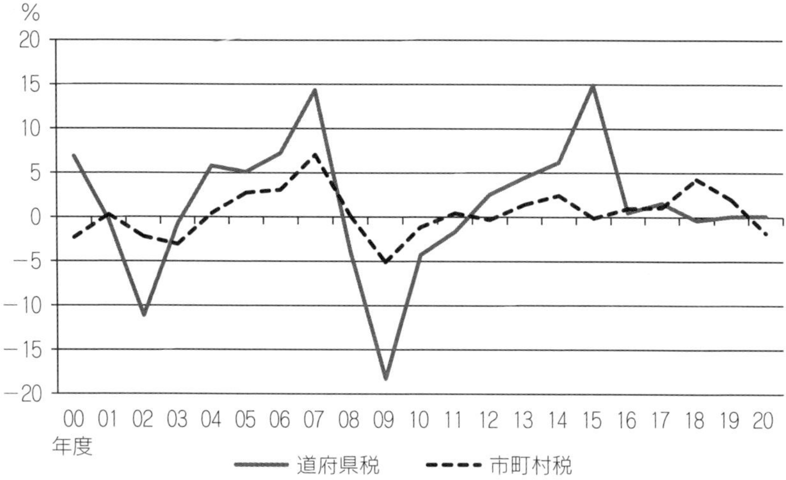

出所：総務省「令和4年度　地方税に関する参考計数資料」より作成。

いが，全体の傾向として市町村税より道府県税の方が激しく変化していること
がわかる。道府県税の方が変化が激しい要因として企業課税への依存度が高い
こと，つまり道府県税の税収に占める地方法人二税（ここでは道府県民税の法人
分と法人事業税）の税収の割合が高いことが挙げられる。地方法人二税は景気
の影響を受けやすく税収の変動が大きいのである。したがって，安定性の原則
からみると地方法人二税は地方税としてふさわしくない。

③　伸張性の原則

　安定性の原則と矛盾する部分もあるが，地方政府の経費が増大する場合，そ
れに対応して税収も増大することが望ましいという考え方があり，これを伸張
性の原則という。

④　普遍性の原則

　普遍性の原則は税収や税源がどの地域にも存在することが望ましいという考
え方である。言い換えれば，税収や税源が特定の地域に偏在するような税は望

図表 5 －10　地方税収の人口 1 人当たり税収額の指数

（全国平均を100とした場合，2020年度決算額）

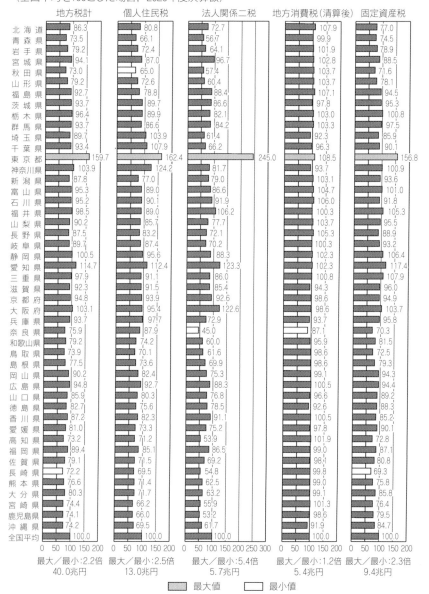

	地方税計	個人住民税	法人関係二税	地方消費税(清算後)	固定資産税
北 海 道	86.3	80.8	72.7	107.9	77.0
青 森 県	73.5	66.1	56.7	99.9	74.5
岩 手 県	79.2	72.4	64.1	101.9	78.9
宮 城 県	94.1	87.0	96.7	102.8	88.5
秋 田 県	73.0	65.0	57.4	103.7	71.6
山 形 県	79.2	72.6	60.4	103.7	78.1
福 島 県	92.7	78.8	88.4	107.1	94.5
茨 城 県	93.7	89.7	86.6	97.8	95.3
栃 木 県	96.4	89.9	82.1	103.0	100.8
群 馬 県	93.7	86.6	84.2	103.3	97.5
埼 玉 県	89.7	103.9	61.4	92.3	85.9
千 葉 県	93.4	107.9	66.2	96.3	90.1
東 京 都	159.7	162.4	245.0	108.5	156.8
神奈川県	103.9	124.2	81.7	93.7	100.9
新 潟 県	87.8	77.0	79.0	103.1	93.6
富 山 県	95.3	89.0	86.6	104.7	101.0
石 川 県	95.2	90.1	91.9	106.0	91.8
福 井 県	98.5	89.0	106.2	100.3	105.3
山 梨 県	90.2	85.7	77.7	103.7	95.5
長 野 県	87.5	83.2	72.1	105.3	88.9
岐 阜 県	89.7	87.4	70.2	100.3	93.2
静 岡 県	100.5	95.6	88.3	102.3	106.4
愛 知 県	114.7	112.4	123.3	102.3	117.4
三 重 県	97.9	91.1	86.0	100.8	107.9
滋 賀 県	92.3	91.5	85.4	94.3	96.0
京 都 府	94.8	93.9	92.6	98.6	94.9
大 阪 府	103.1	97.7	122.6	98.6	103.7
兵 庫 県	93.7	97.7	72.9	93.7	95.8
奈 良 県	75.9	87.9	45.0	87.1	70.3
和歌山県	79.2	74.2	60.0	95.9	81.5
鳥 取 県	73.9	70.1	61.6	98.6	72.5
島 根 県	77.5	73.6	69.9	98.6	79.3
岡 山 県	90.2	82.4	75.3	99.1	94.3
広 島 県	94.8	92.7	88.3	100.5	94.4
山 口 県	85.9	80.3	76.8	96.6	89.2
徳 島 県	82.7	75.6	78.5	92.6	88.3
香 川 県	87.2	82.3	91.1	100.5	85.2
愛 媛 県	81.0	73.3	75.2	97.8	90.1
高 知 県	73.2	71.2	53.9	101.9	72.8
福 岡 県	89.4	85.1	86.5	99.0	87.1
佐 賀 県	79.1	71.5	66.7	98.1	80.8
長 崎 県	72.2	69.5	54.8	99.8	69.3
熊 本 県	76.6	71.4	62.5	99.0	75.8
大 分 県	80.3	71.7	63.2	99.1	85.8
宮 崎 県	74.4	66.2	55.9	101.3	76.4
鹿児島県	74.1	66.0	53.2	98.6	79.5
沖 縄 県	74.2	69.5	61.7	91.9	84.7
全国平均	100.0	100.0	100.0	100.0	100.0

最大／最小:2.2倍	最大／最小:2.5倍	最大／最小:5.4倍	最大／最小:1.2倍	最大／最小:2.3倍
40.0兆円	13.0兆円	5.7兆円	5.4兆円	9.4兆円

最大値　　□ 最小値

（注）1　「最大／最小」は，各都道府県ごとの人口 1 人当たり税収額の最大値を最
　　　　小値で割った数値である。
　　　2　地方税収計の税収額は，特別法人事業譲与税の額を含まず，超過課税及び法
　　　　定外税等を除いたものである。
　　　3　個人住民税の税収額は，個人道府県民税（均等割及び所得割）及び個人市町
　　　　村民税（均等割及び所得割）の合計額であり，超過課税分を除いている。
　　　4　法人関係二税の税収額は，法人道府県民税，法人市町村民税及び法人事業税
　　　　（特別法人事業譲与税を含まない。）の合計額であり，超過課税分等を除いて
　　　　いる。
　　　5　固定資産税の税収額は，道府県分を含み，超過課税分を除いている。
　　　6　人口は，2021 年 1 月 1 日現在の住民基本台帳人口による。
出所：総務省（2022）より作成。

ましくないということになる。図表 5 − 10 は地方税収の人口 1 人当たり税収
額を，全国平均を 100 として都道府県別に指数化して示したものである。これ
によると東京都の指数が地方税計，個人住民税，法人関係二税，地方消費税
（清算後），固定資産税のすべてにおいて最大で，東京都に税収や税源が集中し
ていることがわかる。また最大値と最小値の格差をみると，個人住民税の場合
は秋田県が最小で格差は 2.5 倍，法人関係二税の場合は奈良県が最小で格差は
5.4 倍，地方消費税（清算後）の場合は奈良県が最小で格差は 1.2 倍，固定資産
税の場合は長崎県が最小で格差は 2.3 倍となっている。したがって，普遍性の
原則からは地方税として望ましいのは地方消費税で，法人関係二税，つまり企
業に対する課税は望ましくないということになる。なお，法人課税については
偏在是正に向けた改革が行われている（第 6 章参照）。

⑤　負担分任の原則
　負担分任の原則は，地方税の負担をできるだけ多くの住民で分担することが
望ましいという考え方である。地方税を負担することにより地方自治への意
識，地域社会への参加者意識が高まるという考えに基づいており，地方税を一
種の会費ととらえている。負担分任の原則を満たす税としては，個人住民税の
均等割がある。

⑥　自主性の原則

　自主性の原則は，課税ベースや税率の設定に地方公共団体の自主性が認められることが望ましいという考え方である。近年では，法定外税における国の関与の縮減，超過課税における税率設定の自由度の拡大，地域決定型地方税制特例措置（通称，わがまち特例）の導入など課税自主権の拡充が図られている。地域決定型地方税制特例措置とは，地方税の特例措置について国が一律に定めていた内容を地方公共団体が自主的に判断し，条例で決定できるようにする仕組みのことで，2012年度に導入されている。

第4節　政策税制と租税競争

（1）政策税制としての地方税

　地方税における税負担軽減措置等のうち，特定の政策目的により税負担の軽減等を行う措置のことを政策税制措置という。総務省はこうした措置の適用実態の透明化と適切な見直しを図るため，毎年度，適用状況についての報告書（地方税における税負担軽減措置等の適用状況等に関する報告書）を作成して国会に提出している[2]。

　また公益上その他の事由により必要がある場合には，地方公共団体は条例により課税をしないこと（**課税免除**）や不均一の課税（**不均一課税**）といった措置を講じることができる。例えば，大阪府では産業集積促進税制が設けられている。これは大阪府内における産業集積を税制面から促進するという目的のため，産業集積促進地域における土地や家屋（工場，研究所等）の取得に係る不動産取得税を2分の1に軽減（ただし，2億円が軽減限度額）する特例措置である。また，市町村でも固定資産税の課税免除や不均一課税を実施して企業誘致を図っているところがある。なお図表5-11は都道府県における法人住民税

2）国税については，租税特別措置法に規定された措置のうち，特定の政策目的の実現のために設けられたものを政策税制措置という。そして，財務省がこうした措置の適用状況についての報告書（租税特別措置の適用実態調査の結果に関する報告書）を作成し，内閣がそれを国会に提出している。

図表 5 −11　法人住民税・法人事業税の不均一課税の実施状況（都道府県）

税　　　目	実施都道府県
法人道府県民税の法人税割	静岡県以外の 46 都道府県
法人道府県民税の均等割	富山県，大阪府
法人事業税 （外形標準課税対象法人）	宮城県，神奈川県，静岡県，京都府，兵庫県
法人事業税 （外形標準課税対象法人以外の法人）	宮城県，東京都，神奈川県，静岡県，愛知県，京都府，大阪府，兵庫県

（注）2022 年 4 月 1 日現在の調査結果に基づく。
出所：総務省ホームページ「令和 4 年度　法人住民税・法人事業税税率一覧表」より作成。

と法人事業税に関する不均一課税の実施状況を示したものである。これをみると道府県民税の法人税割について，静岡県以外の 46 都道府県が不均一課税を実施している。なお図表 5 − 7 をみると，道府県民税の法人税割について，やはり静岡県以外の 46 都道府県が超過課税を実施している。これは，静岡県は標準税率で課税しているが，静岡県以外の 46 都道府県は超過課税を実施し，一定の要件を満たす企業に軽減税率を適用するという不均一課税をしていることを意味する。

　課税免除及び不均一課税以外で地方公共団体の判断で税の減額等が可能な仕組みとして**条例減免**がある。これは災害などの特別な事情がある場合，条例により，税額の軽減や免除が可能となる措置である。地方税法では個々の税目ごとに減免について規定している。固定資産税を例にとると，第三百六十七条に「市町村長は，天災その他特別の事情がある場合において固定資産税の減免を必要とすると認める者，貧困に因り生活のため公私の扶助を受ける者その他特別の事情がある者に限り，当該市町村の条例の定めるところにより，固定資産税を減免することができる」と定めている。

（2）租税競争の理論

　ある地方公共団体が企業誘致のために税率の引き下げを行い，それに対抗し

て他の地方公共団体も税率の引き下げを行うというような状況を**租税競争**と呼ぶ。また，税率が継続的に引き下げられていく状況は，**底辺への競争**（race to the bottom）と呼ばれたりする。租税競争は良くない結果をもたらす場合があることが知られている。先に指摘したように，わが国でも企業誘致のための優遇税制が行われており，地方分権の進展によってさらに過熱する可能性もある。よって，租税競争はわが国にとっても重要な問題である。ここではゲーム理論の戦略形ゲームの枠組みを用いた簡単な数値例で租税競争のもたらす良くない帰結について説明する。

　ここで想定している状況は以下のとおりである。

① 地域1と地域2があり，当初はそれぞれその地域に所在する企業の所得に対して等しい税率で課税を行っている。
② 各地域は「税率維持」又は「税率引き下げ」を選択する。
③ 両地域は同時に選択（政策決定）を行う。
④ 地域1と地域2に所在する企業数の合計は一定である。
⑤ 各地域の目的はそれぞれの地域住民の厚生最大化である。
⑥ 両地域が税率維持を選択する場合，両地域住民の厚生水準は100である。
⑦ 両地域が税率引き下げを選択する場合，両地域住民の厚生水準は40である。
⑧ 片方の地域が税率維持，もう1つの地域が税率引き下げを選択する場合，前者の地域住民の厚生水準は30で後者の地域住民の厚生水準は150である。

　⑧では，税率維持を選択した地域から税率引き下げを選択した地域に企業が流入し，税率引き下げを選択した地域の税収が増加すると考えている。また，⑥と⑦では企業の移動はないが，⑦の方が税収が集まらないため厚生水準がより低くなっている。図表5-12は各地域住民の厚生水準をまとめたもので，ゲーム理論の利得行列に相当するものである。

　地域2が税率維持を選択した場合，地域1が税率維持を選択すると地域1の厚生水準は100，税率引き下げを選択すると150である。よって地域1は税率

図表 5 − 12　各地域住民の厚生水準

地域1 ＼ 地域2	税率維持	税率引き下げ
税率維持	(100 ， 100)	(30 ， 150)
税率引き下げ	(150 ， 30)	(40 ， 40)

　（注）カッコ内の数値は，（地域1の厚生水準，地域2の厚生水準）
　　　を表す。
　出所：筆者作成。

引き下げを選択した方が良い。また，地域2が税率引き下げを選択した場合，地域1が税率維持を選択すると地域1の厚生水準は30，税率引き下げを選択すると40である。よって，やはり地域1は税率引き下げを選択した方が良い。同様の考え方によって，地域1がどちらを選択した場合でも，地域2は税率引き下げを選択した方が良い。そこで，お互いに税率引き下げを選択することになり，ともに40の厚生を得る（これをナッシュ均衡という）。しかし，お互いに税率維持を選択した方がともに100という，より高い厚生を得ることができる。各地域が合理的に選択した結果がどちらにとっても望ましくない結果をもたらす，いわゆる**囚人のジレンマ**と呼ばれる状況に陥ってしまうのである。

まとめ

◎地方税とは地方公共団体が徴収する税のことである。地方税は道府県税と市町村税，普通税と目的税，法定税と法定外税に分けることができる。また，地方税の税率には標準税率，制限税率，一定税率，任意税率の4種類があり，標準税率を超えて課税することを超過課税という。

◎2020年度決算における税収は，国税が64兆9,330億円，地方税が40兆8,256億円で，国税対地方税はおおよそ6対4である。道府県税と比較して市町村税の方が企業課税に対する依存度が低い。超過課税は法人を中心に実施されている。超過課税と法定外税による税収は地方税収全体からみるといずれもごくわずかである。

◎税制が準拠すべき一般的な基準のことを租税原則という。現代の財政学では公平，効率，簡素の3つを租税原則としている。それに対して地方税が準拠すべき独自の基準のことを地方税原則という。地方税原則として，応益原則，安定性の原則，伸張性の原則，普遍性の原則，負担分任の原則，自主性の原則などがある。

◎地方公共団体の判断で税の減額等が可能な仕組みとして，課税免除，不均一課税，条例減免がある。また，地域間の税率をめぐる競争を租税競争という。租税競争が生じると囚人のジレンマと呼ばれる状況に陥り，地域住民の厚生に望ましくない結果をもたらすことがある。

参考文献

石橋茂編著（2022），『令和4年版 図解地方税』一般財団法人大蔵財務協会。

佐藤主光（2011），『地方税改革の経済学』日本経済新聞出版社。

篠原正博編著（2020），『テキストブック 租税論』創成社。

神野直彦・小西砂千夫（2020），『日本の地方財政 第2版』有斐閣。

総務省（2022），『令和4年版 地方財政白書ビジュアル版（令和2年度決算）』。

横山彰・馬場義久・堀場勇夫（2009），『現代財政学』有斐閣。

> **コラム** 　**租税の外部効果**
>
> 　本章で取り上げた租税競争のように，ある地方政府の租税政策が他の地域の経済主体に影響を与えることを**租税の外部効果**という。租税の外部効果は**水平的外部効果**と**垂直的外部効果**に分けることができる。水平的外部効果とは，わが国でいえば都道府県間や市町村間というように，同じ水準の政府間で生じる外部効果のことである。一方，垂直的外部効果とは，国と都道府県の間や都道府県と市町村の間というように，異なる水準の政府間で生じる外部効果のことである。
>
> 　租税競争は基本的に同じ水準の政府間で生じると考えられるので，水平的外部効果である。その他に**租税輸出**も水平的外部効果に分類される。租税輸出とは，他の地域の経済主体に税負担をさせることである。例えば，A県で宿泊税を導入していたとしよう。B県に住む個人が観光でA県を訪れて宿泊すると，A県はB県に住む個人に宿泊税を負担させることになる。
>
> 　また，垂直的外部効果には**重複課税**と呼ばれるものがある。これは異なる水準の政府が同一の課税ベースに課税することから生じる外部効果のことである。例えば，先ほどのA県ではA県内に所在するC市でも宿泊税を導入していたとする。もし，A県が宿泊税の税率を上げ，それによりA県及びC市に宿泊する観光客が減少したとしたら，両地方公共団体の税収はどうなるだろうか。A県の場合，課税ベースは縮小するが，税率は上がるので，税収が増加するか減少するか明確にはわからない。それに対してC市は課税ベースが縮小し，税率に変更はないので減収になる。つまり，A県の増税という租税政策がC市の税収に影響を与えたのである。この結果は，C市の住民の厚生にも影響を与えることになる。
>
> 　租税の外部効果が生じている状況では，各政府が個別に政策を選択すると，たとえそれが合理的であったとしても望ましい結果にならないことがある。そのため，政府間で協調できるかどうかが重要になってくる。

第6章　地方税各論

> **この章でわかること**
>
> ◎主要な地方税の仕組み，現状，課題はどのようなものか。
> ◎主要な地方税の近年の改革動向はどのようなものか。

第1節　個人住民税

（1）個人住民税の概要

　道府県民税と市町村民税は個人と法人に課税される。このうち個人に課される道府県民税と市町村民税を合わせて**個人住民税**という[1]。個人の道府県民税は均等割，所得割，利子割，配当割，株式等譲渡所得割に分かれる。一方，個人の市町村民税は均等割と所得割に分かれる（図表6－1）。**均等割**は同額の負担を求めるもので，負担分任の原則を満たす税であると考えることができる。**所得割**は所得に応じて課税される人税である。**利子割，配当割，株式等譲渡所得割**は，それぞれ利子所得，配当所得，株式等譲渡所得に課税される。国税の所得税と所得割を比較すると課税最低限は所得税の方が高い。また所得税は超過累進課税であるのに対して，所得割は比例課税である。こうしたことから所得税は応能原則，所得割は応益原則を重視した税であるといえる。

　前章の図表5－3及び4によると，個人に課税される道府県民税（利子割を除く）の税収は4兆9,220億円で道府県税に占める割合は26.8％となっている。また個人に課税される市町村民税の税収は8兆4,267億円で市町村税に占

---

1) 厳密には，東京都が個人に課す都民税と東京都の特別区が個人に課す特別区民税も含む。

図表 6 - 1　個人住民税の構造

出所：筆者作成。

める割合は 37.5％ となっている。ここから地方税において個人住民税が重要な位置を占めていることがわかる。

（2）均等割・所得割

　均等割と所得割の納税義務者となるのは，市町村内（都道府県内）に住所を有する個人である。またその市町村に住所がない場合でも，事務所・事業所又は家屋敷を有する個人には，市町村民税と道府県民税の均等割が課税される。これを家屋敷課税という。なお，生活扶助を受けているなど一定の要件に当てはまる個人は均等割と所得割が非課税となる。

　均等割は定額の負担を求めるものである。標準税率は道府県民税が 1,000円，市町村民税が 3,000 円となっている。ただし東日本大震災を踏まえ，地方公共団体が実施する防災費用を確保するため，2014 年度から 2023 年度までについては標準税率が 500 円ずつ引き上げられており，この期間はそれぞれ 1,500 円と 3,500 円になっている。図表 5 - 7 によると，都道府県では 37 団体，市町村では 2 団体が均等割の超過課税を行っている。

　一方，所得割は所得に負担を求めるものである。所得割は国税の所得税と同

様に所得金額を課税標準とするが，所得税がその年の所得に対して課税される現年課税であるのに対して，所得割は前の年の所得に対して課税される**前年課税**となっている。よって，例えば令和5年度の所得割は令和4年中の所得を課税標準としている。

　所得割額の算定方法の概略を式で表すと次のようになる。

$$\text{（総所得金額等 − 所得控除）× 税率 − 税額控除}$$

　ここで総所得金額等とは収入金額から必要経費等を差し引いて求めた各種の所得を合算したものである[2]。

　所得控除とは個人の事情に応じて差し引かれるもので，所得割には14種類の所得控除がある。所得控除は所得税にも設けられているが，所得割とは異なる部分がある。例えば，基礎控除は所得税が最高48万円なのに対して所得割は最高43万円である。また，配偶者控除は所得税が最高38万円なのに対して所得割は最高33万円である。こうしたことから課税最低限は所得割の方が低くなっている。財務省の「個人所得課税の税率等の推移（イメージ図）」によると，夫婦子2人（子のうち1人が特定扶養親族，1人が一般扶養親族に該当）の場合，課税最低限は所得税が354.5万円，個人住民税が294.5万円である。また寄附金については，所得税には寄附金控除という所得控除があるが，所得割に関しては所得控除ではなく後述の税額控除で対応している。

　税率は10％（道府県民税4％，市町村民税6％）の比例課税である。これは標準税率であり，図表5-7によると都道府県では1団体，市町村では1団体が超過課税を行っている。

　10％の税率を乗じた後は，税額控除を差し引く。税源移譲による負担増を調整する調整控除，配当の二重課税の調整を行う配当控除，後述するふるさと納税を含む寄附金税額控除など6種類の税額控除が設けられている。

　課税方式は課税資料に基づいて市区町村が税額を計算し通知する。これを**賦**

2）厳密には，収入金額から必要経費等を差し引いて求めた各種の所得に対して損益通算を行ったものを合計所得金額という。そこから損失の繰越控除を行ったものを総所得金額等という。

課課税方式という。徴収方法には**普通徴収**と**特別徴収**がある。普通徴収では6月，8月，10月，翌年1月の4回にわたって個人が納付し，特別徴収では6月から翌年5月までの給料から毎月差し引かれる。

（3）利子割・配当割・株式等譲渡所得割

利子割は都道府県が金融機関などから支払を受ける預貯金の利子等に課す税である。徴収は金融機関などがその利子等の支払いの際に5%の税率で徴収する。この税率は一定税率である。また，障害者等の少額預金の利子所得等の非課税制度（障害者等のマル優），障害者等の少額公債の利子の非課税制度（障害者等の特別マル優）があり，それぞれ元本350万円まで非課税となる。他にも財形住宅貯蓄非課税制度，財形年金貯蓄非課税制度があり，原則として合わせて元本550万円まで非課税となる。

配当割は都道府県が一定の上場株式等の配当等に課す税である。徴収は配当等を支払う上場企業等がその配当等の支払いの際に5%の税率で徴収する。この税率は一定税率である。

株式等譲渡所得割は，都道府県が源泉徴収選択口座（所得税において源泉徴収を選択した特定口座）内の上場株式等の譲渡所得等に課す税である。徴収は証券会社等が5%の税率で徴収する。この税率は一定税率である。

利子割，配当割，株式等譲渡所得割の対象となる所得には，税率15%の所得税もかかる。さらに2013年から2037年の25年間は，復興特別所得税として所得税額の2.1%が課税される。所得税額の2.1%を所得税率にすると0.315%（＝15%×0.021）になる。結局，これらの所得には国税と地方税を合わせて20.315%の税率がかかることになる。なお利子割，配当割，株式等譲渡所得割は道府県税であるが，税収の一定割合が市町村に交付される。

（4）三位一体改革による税源移譲

個人住民税の所得割の税率は10%（道府県民税4%，市町村民税6%）の比例税率であるが，これは**三位一体改革**のうちの**税源移譲**によって実現した。三位一体改革とは，「地方にできることは地方に」という理念の下，国庫補助負担金

改革，税源移譲，地方交付税の見直しの3つを一体的に行う改革のことである（三位一体改革の全体像については第8章参照）。

このうち税源移譲とは，国税（所得税）を減らす一方で地方税（個人住民税）を増やして国から地方へ税源を移すことを意味し，2006年度税制改正で3兆円の税源移譲が実現することとなった。

図表6-2は改革前後の税率構造を示したものである。税源移譲前の所得税の税率構造は10〜37%の4段階，個人住民税は道府県民税と市町村民税を合わせて5〜13%の3段階の超過累進課税であった。それが税源移譲後は，所得税は5%〜40%の6段階の超過累進課税[3]，個人住民税は10%の比例課税（道府県民税4%，市町村民税6%）になった。2006年度においては，所得譲与税で約3兆円が譲与され，図表6-2の税率構造は2007年分の所得税，2007年度

図表6-2　税源移譲前後の所得税・個人住民税の税率構造

【税源移譲前】

所　得　税		
課　税　所　得		税　率
〜　　330万円		10%
330万円　〜　　900万円		20%
900万円　〜　1,800万円		30%
1,800万円　〜		37%

個人住民税	
課　税　所　得	標準税率
〜　　200万円	5%
200万円　〜　　700万円	10%
700万円　〜	13%
（道府県民税）	
〜　　700万円	2%
700万円　〜	3%
（市町村民税）	
〜　　200万円	3%
200万円　〜　　700万円	8%
700万円　〜	10%

【税源移譲後】

所　得　税		
課　税　所　得		税　率
〜　　195万円		5%
195万円　〜　　330万円		10%
330万円　〜　　695万円		20%
695万円　〜　　900万円		23%
900万円　〜　1,800万円		33%
1,800万円　〜		40%

個人住民税	
課　税　所　得	標準税率
一律	10%
（道府県民税）	
一律	4%
（市町村民税）	
一律	6%

（注）上記の改正は，2007年分所得税及び2007年度分個人住民税から適用する。
出所：総務省「税源移譲後の所得税・個人住民税の税率」。

3）現在の所得税の税率構造は，5%〜45%の7段階の超過累進課税である。

図表 6 − 3　税源移譲による負担変動

	所得税	個人住民税	合　　計
税源移譲前	124,000 円	64,500 円	188,500 円
税源移譲後	62,000 円	126,500 円	188,500 円
負担増減額	62,000 円の減少	62,000 円の増加	0 円

（注）　金額は年額で，給与所得者，独身，給与収入 300 万円のケース
出所：総務省「税源移譲に伴う所得税・個人住民税の税額について」より作成。

分の個人住民税から適用されている。

　図表 6 − 3 は，税源移譲による個人の負担変動を示したものである。これによると所得税は 62,000 円減少する。その一方，個人住民税は 62,000 円増加してトータルで変動はない。このように個々の納税者の所得税額と個人住民税額の合計は変化しないようになっている。

　個人住民税の税率構造が超過累進課税から比例課税になったことで応能的な性格が弱まり，応益的な性格が強まったと考えられる。地方税では応益原則が重要視されるので，その点では望ましい改革が行われたといえるだろう。

（5）ふるさと納税

　ふるさと納税とは，個人が自分の選んだ地方公共団体に寄附を行った場合，寄附額のうち 2,000 円を越える部分について，所得税と個人住民税から全額を控除することができる（ただし一定の上限あり）という制度である。2008 年度税制改正により導入された。例えば 30,000 円をふるさと納税すると，2,000 円を超える部分は 28,000 円であるから，所得税と個人住民税の納税額が 28,000 円減少するのである。どちらの税がどれくらい減少するかは所得等の条件による。名称に「ふるさと」とあるが，自分の生まれ故郷ではない地方公共団体にもふるさと納税することができる。また，「納税」とあるが実際は寄附制度である。ふるさと納税を行った個人（ふるさと納税者）は，ふるさと納税をした地方公共団体（ふるさと納税先団体）から返礼品をもらえることもある。

　控除を受けるためには，原則としてふるさと納税をした翌年に確定申告を行

うことが必要である。ただし確定申告が不要な給与所得者等については，ふるさと納税先団体に申請することにより，確定申告不要で控除を受けられる手続の特例（ワンストップ特例制度）が設けられている。ワンストップ特例制度を利用した場合，個人住民税のみが減額される。先ほどの数値例でいえば，所得税は減額されないが，個人住民税が28,000円減額される。

　図表6－4は，ふるさと納税の受入額及び受入件数の推移を示したものである。ここから受入額，受入件数ともに概ね増加傾向にあることがわかる。

　このふるさと納税という制度により，ふるさと納税者は2,000円だけ負担が増加するが，自分の選んだ地方公共団体を応援することができる。そして返礼品ももらえる。では，地方公共団体にはどのような影響をもたらすと考えられるだろうか。まず，ふるさと納税先団体はふるさと納税により歳入が増加する。しかし，その一方で返礼品の調達費用などの費用が発生する。制度の趣旨に反した高額な返礼品が問題となり，それに対して国は基準を設けた。しかし，その基準に従わないふるさと納税先団体もある。また，ふるさと納税が特

図表6－4　ふるさと納税の受入額及び受入件数の推移（全国計）

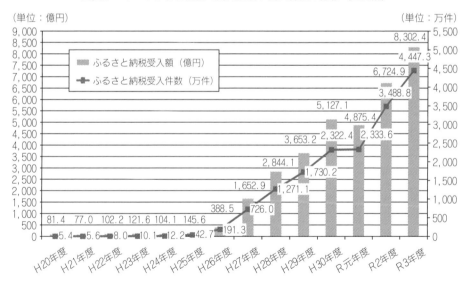

出所：総務省（2022）「ふるさと納税に関する現況調査結果（令和4年度実施）」。

定の地方公共団体に集中するといった事態も生じている。次に，ふるさと納税者の住所地団体については税収が流出することになる。ここからふるさと納税は応益原則に反していると指摘されることがある。ワンストップ特例制度を利用すると個人住民税のみが減少するので，ワンストップ特例制度が利用されるほど地方公共団体の減収額が大きくなる。また，ふるさと納税による減収額は地方交付税によってその 75％ が国から補てんされるが，換言すれば不交付団体は補てんされない。税収の流出が大きい場合，公共サービスの量や質が低下するという事態が生じる。公共サービスの低下の影響はふるさと納税者だけでなく，ふるさと納税を行っていない個人にも及ぶことになる。

第 2 節　法人住民税・法人事業税

（1）地方法人二税の概要

　ここでは法人に対する地方税についてみていく。前述したように道府県民税と市町村民税は個人と法人に課税される。そのうち法人に課税される道府県民税と市町村民税を合わせて**法人住民税**という[4]。法人住民税は均等割と法人税割から成る（図表 6 − 5）。均等割は同額の負担を求めるものである。法人税割は法人税額に応じて課税される人税である。また，道府県税である事業税も個人と法人に課税され，特に法人に対する税を**法人事業税**という。法人事業税は事業に着目していることから物税と考えられる。法人住民税と法人事業税を合わせて**地方法人二税**という[5]。なお，以前は個人住民税と同様に法人住民税にも利子割があったが，2016 年 1 月より廃止されている。

　図表 5 − 3 及び 4 によると，道府県民税と市町村民税の法人分の税収はそれぞれ 5,480 億円，1 兆 8,126 億円で，道府県税と市町村税に占める割合はそれぞれ 3.0％，8.1％ になっている。また，事業税の法人分の税収は 4 兆 823 億円

4）　厳密には，東京都が法人に課す都民税も含む。東京都の特別区内の法人は市町村
　　民税相当分も合わせて都民税として納付する。
5）　道府県税レベルの議論をする際は，法人住民税の道府県民税と法人事業税を合わ
　　せて地方法人二税という場合もある。

図表 6 - 5　法人住民税の構造

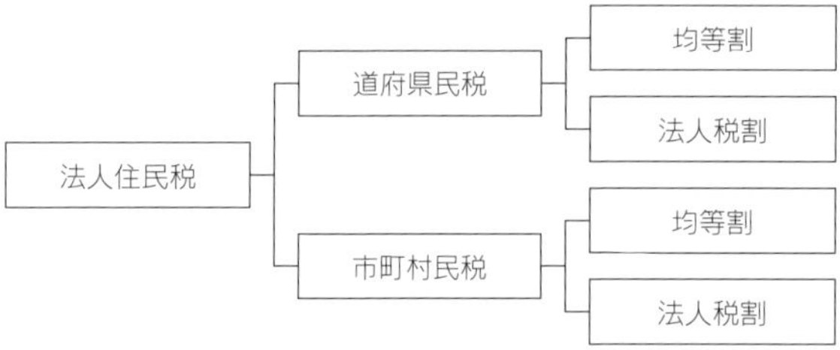

出所：筆者作成。

で，道府県税に占める割合は 22.2% である。前章でも指摘したように，市町村税の方が企業課税に対する依存度が低く，そのため税収の安定性が高い。

（2）法人住民税

　均等割と法人税割の納税義務者となるのは，市町村内（道府県内）に事務所又は事業所を有する法人である。また，その市町村内（道府県内）に事務所又は事業所を有していなくても寮等を有していれば均等割が課される。

　税率の概要は以下のとおりである。道府県民税の均等割は資本金等の額に応じて標準税率が定められている。また市町村民税の均等割は資本金等の額と市町村内の事務所等の従業者数に応じて標準税率が定められている。なお，市町村民税については標準税率の 1.2 倍という制限税率も設けられている。法人税割は法人税額を課税標準としており，道府県民税の標準税率は 1.0%，制限税率は 2.0%，市町村民税の標準税率は 6.0%，制限税率は 8.4% となっている。また図表 5 - 7 でみたとおり，多くの地方公共団体で法人住民税に対する超過課税が行われている。

　法人住民税の納付方法は申告納付である。複数の市町村（都道府県）に事務所等を有する法人は，それぞれの市町村（都道府県）に均等割を納付する。そして法人税割については，法人税額を各事務所等の従業者数を基にした基準で按分した額を課税標準として市町村（都道府県）ごとに法人税割額を算定して納付する。

（3）法人事業税

　法人事業税は法人の行うすべての事業に対して，事務所又は事業所所在の都道府県が課税する。法人事業税にはいくつかの種類がある。例えば，資本金等の額が１億円超の普通法人には所得を課税標準とする所得割，付加価値額を課税標準とする付加価値割，資本金等の額を課税標準とする資本割の３種類が課される。特に付加価値割と資本割の２つを**外形標準課税**という。また，電気供給業（小売電気事業等及び発電事業等を除く），ガス供給業，保険業を営む法人については，収入金額を課税標準とする収入割が課される。

　税率については，事業の区分や法人の種類などに応じて標準税率が定められている。そして，標準税率の1.2倍（資本金等の額が１億円超の普通法人の所得割については標準税率の1.7倍）という制限税率が設けられている。図表５－７によると，８団体で超過課税が行われている。

　法人事業税の納付方法は申告納付である。複数の都道府県に事務所等を有する法人は，事業所等の数，従業者の数，固定資産の価額などを基にした基準で分割した額を課税標準として都道府県ごとに税額を算定して納付する。

（4）外形標準課税の導入と改革

　前述したように，資本金等の額が１億円超の普通法人には所得割のほかに外形標準課税が行われる。外形標準課税は2004年度に導入されている。法人事業税が所得割のみの場合，赤字法人は法人事業税を納付しない。赤字法人であっても地方公共団体からの公共サービスを享受して事業活動を行っているので，この状況は応益原則の観点からは望ましいとはいえない。そこで外形標準課税が導入されたのである。外形標準課税導入により，法人事業税収の４分の３は所得割，４分の１については外形標準課税，つまり付加価値割と資本割で課税されることとなった。所得割は４分の３になったので，所得割の税率は9.6％から7.2％になった。また付加価値割と資本割は２：１となっている。

　2015，2016年度の税制改正では，課税ベースを拡大しつつ税率を引き下げるという方針の下で法人税改革が進められた。法人事業税については，所得割の税率引き下げと外形標準課税の拡大が行われた。改革前は所得割の税率

図表 6 − 6　外形標準課税の拡大

年　　度		～2014年度	2015年度税制改正		2016年度税制改正
			2015年度	2016年度	2016年度～
外形標準の規模		2／8	3／8	4／8	5／8
税率	付加価値割	0.48%	0.72%	0.96%	1.2%
	資本割	0.2%	0.3%	0.4%	0.5%
	所得割	7.2%	6.0%	4.8%	3.6%

出所：総務省「法人実効税率の引下げと外形標準課税の拡大」より作成。

7.2%，外形標準課税の規模は8分の2（4分の1）であった。これが2015年度税制改正により，2015年度は6.0%と8分の3，2016年度以降は4.8%と8分の4になることとなった。さらに2016年度税制改正により2016年度以降は3.6%と8分の5になったのである（図表6−6）。外形標準課税の規模拡大により付加価値割と資本割の税率も上昇している。この改革により，国税と地方税の法人実効税率は34.62%から29.74%に低下した。

（5）税源の偏在是正に向けた取り組み

　地方税には税源が偏在することなく税収が安定していることが求められる。そこでわが国でも税源の偏在是正に向けたさまざまな取り組みが行われてきた。ここでは地方法人課税に関する取り組みを取り上げる。

　図表6−7は2008年から現在までの取り組みを示したものである。2008年度税制改正では，消費税を含む税体系の抜本的な改革が行われるまでの暫定措置として法人事業税（所得割・収入割）の一部（2.6兆円）を分離し，**地方法人特別税**（国税）と**地方法人特別譲与税**が創設された。これにより法人事業税の一部が地方法人特別税となった。そしてその税収は全額，地方法人特別譲与税として都道府県に譲与されることとなった。

　2014年度税制改正では法人住民税法人税割の一部を**地方法人税**（国税）とし，税収の全額を地方交付税の原資とする制度が創設された。同時に地方法人特別税の3分の1を法人事業税に復元することとなった。つまり，地方法人特

図表 6 － 7　税源の偏在是正に向けた取り組み

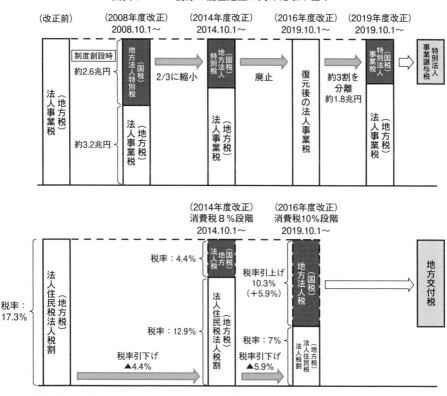

（注）法人税割の税率は，都道府県分＋市町村分の合計
出所：総務省「これまでの地方法人課税における偏在是正の取組み」より作成。

別税は当初の3分の2の規模になったのである。

　2016年度税制改正では消費税率10％段階の措置として，暫定措置である地方法人特別税と地方法人特別譲与税を廃止し，法人事業税に復元することになった。また地方法人税の税率を引き上げ，地方交付税原資化をさらに進めることとなった。

　2019年度税制改正では，消費税率の10％への引き上げに合わせて地方法人特別税と地方法人特別譲与税は廃止されたが，法人事業税への復元は実現しなかった。その理由は，代わりに**特別法人事業税**（国税）と**特別法人事業譲与税**

が恒久措置として創設されたからである。これは法人事業税の一部（約3割）を分離して特別法人事業税とし，その税収の全額を特別法人事業譲与税として都道府県に譲与する仕組みである。

第3節　地方消費税

（1）地方消費税の概要

　地方消費税は，国税の消費税と同じく事業者（と外国貨物を保税地域から引き取る者）を納税義務者とする道府県税，物税である。図表5 - 3によると，税収は5兆4,238億円である。道府県税に占める割合は29.5% で道府県民税の30.0% に次ぐ高い割合となっている。また図表5 -10で確認したとおり，税収の地域間格差が小さく，普遍性の原則の観点から優れた税であるといえる。

　地方消費税は，1994年に消費譲与税に代わり創設され，1997年4月に導入された。消費譲与税とは1989年の消費税導入の際に導入された制度で，これにより消費税収の20% が地方財源として配分されていた。

　消費税の税率は10% であるといわれることがあるが，これは正確ではない。国税の消費税の税率は7.8% であり，地方消費税の税率は消費税額の78分の22である。地方消費税の税率を消費税率に換算すると2.2% になり，両者を合わせて10% になるのである。ちなみに消費税の軽減税率は6.24% であり，地方消費税はその78分の22で，消費税率に換算すると1.76% となり，合計で8% になる。図表6 - 8は税率の変遷を示したものである。導入当初の地方消費税の税率は消費税率換算で1% であった。それが1.7%，2.2% となり，消費税との合計も5%，8%，10% へと上昇している。なお10% への引き上げは，2015年10月に予定されていたが，2017年4月に延期され，さらに2019年10月に延期された。

　地方消費税は道府県税であるが，申告と納付に関しては当分の間，税務署（国）に消費税とあわせて行うことになっている。また，わが国では税の帰属と最終消費地を一致させるので納税地の都道府県から最終消費地の都道府県へ税の移転が行われており，これを**清算**という。清算については，次の（2）で

図表 6 － 8　消費税・地方消費税の税率の変遷

	1989 年 4 月〜	1997 年 4 月〜	2014 年 4 月〜	2019 年 10 月〜
消費税	3.0%	4.0%	6.3%	7.8%（6.24%）
地方消費税	—	1.0%	1.7%	2.2%（1.76%）
合　計	3.0%	5.0%	8.0%	10.0%（8.00%）

（注）カッコ内は軽減税率
出所：筆者作成。

その仕組みを説明する。清算後に都道府県は地方消費税収の 2 分の 1 に相当する額を市区町村に交付する。

　税収の使途については，社会保障・税一体改革により，消費税率引き上げによる増収分を含む消費税収（国と地方をあわせたものであるが，消費税率 1% 分の地方消費税収を除く）は，すべて社会保障財源に充てることとされている。したがって，地方消費税 2.2% のうち 1% 分を除いた部分が社会保障財源化されている。なお，消費税の税収の 19.5% は地方交付税の財源になっているので，消費税 7.8% のうち 1.52% は地方交付税になる。結局，2.2% と 1.52% をあわせた 3.72%（地方消費税 1% 分を除く）が地方の社会保障財源となっている。令和 4 年度予算でみると地方分の税収は 7.3 兆円なのに対して，地方の社会保障の経費は 13.1 兆円で税収を上回っている。なお国の分の税収は 17.4 兆円で社会保障の経費は 32.2 兆円である。一国全体でみると税収は 24.7 兆円，社会保障の経費は 45.3 兆円で差額は 20.6 兆円になる。

（2）課税の仕組み

　図表 6 － 9 にしたがって，わが国の地方消費税の仕組みについて説明する。A 県にある製造業者が製品を製造し，5 万円で B 県にある卸売業者に販売する。製造業者の売上は 5 万円である。また仕入はゼロとしている。付加価値は売上から仕入を差し引いた 5 万円になる。税率は 10% であるから，売上税額は 5,000 円，仕入税額はゼロである。納税額であるが，計算方法は仕入税額控除の仕組みから考えて売上税額から仕入税額を差し引いてもよいし，付加価値

の 10% でもよい。いずれにしても 5,000 円になる。10% の税率の内訳は国税
の消費税は 7.8%，地方税の地方消費税は 2.2% なので，納税額の内訳は消費
税が 3,900 円，地方消費税が 1,100 円となる。次に B 県の卸売業者が 7 万円で
C 県の小売業者にこの製品を販売する。卸売業者の売上は 7 万円である。卸売
業者の仕入は，製造業者の売上であるから 5 万円になる。以下，製造業者の
ケースと同様に考えて，付加価値は 2 万円，売上税額は 7,000 円，仕入税額は
5,000 円，納税額は 2,000 円となる。そして納税額の内訳は消費税が 1,560 円，
地方消費税が 440 円となる。続いて，C 県の小売業者が 10 万円で消費者にこ
の製品を販売する。売上は 10 万円，小売業者の仕入は卸売業者の売上である
から 7 万円である。以下，同様のプロセスにより，納税額が 3,000 円で，内訳
が消費税 2,340 円，地方消費税 660 円となる。

　各企業は，所轄の税務署に納税を行う。このうち消費税（3,900 円，1,560 円，

図表 6 − 9　地方消費税の仕組み

	A県	B県	C県	
	製造業者	卸売業者	小売業者	
①売上	50,000	70,000	100,000	
②仕入	0	50,000	70,000	
③付加価値 （①−②）	50,000	20,000	30,000	
④売上税額 （①×10%）	5,000	7,000	10,000	
⑤仕入税額 （②×10%）	0	5,000	7,000	
⑥納税額 （④−⑤＝③×10%）	5,000	2,000	3,000	
うち消費税 （③×7.8%）	3,900	1,560	2,340	→国の税収 7,800
うち地方消費税 （③×2.2%）	1,100 A県→C県 （清算）	440 B県→C県 （清算）	660	→C県の税収 2,200

　出所：筆者作成。

2,340円の合計の7,800円）は，そのまま国の税収となる。一方，地方消費税（1,100円，440円，660円）は，まず税務署（国）からA，B，Cの各県に払い込まれる。わが国の地方消費税では，税収の帰属を最終消費地に一致させる必要がある。そこで商業統計等を用いた消費基準による清算を行う。具体的な指標は①小売年間販売額（商業統計），②サービス業対個人事業収入額（経済センサス活動調査），③人口（国勢調査）である。ウエイトは①と②の合算額50％，③50％となっている。清算に用いられるマクロの統計で各県の最終消費額をとらえて，A県の1,100円とB県の440円がC県に移転する。結局このケースにおける地方消費税の税収はA県とB県はゼロ，C県は2,200円（1,100円，440円，660円の合計）となる。

（3）原産地原則と仕向地原則

　わが国の地方消費税は，課税の分類でいうと消費型付加価値税に分類される。消費型付加価値税の税の帰属地の考え方には**原産地原則**と**仕向地原則**がある。原産地原則とは，付加価値の発生地の地方公共団体が課税し，税収はその地方公共団体に帰属するというものである。よって移出課税，移入非課税という措置になる。それに対して仕向地原則とは，付加価値の発生地の地方公共団体が課税するが，税収は最終消費地の地方公共団体に帰属するというものである。よって移出非課税，移入課税という措置になる。

　また，仕向地原則を採用する場合，課税した地方公共団体から最終消費地の地方公共団体に税を移転させる必要がある。つまり清算という仕組みが必要になる。清算方式の中で地方公共団体間の税収を移転するためのシステム（クリアリング・ハウス）を設けて清算を行う方式を特に**税額控除清算方式**という。さらに税額控除清算方式には，個々の取引ごとに清算をする方式とマクロ統計を用いて清算する方式（マクロ清算方式）がある。

　わが国の地方消費税は仕向地原則に基づいており，清算方式は税額控除清算方式で，その中でもマクロ清算方式を採用しているということができる。このマクロ清算方式に関して，2018年度税制改正で清算基準の見直しが行われた。しかし，まだ正確に最終消費額を反映しているとはいえない部分があり，

清算基準のさらなる精緻化が課題となっている。

第4節　固定資産税

(1) 固定資産税の現状と性格

　図表5－4によると固定資産税の税収は9兆3,801億円である。市町村税に占める割合は41.8%で，市町村民税の45.6%に次ぐ高い水準になっている。そのため税収配分をみると，市町村は資産課税等の割合が高くなっている（図表5－5）。固定資産税は市町村の公共サービスとの関係に着目した税であり，応益原則を達成する税であると考えられる。また図表5－10から明らかなように，地方消費税（清算後）には及ばないものの普遍性も備えている。さらに税収が比較的安定していることも知られている。

　固定資産税は，シャウプ勧告に基づいて1950年の地方税の改正により創設された。それまでは土地に対しては地租，家屋に対しては家屋税が課されていた。それがシャウプ勧告により地租と家屋税が廃止され，土地，家屋及び償却資産を課税客体とする固定資産税が導入された。固定資産税は**資産保有税**であり，物税である。なお学術的には，固定資産税の性格をめぐる議論として財産税説と収益税説とがある。篠原（2020，244－246ページ）は両者の主張を詳細に紹介している。そして「固定資産税が財産税的，あるいは収益税的性格のどちらを有するのかを明らかにするのは難しいかもしれない。」としたうえで，両者の説を合わせた収益的財産税説という説もあることを指摘している。

(2) 固定資産税の仕組み

　前述のとおり固定資産税は土地，家屋及び償却資産を課税客体とする。土地とは田，畑，宅地などのことで，家屋とは住家，店舗，工場（発電所及び変電所を含む）などのことをいう。償却資産とは，土地及び家屋以外の事業の用に供することができる資産のことである。納税義務者は固定資産の所有者である。課税主体は市町村であるが，東京都の特別区については東京都が徴収している。また大規模償却資産については，市町村が課すことができる課税標準額を

超える部分を課税標準として道府県が固定資産税を課す。課税標準は固定資産の価格で，その価格は「適正な時価」とされている。

　税額は，固定資産の評価により課税標準を求め，それに税率を乗じることで算出する。固定資産の評価に関しては，土地と家屋については 3 年ごとに評価替えを行い，償却資産については毎年度申告する必要があるため評価替え制度はない。また宅地については，1994 年度の評価替えによって地価公示価格等の 7 割を目途に評価することとなった。これは評価の均衡化・適正化を目的としている。そして税負担に急激な変化が生じないよう，同時に負担調整措置等の拡大も行われている。例えば，小規模住宅用地について，課税標準が 4 分の 1 に軽減される措置があったが，6 分の 1 に拡大された。同様に一般住宅用地については，2 分の 1 から 3 分の 1 に拡大された。1997 年度の評価替えでは，負担水準の一層の均衡化を目的に新たな税負担の調整措置が講じられた。このようにして求めた課税標準に対して標準税率 1.4% で課税するが，図表 5 - 7 によると 151 団体が超過課税を行っている。

　以上により税額が決定するが，新築住宅や省エネ改修工事を行った既存住宅についてはさらに税額の軽減措置がある。また固定資産税には免税点制度があり，課税標準額が土地は 30 万円未満，家屋は 20 万円未満，償却資産は 150 万円未満の場合，課税されない。なお，課税方式は賦課課税方式である。

［まとめ］

◎個人に課税される道府県民税と市町村民税を合わせて個人住民税という。個人住民税の所得割は，三位一体改革の税源移譲により超過累進課税から比例課税となり，応益性が高まった。また，2008 年度税制改正によりふるさと納税が導入されている。

◎法人住民税と法人事業税を合わせて地方法人二税という。法人事業税には応益原則の観点から外形標準課税が導入されている。また，税源の偏在是正に向けて，地方法人二税の改革が進められている。

◎わが国の地方消費税は普遍性の原則の面で優れた税である。その仕組みは仕向地原則に基づき，清算方式は税額控除清算方式で，その中でもマクロ清算方式を採用している。清算基準のさらなる精緻化が課題となっている。

◎固定資産税は応益原則，普遍性の原則，安定性の原則からみて優れた税である。固

定資産税は適正な時価を課税標準としているが，実際の課税標準の算定にあたってはさまざまな負担調整措置等が設けられている。

[参考文献]

石橋茂編著（2022），『令和4年版　図解地方税』一般財団法人大蔵財務協会。

篠原正博編著（2020），『テキストブック　租税論』創成社。

神野直彦・小西砂千夫（2020），『日本の地方財政　第2版』有斐閣。

馬場義久・横山彰・堀場勇夫・牛丸聡（2017），『日本の財政を考える』有斐閣。

藤井大輔・木原大策編著（2022），『図説日本の税制　令和2-3年度版』財経詳報社。

持田信樹・堀場勇夫・望月正光（2010），『地方消費税の経済学』有斐閣。

横山彰・馬場義久・堀場勇夫（2009），『現代財政学』有斐閣。

Stiglitz, J. E. and J. K. Rosengard（2015），*Economics of the Public Sector*, 4th ed., W. W. Norton & Company Inc.（J・E・スティグリッツ／J・K・ローゼンガード著　藪下史郎訳（2022），『スティグリッツ　公共経済学（第3版）上・下』東洋経済新報社。

コラム　企業版ふるさと納税

　本章では個人に関するふるさと納税を取り上げたが，**地方創生応援税制（企業版ふるさと納税）** というものも 2016 年度に創設されている。これは，国が認定した地域再生計画に位置付けられる地方公共団体の地方創生プロジェクトに対して寄附を行った企業について，法人関係税から税額控除する仕組みのことである。制度創設の目的については，2016 年度の与党税制改正大綱をみると「地方公共団体が地方創生のために効果的な事業を進めていく際に，事業の趣旨に賛同する企業が寄附を行うことにより，官民挙げて当該事業を推進することができるよう，地方創生応援税制（企業版ふるさと納税）を創設する。」となっている。

　ここでは内閣府地方創生推進事務局のリーフレットを基に，企業版ふるさと納税の概要を紹介する。通常は寄附額の約 3 割が損金算入可能であるが，企業版ふるさと納税では，それに加えて法人住民税について寄附額の 4 割を税額控除することができる（法人住民税法人税割額の 20% が上限）。なお法人住民税で 4 割に達しない場合は，その残額を法人税から税額控除できる（ただし寄附額の 1 割を限度，法人税額の 5% が上限）。さらに，法人事業税について寄附額の 2 割を税額控除できる（法人事業税額の 20% が上限）。したがって，最大で寄附額の約 9 割だけ法人関係税を軽減することができる。企業側には税制面だけでなく社会貢献や事業展開の面でメリットがあるとされている。

【企業版ふるさと納税の仕組み】

出所：内閣府地方創生推進事務局「企業版ふるさと納税リーフレット」。

　また，地方創生のより一層の充実・強化を図るため，2020 年 10 月に企業版ふるさと納税の仕組みを活用して専門的知識・ノウハウを有する企業の人材を地方公共団体等へ派遣する仕組み（企業版ふるさと納税（人材派遣型））が創設されている。

第7章　地方交付税

> **この章でわかること**
> ◎地方交付税にはどのような機能があるか。
> ◎地方交付税の算定方法はどうなっているか。
> ◎地方分権型社会にふさわしい地方交付税の課題は何か。

第1節　地方交付税制度

（1）地方財政調整制度

　地方交付税制度は，地方財政調整制度の中心的役割を果たすもので，単に地方公共団体の歳入項目の1つというだけでなく，地方財政のしくみや，国と地方公共団体との政府間財政関係の中核を成すものである。現代日本の地方財政をめぐる，さまざまな制度や政策を理解するためには，地方交付税制度のメカニズムを知っておく必要がある。

　一般に，地方財政調整制度とは，政府間の税源配分および地方公共団体相互間での財源の適切な調整を行うために，国税収入の一部をプールし，これを一定の基準で地方公共団体に交付する制度である。これにより，地方税負担の過重を避けながら標準的な行政水準を確保し，地方公共団体間の税収と財政需要（行政ニーズやコスト）の違いから生じる財政力格差を是正することが期待される。

　現代国家において地方財政の円滑な運営を財政面から支えるためには不可欠の制度であり，諸外国においても地方財政調整が実施されている。国により財政調整の方法は異なるが，イギリスの歳入援助交付金，ドイツの州間財政調整などが知られる。その中でも日本の地方交付税は，最も精緻なしくみを有する

地方財政調整制度といわれる。

（2）制度の成立過程

　日本の地方財政調整制度は，1930 年代初頭の経済恐慌を契機に，財政が
ひっ迫した農村部の過重な税負担の軽減や町村財政の救済を図るため，1936
年に創設された臨時町村財政補給金がその草分けといわれる。ただし，この制
度は，町村住民の税負担を軽減することを目的とした応急的な予算措置であっ
て本格的な財政調整制度ではなかった。

　恒久的で本格的な地方財政調整制度の導入は，1940 年の地方分与税制度に
よって実現される。地方分与税は還付税と配付税の 2 種類で構成され，このう
ち，還付税は課税技術の便宜から国税として徴収し，全額を徴収地の地方公共
団体に還付するもので地方財政調整制度とは直接関係がない。配付税は国税の
一定割合を総額とし，これを都道府県分と市町村分に分けて，それぞれの総額
の半分は各地方公共団体の課税力に逆比例して，残りの半分は小学校児童数を
加味した割増人口に比例して交付する財政調整制度であった。その後，1947
年に還付税の廃止に伴って配付税は地方分与税となり，1948 年に地方配付税
へと改称され，算定方式も精緻化されていった。しかし，シャウプ勧告で指摘
されたように，地方配付税の総額が国税の一定割合とされていたため，国家財
政の都合や景気変動に応じて配付額の変動を免れず，各地方公共団体の財政力
や財政需要を必ずしも的確には反映していなかった。

　このシャウプ勧告に基づき，1950 年に創設された地方財政平衡交付金制度
では，総額が国税リンク方式から各地方公共団体の財源不足額を積み上げる方
式へと改められ，財政需要額から財政収入額を差し引いた不足分を国が補てん
することとなり財源保障機能が強化された。しかし，実際の制度運営において
は，総額決定をめぐる国と地方との意見対立が生じ，また，地方公共団体の財
政運営を地方財政平衡交付金制度の責任に帰するという風潮が生まれた。この
ため，1954 年に，総額決定の方法を国税リンク方式へと改め，各地方公共団
体への交付額の算定方法は地方財政平衡交付金制度のしくみをほぼそのまま引
き継ぐかたちで，現行の地方交付税制度が新たに創設された。

（3）地方交付税の総額の決定方式

　地方交付税における総額決定メカニズムを理解するために，次の諸点を確認しておこう。

　1つは，地方交付税の総額は，**地方財政計画**の歳入と歳出のマクロ的な枠組みで決定される。地方財政計画は地方交付税法を根拠にして，標準的な行政水準に基づき歳出が見積もられる。歳入は地方税の収入見込み額，地方交付税，国庫支出金，地方債発行予定額など通常の歳入を積み上げたものである。つまり，標準的な歳出に対して標準的な歳入が不足する場合，地方交付税などで収支をバランスさせている。2つは，地方交付税の原資は国税リンク方式が基本であり，現行では，所得税と法人税の33.1％，酒税の50％，消費税の19.5％，地方法人税の全額が算入されている。この国税収入の一定割合を**交付税率**（法定率）という。3つは，個々の地方公共団体の財源不足額の総計としての交付必要額は，基準財政需要額と基準財政収入額との差額の積み上げである。こうしてみると，総額，原資，財源不足額はそれぞれ異なる算定プロセスを経ており，それぞれの金額が一致する保証はない。そのため，毎年度，地方交付税の加算と地方債の増発を柱とする地方財政対策が講じられている。

　図表7－1には，国税の法定率分である交付税原資の不足を補うために，種々の加算措置や借入によって地方交付税総額を確保してきたことが示してある。特に1990年代には原資の不足が顕在化し，交付税及び譲与税配付金特別会計（以下，交付税特別会計という。）からの借入などで総額を補ってきた。また，原資の不足分を補てんする財源として，2001年度から臨時財政対策債が発行され，元利償還金の全額は後年度の基準財政需要額に算入されることになっている。

　2021年度では地方交付税総額が19兆4,085億円であるのに対し，原資は所得税・法人税・酒税・消費税の法定率分15兆5,986億円と地方法人税の法定率分1兆7,037億円を合わせて17兆3,023億円である。この原資に，一般会計や交付税特別会計から2兆1,062億円の加算などの措置が行われ，地方交付税総額が確保されている。

　このように，地方財政計画に計上される地方交付税総額が原資を上回ること

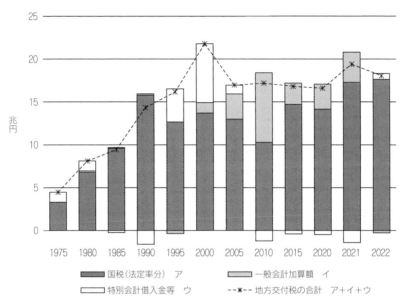

図表 7 － 1　地方交付税総額と交付税原資の推移

凡例：
- 国税（法定率分）　ア
- 一般会計加算額　イ
- 特別会計借入金等　ウ
- 地方交付税の合計　ア＋イ＋ウ

（注）2021 年度までは実績額，2022 年度は計画額である。国税（法定率分）は地方法人税法定率分を含む。
出所：地方財政制度研究会編『地方財政要覧』（各年版），総務省「地方交付税関係参考資料」（各年度）より作成。

が常態化し，一般会計や交付税特別会計からの加算措置が行われてきた。近年では，地方法人税の税率の引き上げが行われ，また，一般会計からの加算により交付税特別会計借入金の償還財源を確保するかたちになっている。2022 年度の計画では国税（法定率分）で地方交付税総額が概ね確保されている。

第 2 節　地方交付税のしくみ

（1）地方交付税の目的

　地方交付税の目的は，地方公共団体の自主性を損なわずにその財源の均衡化を図り，交付基準の設定を通じて地方行政の計画的な運営を保障することによって，地方自治の本旨の実現に資するとともに，地方公共団体の独立性を強

化することにある（地方交付税法第1条）。

　地方交付税には，財政調整，財源保障，政府間の財源配分という3つの機能がある。第1に，**財政調整機能**とは，地方公共団体間における財政力の格差を是正するため，地方交付税の適正な配分を通じて地方公共団体相互間の過不足を調整するものである。地方交付税の原資は，全国から徴収される国税であり，その多くが企業や人口が集積して経済活動の活発な都市圏から徴収されたものである。これらの国税収入が地方圏に対して相対的に多く交付されることによって，地域間の所得再分配が行われている。第2に，**財源保障機能**とは，国民の生存権を守るために必要な行政サービスの水準としての**ナショナル・ミニマム**を確保するための財源を地方公共団体に保障するものである。地方財政全体を通じてのマクロ的な財源保障と各地方公共団体に対するミクロ的な財源保障という2つの側面がある。前者は，地方交付税の総額が国税5税の一定割合（交付税率）として法定されることにより，地方財源は総額として保障されることをいい，後者は，各地方公共団体の基準財政需要額と基準財政収入額の算定過程を通じて，どの地方公共団体に対しても行政の計画的な運営が可能となるように必要な財源を保障する。これにより，国民がどの地域に居住していてもナショナル・ミニマムと考えられる行政サービスを享受することが可能となる。第3に，地方交付税は国税収入の一定割合が原資であり，地方公共団体の行政サービスに必要な財源を交付することから，国と地方との財源配分機能も果たしている。現代日本の税源配分は国が約6割，地方が約4割である一方で，歳出は国が約4割，地方が約6割となっており，このギャップを埋めるために，地方交付税を通じて国から地方へと大規模な財政移転が行われている。ただし，政府間の財源配分は，国への税源偏在をある程度是正し国税と地方税の適正な配分により実現されることが望ましいといわれる。

　このように，現行の地方交付税制度では，国から地方への財政移転によって地域間での財政調整とナショナル・ミニマムの確保のための財源保障とが一体的に行われており，これらの諸機能は密接不可分なものである。

（2）地方交付税の性格と算定方法

①　地方固有の一般財源

　地方交付税の基本的な特色として，第1に，地方公共団体が共有する地方の固有財源という性格を有する。本来は地方の税収入とすべきであるが，地方公共団体間の財源の不均衡を調整し，すべての地方公共団体が一定の行政サービス水準を維持しうるよう財源を保障する見地から，国税として国が代わって徴収して一定の合理的な基準によって再配分する，「国が地方に代わって徴収する地方税」といわれる。第2に，地方の**一般財源**という性格をもつ。国は地方交付税の交付にあたって地方自治の本旨を尊重することとされ，その使途は地方公共団体の自主的な判断に任されている。

　ただし，国の法令で実施を義務付けられる施策や事業に対する地方負担分（これを一般財源の持ち出し，または裏負担と呼ぶこともある）として，地方税や地方交付税などの一般財源が充てられるケースが多い。例えば，生活保護費では国が4分の3を負担し，残りの4分の1を地方公共団体が一般財源で賄っている。地方税収がこれを賄うだけの額に不足する場合，地方交付税がその差額を埋めている。つまり，地方交付税は使途に定めのない一般財源であるが，地方公共団体が無制限に恣意的な行政を行うことを認めているものではなく，地方交付税の交付によって地方公共団体の行政責任を担保するという側面をあわせ持つ。

②　普通交付税の算定方法

　地方交付税の総額のうち94%は普通交付税であり，残り6%が特別交付税である。普通交付税とは，基準財政需要額が基準財政収入額を超える地方公共団体に対して，その超過額である財源不足を補うために交付されるもので，地方交付税の中心的役割を果たしている。特別交付税は，例えば災害の発生に伴う所要経費など，普通交付税では捕捉されない特別の財政需要に対して交付される。

　各地方公共団体に交付される普通交付税の額は，次のとおり決定される。

普通交付税額＝基準財政需要額－基準財政収入額

（＝財源不足額）

基準財政需要額とは，地方公共団体が「合理的かつ妥当な水準において行政を行う場合，または標準的な施設を維持する場合に必要な一般財源」である。警察費，消防費，土木費，教育費，厚生労働費，産業経済費，総務費などの行政項目ごとに設けられた「測定単位」の数値に必要な「補正」を加え，これに測定単位ごとに定められた「単位費用」を乗じた額を合算することによって算定される。

基準財政需要額＝各行政項目の基準財政需要額

（単位費用×測定単位×補正係数）の合算額

測定単位とは，行政項目ごとにその量を合理的・客観的に測るための単位であり，例えば，消防費や厚生労働費（社会福祉費など）については地方公共団体の人口，教育費については小学校の教職員数・児童数などの指標が用いられている。

単位費用とは，地方公共団体が標準的な行政を行う場合に必要な一般財源の額を測定単位の数値で除して算出されるもので，つまり，各行政項目の測定単位1単位当たりの費用（一般財源所要額）である。具体的には，人口，面積，行政規模が都道府県や市町村の中で平均的なもので，自然的・地理的条件などが特異なものでない標準団体（人口であれば都道府県170万人，市町村10万人）を想定する。その団体が標準的な行政を行う場合に必要な歳出額から，国庫支出金や使用料手数料などの特定財源によって賄われる分を差し引いた一般財源所要額を測定単位1単位当たりで示したものである。この単位費用は法律で定められ，すべての地方公共団体に対して，行政項目ごとに算出された同一の単位費用が適用される。

しかし，実際の各地方公共団体の測定単位当たりの行政経費は，人口の規模や密度，都市化の程度，気象条件といった自然的・社会的条件の違いによって大きな差があるので，これらの行政経費の差を反映させるため，測定単位の数

値を割増しまたは割落としている。測定単位の数値の補正に用いる乗率を**補正係数**といい，人口の大きさによる規模の経済を考慮する段階補正や，寒冷・積雪地域における特別の増加経費を考慮する寒冷補正などがある。

　基準財政収入額とは，標準税率で課税した場合の地方税の収入見込み額の75％（基準税率）の額に，地方譲与税等の総額を加えたものである。地方税の収入見込み額とは，法定普通税を主体とした標準的な地方税収入であり，法定外普通税や目的税，超過課税分は含まれない。

　　基準財政収入額＝標準的な地方税収入×基準税率75％＋地方譲与税等

　標準的な地方税収入の25％は**留保財源**という。基準財政収入額に地方税収

図表7－2　普通交付税の算定のしくみ

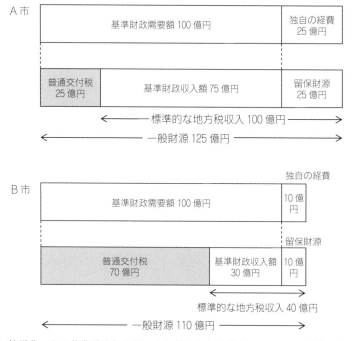

（注）簡単化のため基準財政収入額に全額算入される地方譲与税等は省略してある。
出所：総務省ホームページ「地方交付税制度の概要」を参考にして作成。

入の全額を算入せず基準税率を用いる理由として，1つは，基準財政需要額に反映されない独自の財政需要の経費を賄う余地を残しておくことや地方公共団体の財政運営の自主性を尊重することにある。もう1つは，各地方公共団体による地方税の税源かん養や徴税の努力が促されるという点からも望ましい。仮に，留保財源が存在しないと，企業誘致などによって地方税収が増加したとしても，その税収増加分だけ地方交付税の交付額が減少してしまう。

　これらに基づいて，普通交付税の算定のしくみを示したのが，図表7-2である。A市とB市は，人口や行政規模が等しいので基準財政需要額は100億円としよう。標準的な地方税収入がA市100億円，B市40億円とすれば，これに基準税率を乗じた基準財政収入額はA市75億円，B市30億円となる。普通交付税は，税収のゆたかなA市に対して25億円，税収の乏しいB市に対して70億円が交付される。この結果，地方税収入と普通交付税を合計した一般財源の額は，A市125億円，B市110億円であり，A市のほうが一般財源の額が多くなり独自の財政需要の経費に充てる余地が大きくなっている。

第3節　地方交付税の財政調整効果

（1）交付のしくみ

　図表7-3には，地方交付税の交付のしくみを簡単化して示してある。図の横軸は地域内総生産，縦軸は基準財政需要額，基準財政収入額，地方税収を表している。OTは標準税率で課税したときの地方税収であり，これは，一般に各地域の経済力の指標となる地域内総生産に比例して増加する傾向がある。基準財政収入額は地方税収の75％でありORで示され，各地域の基準財政需要額はCDのように一定であると仮定しよう。このとき，地方交付税の交付額はCBからOBまでの垂直方向の線分の長さで表される。

　現行制度では，地域内総生産が点Aに満たない地方公共団体は交付団体，点A以上の地方公共団体は不交付団体となる。留保財源はOTからORへと垂直方向に挟まれた線分の長さで示され，これをCDに積み上げると，地方税収に地方交付税の交付額を加算した一般財源に等しくなる。屈折した直線

図表 7 - 3　地方交付税の交付のしくみ

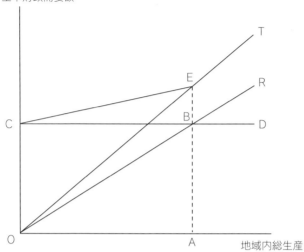

（注）地域内総生産は，各都道府県が公表する県民経済計算の県内総生産を想定すると
　　　よい。簡単化のため，これは各地域の課税ベースの大きさと一致するものとする。
出所：持田（2013），236 頁を参考にして作成。

CET は一般財源を表しており，このうち不交付団体の一般財源 ET の傾きは
急で，交付団体の一般財源 CE の傾きは緩やかである。つまり，不交付団体で
は税収増加分がそのまま地方公共団体の一般財源となるが，交付団体では税収
増加分の 75％ 相当分は地方交付税の交付額の減少となり一般財源の増加を減
殺している。

　このため，地方交付税が地方公共団体による地方税の税源かん養や徴税の努
力を妨げているのではないかという指摘もある。これを地方交付税のモラルハ
ザード問題という。しかし，地方交付税制度があるために地方公共団体が意図
的に地方税収を減らしているのかどうかについては，さまざまな見解がある。
例えば，ある地方公共団体が独自に住民税や固定資産税の税率を引き下げて標
準税率よりも低く設定したとしても，その減税による減収分が地方交付税の交

138

付額で増額補てんされることはない。全国の地方公共団体の多くで標準税率が適用されている現状を照らし合わせてみると，地方交付税のモラルハザード問題は存在しないという見解もある。

（2）財政調整の効果

　地方交付税によって，地方公共団体間における財政力の格差がどの程度是正されているのか，都道府県のデータで確認しよう。図表7－4は，各都道府県における地方税の歳入合計に占める構成比の大きい順に並べて示してある。

　2020年度決算では，地方税の構成比の大きい順で東京都51.1％，愛知県41.6％，神奈川県40.7％である。一方，同構成比の小さい順で岩手県12.1％，島根県12.8％，高知県13.2％にとどまっており，地域間での税収格差はきわめて大きい。新型コロナウイルス感染症対策にかかる国庫支出金の増加に伴い特定財源が大きくなり歳入に占める地方税（および一般財源）の構成比が小さくなるという特殊要因があるものの，全国の47都道府県のうち20道県では地方税の構成比が20％に満たない。しかし，地方交付税交付後の一般財源ベースでみると，たとえば島根県の一般財源の歳入構成比が50.1％に上昇するな

図表7－4　地方交付税による財政調整効果

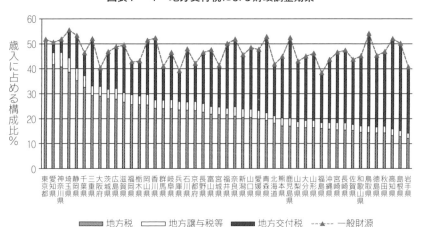

出所：総務省編（2022）より作成。

ど，歳入合計に占める一般財源の構成比は，全国都道府県のうち 45 の地方公共団体で 40% を超えており，地域間での大きな相違は生じていない。

また，これらを人口 1 人当たり額でみてみると，地方税では東京都の 283,823 円が最大で，最小の熊本県では 87,003 円にすぎない。しかし，地方交付税交付後の一般財源では熊本県が 228,804 円，最大は島根県の 397,004 円，最小は神奈川県の 129,958 円となり，地方税収の少ない地方公共団体のほうが，一般財源が多くなっている。

このように，地方交付税によって地域間で強力な所得再分配が行われている。地方税収の不均衡を調整し，人びとがどの地域に住んでいても標準的なサービスを提供できるように財源が保障されている。

第 4 節　地方交付税の諸課題

（1）総額の問題

地方交付税の総額は，基本的には国税 5 税の収入額にリンクされているが，第 1 節で見たように，景気低迷による国税収入の減少に伴い，交付税原資は，必要とされる地方交付税の交付額を下回り，地方交付税の原資が慢性的に不足していた。そのため，これまでに一般会計からの特例加算，交付税特別会計の借入，**臨時財政対策債**を加算することで，必要とされる地方交付税総額を確保してきた。しかし，こうした地方財政対策は特例的な対応であり，制度上，持続可能な措置とはいえない。

このうち，特別会計での借入方式については，地方公共団体に借金の意識が感じられず，いわゆる「隠れ借金」であるとの批判があった。2001 年度からは特別会計での借入方式をとりやめ，臨時財政対策債を発行する方式へと変更された。国や地方公共団体の財政責任を明確にするために，地方交付税の財源不足額を国と地方で折半し，国負担分は一般会計から交付税特別会計への繰入による加算（臨時財政対策加算），地方負担分は臨時財政対策債により補てんされている。臨時財政対策債の元利償還金は後年度の地方交付税の基準財政需要額に算入することとされている。臨時財政対策債は赤字地方債の 1 つで，当面

の財源不足を借金でしのぎ，将来の地方交付税で措置する「負担の先送り」，「交付税の先取り」という性格をもつ。また，地方の借入金残高が 200 兆円に近い規模で高原状態となっていることから臨時財政対策債の発行を抑制すべきという意見がある。

　こうした総額の問題に対応するためには，1 つは，交付税率の引き上げによって法定の交付税原資を増やすことが考えられる。ただし，次に見るように地方公共団体の大部分が交付団体である実態を踏まえると，交付税率の引き上げのみでは，地方交付税への依存状態を固定化させてしまう懸念もある。もう 1 つは，国から地方への税源移譲により地方税源を拡充することで，地方財政全体としての地方財源不足を減少させることが考えられる。このとき地方交付税への依存度を低下させることも期待できる。もっとも，地域経済状況の異なる地方公共団体の間では，税源移譲が却って地域間の税収格差を拡大させてしまう可能性がある。

　このように，総額の問題への対応は容易ではなく，交付税率の引き上げや税源移譲，さらには国，地方を通じた増税や基準財政需要額の見直しも含め，さまざまな視点からの改善が求められている。

（2）不交付団体の少なさ，地方交付税への依存状況

　2020 年度の地方財政全体でみた歳入決算額によると，地方交付税は 16 兆 9,890 億円であり，歳入総額に占める構成比は 13.1% にのぼる。地方税（40 兆 8,256 億円，同構成比 31.4%），新型コロナウイルス感染症対策で大きく増加した国庫支出金（37 兆 4,557 億円，同 28.8%）に次いで，地方交付税は大きな財源となっている。これを都道府県別でみると，地方交付税の構成比は大きい順で鳥取県 37.0%（地方税の構成比 14.4%），高知県 36.1%（同 13.2%），島根県 34.9%（同 12.8%）であり，地方交付税が地方税を大きく上回っている。とくに地方圏にある地方公共団体では地方交付税への依存度が高い。

　図表 7 - 5 は，普通交付税の交付状況を示してある。普通交付税を交付されない不交付団体は，都道府県では東京都の 1 団体のみで，市町村では 1,718 団体のうち不交付団体は 75 団体にとどまっている。全国の地方公共団体の

図表7－5　交付団体と不交付団体の数の状況

区　分		2020 年度			2010 年度		
		交　付	不交付	交付団体の比率（%）	交　付	不交付	交付団体の比率（%）
都道府県		46	1	97.9	46	1	97.9
市町村		1,643	75	95.6	1,657	70	95.9
	政令指定都市	19	1	95.0	18	1	94.7
	中核市	57	3	95.0	39	1	97.5
	施行時特例市	21	4	84.0	39	2	95.1
	都　市	651	36	94.8	651	35	94.9
	町　村	895	31	96.7	910	31	96.7
合　計		1,689	76	95.7	1,703	71	96.0

出所：総務省編（2022）等より筆者作成。

　95.7% が交付団体であり，毎年度，不交付団体は少ない。つまり，全国のほぼすべての地方公共団体は，地方税収だけでは標準的な行政サービスを提供することができず，地方交付税に強く依存している。

　このように，各地方公共団体は，毎年度の予算編成にあって，国から交付される地方交付税を頼みにせざるを得ない。そのため，地方公共団体にとっては歳入の安定性や予見可能性が低くなり行財政運営の計画が立てにくくなるという問題もある。もっとも，地方交付税への依存度の高さは，地方交付税の交付によって地方公共団体の一般財源が保障されていることの表れでもある。先にみた税源移譲による地方税の拡充も視野に入れながら，地方自治の本旨の実現や地方公共団体の独立性を強化する一般財源を確保するという視点から，地方交付税への依存のあり方を考えていく必要がある。

（3）算定の見直し

① 算定の簡素化

　地方交付税の基準財政需要額の算定において「合理的かつ妥当な水準」の具体的根拠となるものは，地方財政計画の歳出の内容と水準である。基準財政需要額は，地方財政計画に組み込まれた給与費，社会福祉関係費，公共事業費，単独事業費などの内容を基礎として，行政の種類ごとにさまざまな測定単位や補正係数が用いられ，きわめて精緻な算定が行われている。そのため，国民にとっては地方交付税制度が複雑でわかりにくいものとなってしまい，地方公共団体にとっても交付額の予見可能性が損なわれるという点が指摘されてきた。

　こうした指摘を受け，2007 年度からは算定方法の抜本的な簡素化を図り，地方交付税の予見可能性を高める観点から，「国の基準付けがない，あるいは弱い行政分野」の算定について人口と面積を基本とした簡素な算定を行う「包括算定経費」が導入されている（新型交付税）。簡素化の対象となる経費を「包括算定経費」（新型）として一括算定し，これ以外の算定項目の統合により「個別算定経費」（従来型）の項目数が削減された。また，地方公共団体への交付額の大きな変動を避けるため，離島や過疎など真に配慮が必要な地方公共団体に対応するしくみとして「地域振興費」が設けられた。

② 行革努力や成果による配分

　地方交付税の算定にあたって，「財源保障機能」重視から「成果主義」重視に転換していくべきとの議論がある（コラム参照）。図表 7 － 6 のように，近年の地方財政対策では，人口増減率，若年者や女性の就業率，地域経済活性化などの指標について現状の数値が悪い地方公共団体の需要額を割増しする取り組みの必要度のほか，これらの指標について全国の伸び率との差に応じて需要額を割増しする成果指標を取り入れている。

　さらに，2016 年度からは歳出効率化に向けた取り組みで，民間委託や指定管理者制度の導入，情報システムのクラウド化などの業務改革で他の地方公共団体のモデルとなるようなものを基準財政需要額の算定に反映する「トップランナー方式」が導入された。基準財政収入額についても，地方税の実効的な徴

図表 7 - 6　行革や成果に基づく算定の見直し

費　目	配分の指標	
地域の元気創造事業費	行革努力	地域経済活性化の成果
	《全国の数値等との差に応じて割増し，または割落し》 ラスパイレス指数，経常的経費削減率，地方税徴収率，業務システムに対するクラウド導入率	《全国と比較して改善度合が大きい団体の需要額を割増し》 第一次産業産出額・農業産出額，製造品出荷額，小売業年間商品販売額，日本人延べ宿泊者数・外国人延べ宿泊者数，若年者就業率，女性就業率，高齢者就業率，従業者数，事業所数，1人当たり県民所得・1人当たり地方税収
人口減少等特別対策事業費	取組の必要度	取組の成果
	《現状の数値が悪い団体の需要額を割増し》 人口増減率，転入者人口比率，転出者人口比率，年少者人口比率，自然増減率，若年者就業率，女性就業率，有効求人倍率，1人当たり各産業の売上高	《全国と比較して改善度合が大きい団体の需要額を割増し》 人口増減率，出生率，年少者人口比率，転入者人口比率，転出者人口比率，県内大学・短大進学者割合，新規学卒者の県内就職割合，若年者就業率，女性就業率

出所：総務省ホームページ「近年の主な算定方法の見直し等」より筆者作成。

収対策を行う地方公共団体の徴収率を標準的な徴収率として反映するという算定の見直しが進められている。

　ただし，トップランナー方式の導入にあたっては，法令等により国が基準を定めている業務や，産業振興・地域振興等の業務は同方式の対象外とすべきという意見がある。また，民間委託等の業務改革が実施しにくい小規模な地方公共団体の実情を踏まえ，複数年かけて段階的に反映するなどの配慮が必要といわれている。いずれにせよ，地方交付税の財源保障機能を適切に働かせ，行政サービスの安定的な提供により，住民生活の安心・安全を確保することを前提として取り組むことが求められている。

（4）交付税特別会計への直接繰り入れ，国と地方の協議の場

　地方交付税は，全国の地方公共団体で共有する地方固有財源であり，交付税原資となる国税の法定率分は，本来地方の税収とすべきものを国が代わって徴収する「間接課徴形態の地方税」といわれている。交付税原資のうち，2015年度から交付税原資化された地方法人税は，一般会計を通らずに交付税特別会計に直接繰り入れられるが，国税4税（所得税，法人税，酒税，消費税）は，国の一般会計の予算を通して交付税特別会計に繰り入れられている。

　このように，予算上のしくみとして地方交付税の額は一般会計に計上されたうえで交付税特別会計に繰り入れられることから，地方交付税は単なる国庫からの交付金であるという認識がもたれやすい。そのために，地方公共団体による安易な地方交付税依存や，国の省庁や政治家の裁量や政策誘導を招くという問題が指摘されてきた。こうしたことから，地方交付税の地方固有財源としての性格をより明確にし，上記の問題に対処するため，国税4税の法定率分を地方法人税と同様に国の一般会計を通さず交付税特別会計に直接繰り入れるべきという意見がある。近年では地方分権型社会の推進と関連して，この考え方が強まってきている。

　また，近年の地方交付税の改革では，各地方公共団体への配分の考え方，内訳の詳細，経年変化の「見える化」が進められている。地方行政サービス改革の取組状況を比較可能なかたちで公表し，地方の頑張りを引き出す地方財政制度改革，地方財政の見える化等によって，地方公共団体の行財政運営の質の向上を図る環境整備に取り組むというものである。こうした地方行財政改革の推進にあたって，地方公共団体の意見を聞きながら丁寧に議論を進め，その内容について地方公共団体の理解と納得を得ることが必要である。そのためには，**国と地方の協議の場**をよりいっそう充実していくことが期待される。さらに将来的には，地方公共団体の代表を中心メンバーとする「地方財政委員会」のような地方組織を創設し，地方交付税のしくみや地方公共団体への配分のあり方の検討も含めて，この委員会が地方交付税制度を運営するという中長期的な改革課題も挙げられている。

まとめ

◎地方交付税は，地方公共団体間における財政力の格差を是正するとともに，標準的な行政サービスを確保するための財源を保障する。国民がどの地域に居住していても，生存権を守るために必要な行政サービスを享受することが可能となる。

◎地方交付税の総額は，地方財政計画の枠組みで決定され，その原資は国税5税の一定割合とリンクする。各地方公共団体への交付額は，団体ごとに算定される基準財政需要額から基準財政収入額を差し引いた財源不足額が基本となる。

◎地方交付税総額の確保と，国と地方の税源配分の見直しによって，地方一般財源を拡充する。これにより，歳入の安定性と予見可能性を高め，地方公共団体による自律的かつ計画的な財政運営をめざす。さらには，地方交付税のしくみや配分のあり方について，国と地方公共団体とが協議する場をいっそう充実させる。

参考文献

川村毅（2020），『自治体職員研修講座　地方自治制度・地方公務員制度・地方財政制度　第3次改訂版』学陽書房。

重森曉・植田和弘編（2013），『Basic 地方財政論』有斐閣ブックス。

総務省編（2022），『令和4年版地方財政白書』。

林宏昭・橋本恭之（2014），『入門地方財政　第3版』中央経済社。

林宜嗣（2008），『地方財政　新版』有斐閣ブックス。

持田信樹（2013），『地方財政論』東京大学出版会。

コラム　「人口減少問題」と地方交付税
──算定をめぐる財源保障と成果主義の考え方

　地方交付税とは地方公共団体間での財政調整を行いながら地方公共団体の一般財源を保障するしくみといわれる。地方圏から都市圏への人口流出によって税収が不十分となった地方圏の地方公共団体でも，地域間の所得再分配を通して，標準的な行政サービスが可能となるよう「財源保障」するという考え方が基本にある。

　近年では，地方交付税の算定見直しにおいて，人口減少対策に積極的に取り組んだことによって成果を上げた地方公共団体への支援を強化し，さらなる取り組みを促すという「成果主義」の考え方が注目されている。総務省ホームページ「近年の主な算定方法の見直し等」（図表 7−6 参照）の「令和 4 年度人口減少等特別対策事業費の算定方法」には，2020 年度から 5 年間かけて，段階的に「取組の必要度」に応じた算定から「取組の成果」に応じた算定へシフトするという基本的な考え方が示されている。

　人口増加の成果があまり上がらなかった地方公共団体に対する地方交付税の配分枠を小さくし，人口増加の成果を上げた地方公共団体に対する配分枠を大きくするという方針は，地方交付税の算定をめぐる考え方において「財源保障」から「成果主義」へと舵が切られたという見方もできる。

　戦後日本の歴史を振り返ってみれば，人口増加や経済成長がもたらすゆたかな税収によって財源保障が行われた時代から，今日では人口減少や経済の低成長により税収が低迷する時代へと変化した。では今後，限られた税収でどのように地域間の所得再分配をしていったらよいのであろうか。こうした問いが，成果主義に基づく算定の考え方が強まってきた背景の 1 つとなっているのかもしれない。

　2020 年度には，地方交付税の算定項目に「地域社会再生事業費」が設けられ，人口減少や少子高齢化の進展によって地域社会の持続可能性への懸念が生じている地方公共団体に対し，地方交付税を重点的に配分することになった。算定にあたり，人口構造の変化に応じた指標と人口集積の度合いに応じた指標が反映される。地域社会の維持・再生のための取り組みの必要度を算定するという点では「財源保障」の性格が再び強められたといえよう。

　いずれにせよ，「人口減少問題」が国や地方公共団体が全力で取り組むべき国民的な最重要課題となった今日，地方交付税は，単に財源保障を行うだけでなく，人口減少問題に対応するための政策的な役割も期待されていることは注目しておきたい。

第8章 補助金・負担金・交付金

この章でわかること

◎国庫補助金等にはどのような種類があるのか。
◎国庫補助金等にはどのような歴史的傾向があるのか。
◎国庫補助金等にはどのような改革課題があるのか。

第1節 国庫補助金・負担金・交付金の制度と理論

（1）国庫補助金等の制度

① 国庫補助金等の制度

　日本において，国は，地方公共団体にさまざまな形で金銭的補助をしている。
　国庫補助金・負担金・交付金（以下，国庫補助金等という）は，制度としては負担金，委託金，補助金，交付金とさまざまな名称があるが，その性質に応じて図表8−1の3種類に分類される。地方公共団体の歳入としての分類では国庫支出金とされ，この3つは区別されないことが多い。

　国庫負担金は，地方公共団体の行う公共サービスの経費を国の責任として負担するもので，地方財政法第10条に規定のある一般的な負担金，同法第10条の2に規定のある建設事業に対する負担金，同法第10条の3に規定のある災害復旧事業に対する負担金に分類される。根拠となる法律があり，その中で「国が，その経費の全部又は一部を負担する。」となっていることが多い。また，国の負担割合は，同法第11条で法律または政令で定めることとされている。

　国庫委託金は，同法第10条の4に規定のあるもので，全額国負担によってまかなわれる。国会議員の選挙や国勢調査は，実際に事務を行っている地方公

図表 8 - 1　国庫補助金等の種類と内容

区　　　分		主な補助・負担金と金額（億円）
国庫負担金	一般行政経費	義務教育国庫負担金（15,216） 生活保護関連負担金（28,101） 障害者自立支援給付費等負担金（17,255） 児童手当等交付金（12,199） 公立高等学校授業料府徴収交付金等（4,057） 子どものための教育・保育給付費負担金（15,948） （小計 94,323）
	建設事業費	治水・治山，道路整備，港湾空港鉄道等，生活環境施設整備，農林水産基盤整備など （小計 26,251）
	災害復旧事業費	災害復旧事業費補助負担金（304）
国庫委託金		国会議員の選挙，国勢調査，外国人登録など （小計 不明）
国庫補助金（狭義）	国庫補助金（さらに狭義）	都道府県警察費補助金 個人番号カード交付事業費補助金 私立高等学校等経常費助成費補助金 在宅福祉事業費補助金 多面的機能支払交付金 （小計 26,805）
	交付金	国有提供施設等所在市町村助成交付金（299） 交通安全対策特別交付金（516） 電源立地促進対策等交付金（1,052） （小計 2,404）
	補給金	交付地方債元利償還金等補給金

（注）小計にはその他を含む。金額は，2023年度地方財政計画のうち通常収支分を計上。負担金は，第7表から主なものを抜粋した。
出所：総務省「2023年度地方財政計画」より作成。

共団体に対して，国が仕事を委託している扱いなのである。

　3つめが**国庫補助金**（狭義）である。国庫補助金（狭義）は，法律補助と予算補助とに分けられる。さまざまな法律において，例えば，「国は，予算の範囲内において，当該事業に要する経費の一部を補助することができる」，「国は，予算の範囲内において，当該事業に要する経費の二分の一以内を補助することができる」となっているものが法律補助である。予算補助は，法律の定めがな

く，年度ごとの予算で措置されるものである。奨励的補助金といわれることもある。

　また，一般に国から交付される補助金は，受け取り側の地方公共団体から見て，使途に制限のないものと使途に制限があるものの2種類に分けられる。前者を一般補助金，後者を特定補助金という。国庫補助金等の多くは特定補助金である。

　さらに，補助の形態に着目して，かかった経費の1/2など一定割合を補助するものを定率補助金，実際の金額にかかわりなく一定額を補助する定額補助金の2種類に分類することもある。国庫補助金等の多くは定率補助金である。

② 　交付金の制度

　図表8－1において，狭義の国庫補助金のなかに交付金と称される国からの補助金がある。それぞれ根拠となる法律がある。市町村交付金や基地交付金のように一般財源の交付金もある。

ア）交通安全対策特別交付金

　交通安全対策特別交付金は1969年に創設されたもので，交通違反に対する反則金を，地方公共団体に交付するものである。交付をうけた地方公共団体は，信号機，道路標識，横断歩道，ガードレール，カーブミラーなどの交通安全施設の設置と管理に充てることとされている。

　反則金は，どこの地域で違反したか，どこの住民が違反したのかにかかわらず，いったん国庫に納付され，事務費を除き，交通事故発生件数，人口集中地区人口，改良済み道路延長にもとづいて都道府県に配分される。都道府県は，そのうち1/3を市町村に同様の基準にもとづいて再配分する。2023年度地方財政計画では516億円の歳入見通しとなっている。

イ）電源三法立地地域対策交付金

　電源立地地域対策交付金は，発電用施設の立地地域・周辺地域で行われる公共用施設整備や住民福祉の向上に資する事業に対して交付金を交付することにより，発電用施設の設置に係る地元の理解促進等を図ることを目的として，電気料金の一部を電源開発促進税として徴収し，発電用施設の立地する都道府県・

市町村等へ交付されるものである。地方公共団体が策定した公共用施設整備計画にもとづく施設整備に充てられる。2023 年度地方財政計画では 1,052 億円が見込まれる。

2005 年に新潟県上越市に合併した柿崎町は，合併前の上越市に立地する火力発電所と柏崎市に立地する原子力発電所のため電源立地地域対策交付金の交付をうけており，上越市との合併に際して，地域自治区の仕組みを利用して交付金の配分の一部については，地域自治区で決めることとしている。

電源三法の適用範囲には原子力発電所もはいるので原発交付金と略されることもある。

ウ）国有資産等所在市町村交付金，国有提供施設等所在市町村助成交付金

市町村の徴収する租税に固定資産税がある。土地や建物等に課税する税である。国や都道府県の所有する土地や建物の固定資産税は課せられないこととなっており，その分，固定資産税が減収になってしまう。道路や学校と異なり公益性が少ない職員住宅等については，それを補てんする趣旨で，国有資産等所在市町村交付金法にもとづき国有施設等が所在する市町村に国から交付されるのが国有資産等所在市町村交付金（市町村交付金）である。2023 年度地方財政計画では 76 億円が見込まれる。固定資産税の代替財源であるので一般財源である。

国有提供施設等所在市町村助成交付金（基地交付金）は，市町村交付金と同様の趣旨で，国有提供施設等所在市町村助成交付金に関する法律にもとづき米軍基地及び自衛隊基地の所在する市町村に交付されるものである。2023 年度地方財政計画では 299 億円が見込まれている。市町村交付金と同様に一般財源である。

③　国庫補助金等の歴史

日本における地方自治制度は，1889 年施行の市制，町村制で確立したとされる。しかし当時の市町村は，戸籍（徴兵制含む）や小学校の運営程度の事務しか担当しておらず，財源も独自の租税は少なく，国税額の何割というかたちで徴収する[1] 地方税と寄附金で賄っていた。

図表 8 － 2　　戦前の国家財政・地方財政の増加　単位：百万円

年度	国家財政 (歳出)	地方財政（歳入合計）			地方財政（歳出合計）			
			うち地方交付税	うち国庫補助金		うち庁費又は総務費	うち土木費	うち民生・労働費
1880	63.1	29.7	—	—	27.7	4.9	7.1	0.0
1890	82.1	45.5	—	3.6	42.5	9.2	13.8	0.1
1900	292.7	150.4	—	8.8	133.3	17.8	31.9	0.1
1910	569.1	362.5	—	18.5	287.6	31.0	54.5	0.5
1920	1,360	1,169	—	74	963	90	172	10
1930	1,558	2,019	—	193	1,775	108	255	41
1940	5,860	3,801	351	456	2,849	226	402	79

原資料：日本銀行『明治以降本邦主要財政統計』，大蔵省・財務省『財政統計』，
　　　　内務省地方局『地方財政要覧』。
出所：三輪・原（2010），20 頁，22 頁より作成。

　図表 8 － 2 のように，明治期は，国に対する地方財政の割合は小さかったが，
1920 年，1930 年代には，国家財政規模に匹敵，もしくは上回る規模となった。
それを財源的に支えたのが国庫補助金等であった。
　19 世紀末の日清戦争の戦費調達のため，国は，地租などの基幹税を増税す
るとともに，営業税などの地方税源を中央政府に移管した。さらに都市化を背
景に増加した事務を地方公共団体に機関委任事務として担わせることとした。
従来の機関委任事務は，河川改修や砂防などの土木事業や伝染病関係の事務で
あり，それらには国庫補助金等が交付されていたが，地方公共団体の事務が多
くなるにともない国庫補助金等の比重が大きくなっていった。
　日露戦争後，小学校の義務教育年限が 4 年から 6 年となり，それにともなっ
て必要な小学校の校舎建設も教員の人件費の支給も必要になり，1918 年，国
は，市町村義務教育費国庫負担制度をつくった。

---

1 ）こうした方式を付加税という。現在でも，地方消費税は国税消費税（税率は 7.8%）
　　の 22/78 の割合で都道府県が徴収する税である。消費税と地方消費税の合計が
　　10% となる（軽減税率分は 176/624）。

その後，昭和の時期には，昭和恐慌対策などで地方公共団体の事務が増えた。時局匡救（きょうきゅう）政策と呼ばれた公共事業が行われた。それにともない国庫補助金等の割合も増えていった。

市町村の税収の格差が広がる中で，1940年には，地方交付税の前身である地方分与税が制度化され，一般財源の財政移転も行われるようになった。

戦後，地方自治を確立するために，付加税をやめ独立税を原則とすること，補助金は地方財政平衡交付金に組み替えることをうたったシャウプ勧告にもとづき国・地方を通じる税制改革が行われたものの，補助金の仕組みは残った。また，シャウプ勧告では機関委任事務の廃止や行政事務の再編も勧告されたが，実施はされなかった。

その後，高度経済成長とともに，教育，福祉，公共事業の要求が大きくなり，地方公共団体は住民要望に対応せざるをえなかった。国は機関委任事務を増やし国庫補助金等を増やすことで，地方公共団体の財源を保障した。

図表8－3は国庫支出金の金額と構成比をグラフにしたものである。

1980年代の臨調行革の中で，国庫補助金と負担金の改革が行われ金額はほぼ据え置かれ，構成比は減少した。その後，90年代のゴールドプラン（高齢者保健福祉10か年戦略），エンゼルプランなど，高齢者福祉，介護，子育て支援の施策が行われるとともに，「生活大国」をめざす公共事業が実施された。金額は逓増しているが，構成比はほぼ変わらないまま推移している。90年代後半には，それらハード事業とともに，景気対策のための公共事業が増加し，金額，構成比ともにあがる。99年には介護保険の準備のため総額1兆円の国庫補助金も地方に交付された。

2000年以降，国庫支出金は金額，構成比とも減少している。この要因としては，高齢者福祉分野の多くが介護保険特別会計で取り扱われることになり統計上別扱いとして図表8－3のデータに集計されなくなったこととともに，公共事業むけの国庫支出金が低下したことがあげられる。2000年代後半以降，民主党政権のもとでの子ども手当の創設などで国庫支出金の比率があがっている。この傾向は2010年代も続いている。

2020年度については，新型コロナ感染症対応のための1人当たり10万円給

図表8－3 国庫支出金の推移

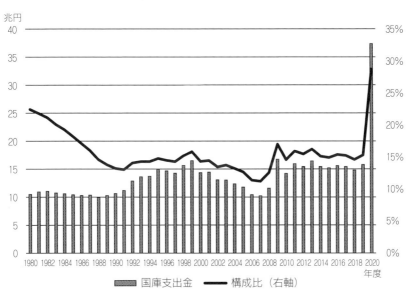

出所：総務省『地方財政統計年報（各年版)』より作成。

付事業等のために国庫支出金は大幅増になっているが，福祉等の国庫支出金が
増えている傾向は続いている。

④ 国庫支出金を充当した経費の推移

　国庫支出金が地方公共団体にとってどのような経費に充当されているかを見
てみよう。

　地方公共団体の普通会計純計決算において，1980年度から10年おきに主な
目的別歳出（1,000億円以上）別の推移をまとめたのが図表8－4である。国庫
支出金は，地方公共団体の目的別歳出においては，民生費，農林水産業費，土
木費，教育費に充当されていること，1980年度と1990年度にはあまり変化が
ないこと，三位一体改革を含んだ2000年以降民生費が大きく伸びており，
2010年度では国庫支出金のほぼ半分が民生費に充てられている。一方，農林
水産業費と土木費についてはその構成比を大きく減少させていることがわかる

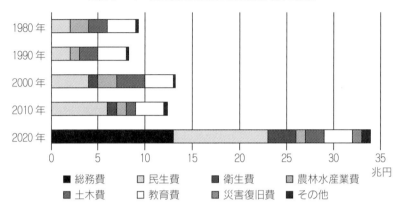

図表 8 - 4 　国庫支出金の主な目的別内訳の推移

- ■ 総務費
- □ 民生費
- ■ 衛生費
- ■ 農林水産業費
- ■ 土木費
- □ 教育費
- ■ 災害復旧費
- ■ その他

(注) 原資料では，充当額を突合させるため「歳入振替項目」という調整項目があるが，本図表では計上していない。このため図表 8-3 の金額と一致しない。図表 8-5 も同様。

出所：総務省『地方財政統計年報（各年版）』より作成。

（近年の民生費の伸びは，障害者自立支援制度や子ども手当によるものも大きい）。

　2020 年度については，新型コロナ感染症対応のために国庫支出金は大幅増になっているが，民生費に多くが充当されている傾向は続いている。

　同様に性質別歳出を図表 8 - 5 で見ると，国庫支出金は，人件費，扶助費，普通建設事業費に充当されていること，80 年代の臨調行革を経ての変化として普通建設事業費の減少と人件費の増加，2000 年代の変化としては扶助費の増加の一方，人件費，普通建設事業費の減少があげられる。2010 年度では国庫支出金のほぼ半分が扶助費に充てられている。

　臨調時期には，人件費相当の国庫補助の削減が目指されたもののバブル経済による物価上昇が公務員給与そのものを押し上げたために 90 年にかけて人件費に充当される国庫支出金が増加している。2000 年代は三位一体改革の中で，先述の公共事業の削減と，人件費に充当される国庫支出金が大きく整理された（三位一体の改革で，義務教育教職員の給与の 1/2 負担が 1/3 負担となった）。

図表8－5　国庫支出金の主な性質別内訳の推移

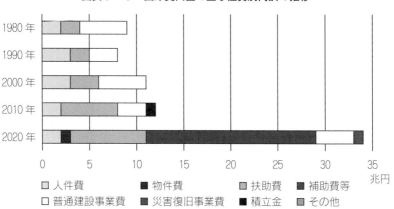

出所：総務省『地方財政統計年報（各年版）』より作成。

⑤　国庫補助金等の問題点と改革

　補助金の執行にあたっては監督が行われる。補助金を支給する国の省庁による監督とともに，会計検査院による検査も行われる。補助要綱に違反すると，違反した部分の補助金は国庫に返さなければならない。

　国庫補助金等については以下のような問題が指摘されてきた。また，図表8－1でいう委託金や交付金については国の裁量があまり発揮されないので，問題点が指摘されることはさほど多くなかった。

　国庫補助金等の最大の問題は，国庫補助金等の交付を通じて，国が地方公共団体の行政をコントロールすることである。なお，ここでいうコントロールには，福祉や教育分野などをはじめ，国・地方が一体となってナショナル・ミニマムを達成するために，国が財源面で行政水準を下支えする機能も含まれるが，あまりそのような肯定的な評価は少なかった。

　国によるコントロールの弊害は，具体的には，第1に，補助事業の画一性についてあらわれる。国が施設や事業についてあらかじめ基準（補助要綱）をつくっていて地方公共団体はその基準通りでないと施設建設や事業の実施ができないのである。第2に，各省庁の「縦割り」である。外見では同じ道路に見えても，県道・市道や，農道，林道といった区別がある。水洗トイレにつなぐ下

水道も，国土交通省の所管する公共下水道と，農村においては農業集落排水設備事業という農水省の所管する事業がある。第3に，補助事業をめぐる事務の煩雑さである。第4に，補助事業の採択にあたって，国への陳情が行われるほか政治家による口利きが行われるなどにより，利権や腐敗が生じることもあげられる[2]。

このような国庫補助金等の問題点が指摘されていたが，改革はあまり進まなかった。それが，1980年代の臨調行革で，国庫補助金等の削減に取り組まれたのである。

臨調行革とは，1970年代の2度にわたる石油ショック以降，低成長経済に直面し，一方で，EU諸国のような付加価値税導入がおくれた日本において，「増税なき財政再建」をめざすものであった。国による支出を減らすため，国鉄や電電公社の民営化とともに，国庫補助金等の削減が目指された。

図表8-6は，事業費と国庫補助金等との関係を図示したものである。例えば，10億円かかる事業の場合，国庫補助金等はその2/3が交付されるとする

図表8-6 国庫補助金等と地方交付税の関係

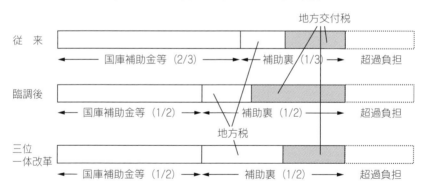

出所：筆者作成。

---

2) 補助金の問題点については，少し古いが，広瀬（1981）がジャーナリストの視点から取材・発表している。

と（この 2/3 の比率を補助率という），国庫補助金等は 6.7 億円となる。ところが，10 億円というのは，国のほうで事業費を試算するもので，実際の地方公共団体の決算とは異なる。多くの場合，国の試算より経費はかかってしまい，この国の試算との差額を超過負担という。

さて，従来は 2/3 だった補助率を 1/2 に引き下げることにすると，国庫補助金等は 5 億円となる。こうして，国庫補助金等の総額そのものは減らすことができた。ところが，国庫補助金等の仕組みとしては，補助金以外に地方公共団体でまかなう経費（**補助裏**ということが多い）について，地方交付税の計算にあたっての基準財政需要額に算入されている。このため，国庫補助金等は減ったものの，その分地方交付税の配分が増えることとなり，全体として，国から地方への財源移転の構図にはメスがはいらなかった。

（2）補助金の理論
① スピルオーバー効果

国庫補助金等のほとんどは特定定率補助金である。

実務的にいえば，地方公共団体は，当該事業を行う前年度のうちに，補助を受けることができるかどうかの調整を国と行い，事業年度に補助金の申請を行うことになる。この際，事業の執行にあれこれの条件（この条件は，担当者の恣意ではなく，補助要綱として公表されている）が付けられる。事業が終了した後，条件を満たしていない支出を除いた金額について実績報告書を提出し，実際に補助金の交付を受けることになる。後述するように，この条件は，効用を高めるとは限らず，地方分権が求められるのである。

さて，ではなぜ，国からの財源移転の仕組みがあるのだろうか。それは地方公共団体の供給するサービスの便益が，地方公共団体の区域を超えることがあるからであり，このことを外部性，もしくは**スピルオーバー効果**という。例えば，片側 2 車線以上の道路に国庫補助金がつくことが多いのだが，それは，片側 2 車線以上の道路を通行するのは必ずしも当該地方公共団体の住民だけではないからである。便益を受けている当該地方公共団体以外の住民が補助金を通じてスピルオーバーした便益に見合った経費を負担するのである。逆に片側 1

車線程度の生活道路は，当該住民の通行にのみ供され外部性はないといえるので，補助金の交付はない。

　もちろん，スピルオーバーした便益に見合った費用を負担するのは国庫補助金の仕組みを通じなくても可能であり，例えば隣接した地方公共団体が直接負担金を支払うこともあるだろう。一部事務組合その他広域行政の仕組みがそれにあたると考えられる（もっとも広域行政の目的は，事務の共同処理をしたほうが効率的であるからとされることも多い）。

② 定率補助金と定額補助金

　つぎに，**定率補助金**と**定額補助金**について，経済学的に考えてみよう（図表8 - 7)[3]。

　ある地方公共団体において，事業 X と事業 Y を行っているとする。予算は限られているので，AB（予算制約線）をひくことができ，住民の効用をあらわ

図表 8 - 7　定率補助金と定額補助金の効用

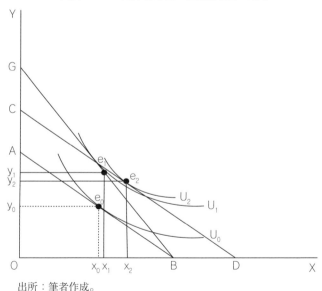

出所：筆者作成。

3）詳しくは，J・E・スティグリッツ（2004）第26章を参照。

す無差別曲線 U_0 と予算制約線の接点 e_0 のところ（事業 X の供給量は x_0，事業 Y の供給量は y_0）で，効用が最大になる。

　ここで，事業 Y に対して，補助率 1/2 の国庫補助金があるとしよう（定率補助）。この場合，事業 Y の供給は最大 OG となり（国からの補助があるので供給量が増えることになり，これを価格効果という），予算制約線が GB である。無差別曲線 U_1 との接点 e_1 で効用が最大となり，事業 X，事業 Y の供給量はそれぞれ x_1，y_1 となる。多くの場合，新たな供給量 x_1 と y_1 は，x_0 や y_0 よりも大きくなる（補助金のつかない事業 X の供給量も変化することに注意していてほしい）。

　さらに，事業 X について 1/2 の補助制度をやめ，同額を定額補助として交付することを考えよう。新しい予算制約線は，AB をそのまま上方に移動した CD であり（これを所得効果という），それに接する無差別曲線 U_2 との接点 e_2 が新しく効用最大のところとなり，供給量はそれぞれ x_2，y_2 となる。多くの場合，無差別曲線 U_2 は U_1 より上方に位置し，住民の効用は大きくなる。

　この場合，定額補助金の給付にかえ，使途が自由な一般財源として財源移転したケースについても同様のことがいえる（予算制約線が上方に移動する）。定率補助金より一般財源の移転のほうが，住民の効用は大きくなる。

　ところが，供給量 x_2 と y_2 は，x_0 や y_0 よりは大きくなるのだが，x_1 や y_1 と比べてどちらが大きくなるかは，AB や GB の傾き等によって異なってくる。図を見ても，$x_2 > x_1$ ではあるが，$y_2 < y_1$ である。したがって，国として，補助金をつけることで y_1 の供給量を確保したいと考えるとき，住民の効用を大きくする一般補助金の仕組みよりも定率補助金の仕組みを選択することもある。

第 2 節　国庫補助金等の実際

（1）地方分権と国庫補助金の改革

① 　集権的分散システム

　日本に限らず多くの先進国では，中央政府と地方政府によって行政が実施されている。地方政府といっても，日本でいう府県にあたる広域自治体と，市町村にあたる基礎自治体の 2 層の地方政府からなる国家も多い。おおむね，外交，

図表 8 - 8　国と地方の財政関係（令和 5 年度予算）

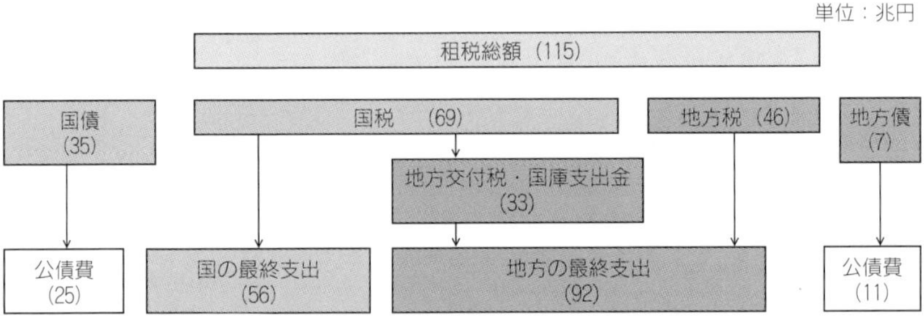

単位：兆円

租税総額（115）

国債 (35)	国税　(69)	地方税　(46)	地方債 (7)

地方交付税・国庫支出金
(33)

公債費 (25)	国の最終支出 (56)	地方の最終支出 (92)	公債費 (11)

（注）一般会計分。特別会計に直入される目的税等は含まない。
　　　国・地方とも「その他の収入」があるため，最終支出の合計は合わない。
出所：財務省「2023 年度予算」，総務省「2023 年度地方財政計画」より作成。

　防衛，通貨など国家として担うべき事務は中央政府が，それ以外の事務は地方政府が担っている。広域自治体が産業，経済施策を，基礎自治体が福祉や教育施策を担当している。

　中央政府であれ地方政府であれ，その運営は租税によって賄われるのが原則であり，多くの国で，個人所得税や法人所得税などは中央政府に，固定資産税などの財産課税が地方政府に配分されていることが多い。このような役割分担は，国によっても，歴史によっても異なる（大島・宮本・林（1989）参照）。

　日本は，多くの事務を地方政府が担っているものの中央政府に税源の多くが配分され，地方政府の取り扱う租税総額は中央政府より小さいという特徴がある（図表 8 - 8）。そのため，中央政府から地方政府への財政移転がかなりのウェートをしめている。国庫補助金等は「ヒモ付き」であり地方政府の裁量はあまり働かないために集権的であり，とはいえ，地方政府が独自に行政を行う自由があること，独自税源をもち，一般補助金としての地方交付税があることもあって，分散的でもある。このような日本の国・地方関係は，「**集権的分散システム**」（神野（1988））と特徴づけられている。

② 　地方分権と三位一体の改革

　ヨーロッパにおいて，EU 統合を契機にした国民国家の機能の再編が行われ

図表 8 - 9　三位一体改革

（注）矢印の向きは，地方自治体から見て縮減もしくは拡大を示す。
出所：筆者作成。

るなかで，地方分権が潮流となった。グローバル化のなかで一国だけの経済政策では機能しなくなった。同時に，少子高齢化，成熟社会のもと，住民に身近な対人サービスの量・質ともの拡充が求められることから，地方政府，わけても基礎自治体の機能が注目されるようになった。

　このような地方分権の潮流とは日本も無縁でいられず，1993 年の「地方分権に関する国会決議」以降，地方分権の議論と準備が始まった。その焦点は，機関委任事務の廃止，地方事務官[4]の廃止，地方行政体制の整備など多岐にわたるが，国庫補助金・負担金の改革は見送られた。「未完の分権改革」（西尾（1999））である。

　2001 年に総理大臣に就任した小泉純一郎は，「構造改革」をすすめる中で，国・地方の財源関係についても改革をすすめようとした。税源移譲，国庫補助負担金の廃止・縮減，地方交付税の見直しを三位一体で進める改革である（図表 8 - 9）。

　国庫補助負担金は，地方分権になじまず，また，事務が煩雑であることから，廃止・縮減する。地方分権で地方公共団体の処理する事務が多くなったの

---

4 ）健康保険を扱う社会保険事務所や職業安定所の事務は都道府県の事務であったが，実際にそれを行うのは国家公務員であり，それらの職員を地方事務官と称した。2000 年の分権改革において，事務そのものが国の事務とされ，地方事務官は廃止された。

162

で，それに見合う財源として税源移譲を行う。さらに，国・地方を通じて行政改革をすすめるために地方交付税も見直しをする。これら3つを一体的に進めるのである。2003年度から先行的に実施され，2006年度までに順次改革が行われた。

　税源移譲については，その規模は3兆円とされ，多くの国民から見ると所得税が減税され，その分が住民税の増税となった。具体的には，所得約200万円以下の国民について，所得税率10%を5%とし，都道府県民税2%市町村民税3%あわせて5%の住民税率を，都道府県民税4%市町村民税6%あわせて10%とした（2007年度から実施。三位一体改革の合意が行われた2004年度から2006年度までは，3兆円規模の「所得譲与税」が地方公共団体に配分された）。

　国庫補助負担金の改革については，4.7兆円の規模となり，「税源移譲につながる改革」3兆円とともに，「スリム化の改革[5]」（1兆円）としてそもそも補助負担金の仕組みそのものの廃止と，「交付金化の改革」（7,000億円。省庁内や省庁間の似たような補助金を統合する）も行われた。「税源移譲につながる改革」も，そのうち約2兆円は，義務教育費国庫負担制度の補助率の削減（小中学校の先生の給与にかかる負担金について，従来の補助率1/2を1/3とする）であり，地方公共団体の裁量はあまり働かないものであった。

　地方交付税は，景気の動向により地方税総額が変化すれば総額も変化するものだが，臨時財政対策債分を含め5.1兆円の削減となった。

　総じて，三位一体改革は，「未完の分権改革」を財源面で完成させるものではなく，地方公共団体の財源そのものを縮小させるものとなり，その後の平成の市町村合併へとつながった。

③　社会資本整備交付金などの新しい交付金
　地方分権の中で「交付金化の改革」も行われた。名前は「交付金」であるが，図表8−1の「交付金」ではなく，国庫補助金（さらに狭義）に分類される。

5）　2004年度地方財政計画において，初めて「スリム化の改革」が実施された。地方財政計画へ計上がなされず，結果として地方交付税総額が削減されたため地方公共団体の多くが，「地財ショック」に見舞われた。

図表 8 − 10　社会資本整備総合交付金の仕組み

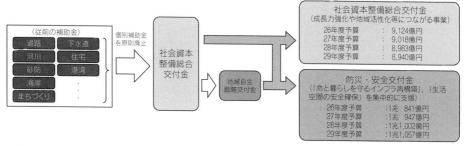

出所：国土交通省ホームページ「社会資本整備総合交付金の概要」。

　例えば，国土交通省は，省内の局ごとに交付してきた公共事業関係の補助金を一本化することとした。2003 年に社会資本整備重点計画法を立案し，道路，港湾等の個別整備計画を統合した社会資本重点整備計画を策定し，さらに，2010 年度から，個別の補助金も統合して**社会資本整備総合交付金**とした（図表 8 − 10 参照）。

　社会資本整備総合交付金の交付を受けようとする地方公共団体は，社会資本総合整備計画を策定し，国土交通大臣に提出するものとされている。地方分権なので，国土交通大臣の認定を受ける必要はない。社会資本総合整備計画の実施のため，毎年度，国から補助金が交付されるのである。

　従来の補助金であれば，公共施設の設計基準等に国が関与したり，申請した事業費が縮減できれば国庫補助金額が減少したが，社会資本整備総合交付金は，地方公共団体の策定した社会資本総合整備計画に掲載されている他の事業にも流用可能とされている。

　個別の公共施設整備に対する補助から，地方公共団体として実施する公共施設整備計画を進めるための全体事業費に対する補助となっており，地方公共団体にとっては自由度が高いとされている。

④　地方創生と交付金
　2012 年に組閣された安倍内閣（第 2 次）は，「アベノミクス」を掲げた経済

活性化策を構想した。**地方創生**（まち・ひと・しごと創生）もその１つである。

　地方における人口減少と東京一極集中を緩和するため，地方にしごとをつくること，地方から東京への人口移動の流れを止めること，結婚や子育ての支援をすること，人口減少しても暮らしを支えられる地域をつくることをめざすこととなった。

　そのため，人的支援として地方創生人材支援制度（国家公務員，大学等の研究者，民間人材を地方公共団体の幹部職員として任用する），情報支援として地方創生に資する情報源であるRESAS（http://resas.go.jp）等とともに，地方創生のための交付金の仕組みがもうけられた。個別の事業に対する補助ではなく，地方公共団体として計画を策定し，それを実施するための補助とされており，計画の中での流用はかなり自由である。

　まず，2014年度補正予算で地域消費喚起・生活支援交付金2,500億円と地方創生先行型交付金1,700億円が計上された。前者は，2015年度に地方公共団体の多くで実施されたプレミアム商品券事業の原資となった（北日本を中心に灯油配布や，生活困窮者対応施策を実施した地方公共団体もある）。後者は，1,400億円の基礎交付分と300億円の上乗せ交付金として交付された。（いずれも補助率10割）。その後2015年度の補正予算で，加速化交付金として1,000億円が計上された。補助率は5割となった。

　総合戦略には，KPI（重要事業指標）としてアウトカムベースの数値目標を定めることとされ，上乗せ交付金事業の認定にあたっては，KPI指標が重視された。以後，地方創生関連の交付金については，申請にあたってKPIを重視されることが続いている[6]。

　2015年度当初予算では，各省庁の補助事業とは別枠で，地方財政計画で1兆円のまち・ひと・しごと創生事業費が計上される。地方交付税の計算にあ

6）また，地方創生関連にあたっては，事業の自立性（稼ぐ力を重視し行政棟からの補助金に依存しない仕組みをつくる）官民協働性（当該事業は官民連携で行う），地域間連携（単独の地方公共団体のみの取組みではないこと），政策間連携（複数の政策を相互に関連づけること）の，全部もしくは2つ以上も，求められている。このように，事業ごとの効果や内容について，国からのコミットは残っている。

たって基準財政需要額として，地方創生推進のために「人口減少等特別対策事業費」という項目が新設され，都道府県においては 1,700 円（市町村は 3,400 円）の単位費用（測定単位：人口）が措置されている。さらに，人口の絶対数を加味した段階補正，人口や雇用の増減等を加味した態容補正がかかる（中島（2016）参照）。地方財政全体では，都道府県 2,000 億円，市町村 4,000 億円が，人口減少等への対策のために用意された。

　さらに 2016 年度からは**地方創生推進交付金**が法律補助として制度化された。地域再生法を改正し，総合戦略を実施するにあたって地域再生計画の策定（変更）を行い，地域再生計画に計上した事業に充当するものとして交付される仕組みである。補助率は 1/2 であり，人件費に充当できないこと，ハード事業は 1/2 以内であることなど，加速化交付金の条件と同じである。

　さらに，2016 年秋の補正予算で，**地方創生拠点整備交付金**も交付された。補助率は 1/2 であり，事業費上限の 8 割までハード事業を計上できることとされた。2016 年 12 月に交付決定され，順次，実施に移されている（推進交付金，拠点整備交付金とも 2023 年現在も続いている）。

　2019 年 12 月には 2 期目の地方創生総合戦略が国において策定され，2020 年度から各地方自治体では，2 期目の 5 年計画として地方版総合戦略が策定，運用されている。

　また，2021 年度の補正予算から，デジタル田園都市国家構想推進交付金も創設された。これは，デジタル技術の活用により，地域の個性を生かしながら，地方を活性化し，持続可能な経済社会を目指す「デジタル田園都市国家構想」を推進するために，サテライトオフィス等を整備するとともに，地方への移住の流れを太くするための交付金である。自治体が計画をつくりそのための事業費を補助するもので（補助率 75% 以内），2021 年度，2022 年度の補正予算でともに 200 億円が予算化されている。

　さらに，折からの新型コロナウイルス感染症対応を目的とした，「新型コロナウイルス感染症対応地方創生臨時交付金」が 2020 年度の補正予算から創設された（図表 8 - 11 参照）。自治体では地方版総合戦略とは別に臨時交付金を使う事業計画を策定すれば，その事業費の 10 割が交付される。数千億円程度で

図表 8 – 11　新型コロナ感染症対応地方創生臨時交付金の推移（予算ベース）

2020 年度第 1 次補正予算（4 月 30 日成立）	1 兆円
2020 年度第 2 次補正予算（6 月 12 日成立）	2 兆円
予備費による措置　2020 年 12 月 25 日閣議決定	2,169 億円
予備費による措置　2021 年 1 月 15 日閣議決定	7,418 億円
2020 年度第 3 次補正予算（2021 年 1 月 28 日成立）	1 兆 5,000 億円
予備費による措置　2021 年 2 月 9 日閣議決定	8,802 億円
予備費による措置　2021 年 3 月 23 日閣議決定	1 兆 5,403 億円
2021 年度補正予算（12 月 20 日成立）	6 兆 7,969 億円
予備費による措置　2021 年 4 月 30 日閣議決定	5,000 億円
予備費による措置　2022 年 4 月 28 日閣議決定	8,000 億円
予備費による措置　2022 年 9 月 20 日閣議決定	4,000 億円
2022 年度第 2 次補正予算（12 月 2 日成立）	7,500 億円
合　　計	17 兆 1,260 億円

（注）当初予算で計上されないのは，予算の繰越が認められており，交付を
　　受けた自治体では翌年度に支出するからである。
出所：内閣府ホームページ（https://www.chisou.go.jp/tiiki/rinjikoufukin/
　　index.html）から作成。

あった従来の地方創生のための各種交付金と比べ金額が巨額になっている。使
途としては，入院病床の確保やワクチン接種事業も含まれるが，多くの市町村
では，住民の生活困窮対策と地域経済活性化を目的に「商品券」の発行や独自
の旅行支援などに使われている。

　このように，事業ごとへのコミットも残っているとはいえ，地方公共団体が策
定した地方版総合戦略の必要事業費について国が補助する仕組みとなっている。

　「交付金化の改革」，地方創生における交付金の仕組みを見てきたが，地方分
権にふさわしく，地方公共団体にとって国庫補助金・交付金の自由度を高める
方向の改革が進んでいると評価できる。

（2）都道府県支出金

これまでは，国から地方公共団体への財源移転である国庫支出金について見てきた。同様に，都道府県から区市町村への財政移転もあり，**都道府県支出金**という。

都道府県支出金は近年では2兆円を超える規模となっているものの，特定補助金であることが多く，特定補助金については国庫補助金や地方債が比重として大きいこともあって，これまで，理論的にも定量的にもあまり分析されてこなかった。

金澤（1994）では，1980年代以降の都道府県支出金の特徴は，国庫支出金の削減を財源保障の面から相対的に下支えする役割を果たしつつあることとともに，対地方税比率の水準が大都市圏では低く，地方圏では高くなっており，財政調整的機能を担っていることが指摘されている。その後の傾向を分析した中島（2012）によれば，都道府県支出の動向は公共事業費の増減によること，都道府県支出金が充当される事業が普通建設事業費から民生費へとシフトしていることから大都市への配分の比重が大きくなっており財源調整機能が弱まっている。

都道府県支出金の研究は緒についたばかりであり，構成比，使途，効果の検討が求められている。

まとめ

◎国庫補助金等は，国庫負担金，国庫委託金と狭義の国庫補助金の3つに大きくは分けられる。また，狭義の国庫補助金の中には，電源立地交付金など〇〇交付金と呼ばれる仕組みがあったが，最近では従来の補助金を一本化し，自治体の策定した計画を実施するための社会資本整備交付金，地方創生推進交付金などの交付金も登場している。

◎日本の場合，国から地方自治体への補助金の仕組みは明治期から始まったが，その割合は大きくなかった。大正期以降，地方自治体の仕事が多くなるにしたがってその割合は大きくなった。戦後も，教育や福祉，公共事業の補助金が増えた。2000年代以降，公共事業の比重が下がり，扶助費（福祉）が増加している。

◎国庫補助金は，地方自治体の実施する事業やサービスが，その区域をこえて便益をもたらす外部性（スピルオーバー効果）があるので必要である。しかし，その制度

168

の多くは，国からの監督があるほか特定財源（特定の使途以外には使えない）であり，地方分権の観点から問題があるとされていた。近年，社会資本整備交付金や地方創生推進交付金など，地方自治体の自由度を高める交付金の制度も始まった。

今井勝人（1993），『現代日本の政府間財政関係』東京大学出版会。

大島通義・宮本憲一・林健久編（1989），『政府間財政関係論』有斐閣。

金澤史男（1994），「補助金の再編と政府間財政関係」『会計検査研究』10号，11-30頁。

金澤史男（2010），『近代日本地方財政研究史』日本経済評論社。

神野直彦（1998），『システム改革の政治経済学』岩波書店。

中島正博（2012），「都道府県支出金の構造変化に関する一考察」中央大学経済研究所『経済研究所年報』43号，45-67頁。

中島正博（2016），「地方創生のための地方交付税による財源保障」『経済学論纂』56巻3・4号，159-175頁。

西尾勝（1999），『未完の分権改革』岩波書店。

広瀬道貞（1981），『補助金と政権党』朝日新聞社。

三輪良一・原朗編（2010），『近現代日本経済史要覧』東京大学出版会。

Stiglitz, J. E. (2000), *Economics of the Public Sector*, W. W. Norton & Company Inc.（J・E・スティグリッツ著　藪下史郎訳（2004），『スティグリッツ　公共経済学（第2版）下』東洋経済新報社。

コラム　**超過負担**

「超過負担」については，図のような仕組みで発生するとされる。1つは「単価差」で，実際のモノの値段と国の基準が異なるケースである。2つは「数量差」で，たとえば建物では，実際に建てた面積と国の面積基準等が異なるケースである。3つ目が「対象差」で，国庫補助（負担）の対象とならないもので，摂津訴訟では，保育所の門や塀の工事費が対象にならなかった。

超過負担のしくみ

本文で取り上げた「超過負担」が有名になったのは，摂津訴訟という裁判があったからである。1973年に摂津市役所が国を相手に裁判をしたのである。地方公共団体が国を訴えること自体が，センセーショナルなものであった。

摂津市の訴えは，保育所4園の建設（総額約9,283万円）にあたり，国からの負担金は250万円しかなく，当時の負担基準は1/2であったから，実額の1/2との差額約4,400万円を国に請求するというものであった。裁判は，補助金支給の手続きが論点となり，摂津市からの負担金の申請そのものが250万円しかなく，交付決定も250万円なので「差額」は存在しないということから，1審，2審とも摂津市の敗訴となった。とはいえ，補助基準があまりにも低すぎることから，地方六団体での調査も行われ，補助単価等について改善がはかられた。

今日では，国と地方公共団体は対等の関係にあるとされ，「国地方係争処理委員会」での審査手続きが設けられている（委員会の結論に不満があれば裁判に訴えることもできる）。

第9章　地　方　債

この章でわかること

◎地方債と国債の共通点と違いは何か。

◎地方債制度と地方財政健全化制度はどのようにして一体的に運営されているのか。

◎地方債の元利償還金には国からどのような財源補塡があり，どのような経済効果があるのか。

第1節　地方債と国債の共通点と差異

（1）地方債の役割と発行根拠

①　地方債の役割

　予算原則について解説した第3章第1節（3）で述べたとおり，地方公共団体の予算は，会計年度毎に編成し，ある年度の歳出は当該年度の歳入で賄われ，一会計年度内に歳入と歳出が完結するという**単年度主義**に従わなければならない。しかし，歳出の結果として生み出される便益には複数年度，場合によっては複数世代に及ぶものもあり，長期にわたる時間視野を持って，歳出に対する財源の確保を考えなければならない側面がある。つまり，予算の単年度主義に従いつつも，異時点間の歳入と歳出の最適化をはかる必要があり，その手段として用いられるのが，**地方債の発行と償還**である。

　金融機関からの**一時借入金**もしばしば利用されるが，あくまで同一会計年度における歳入と歳出のタイミングのずれを調整することを目的とするものであって，年度を通じた歳出に対して歳入が不足することを補う目的での利用や年度をまたがっての利用は許されない。制度上，1年を超える期間を対象にし

た債務取り入れに際して，地方公共団体が唯一利用することができる手段が地方債である。

　学校施設や上下水道，道路，橋梁など地域社会資本の整備には巨額の資金を要するが，ひとたび敷設されれば，これらから発生するサービスは数十年に及ぶものであるから，耐用年数内で分散して費用負担を行うことが望ましい。それを容易に実現するのが地方債である。発行によって社会資本整備に必要な資金を一括して調達できる一方，満期までの期間内に時間をかけて償還を行うことで費用負担を平準化できるからである。

② 地方債の根拠法

　歳入の一項目として，地方債を起こすことができることは，**地方自治法**に記されているが，財政運営や予算編成に際しての地方債に関する具体的なルールを定めているのは，**地方財政法**である。同法は，第5条において，地方債以外の歳入を以て，歳出の財源としなければならないという予算編成の原則を定めたうえで，「但し書き」の規定によって，建設事業のための財源とする場合（**建設地方債**），地方公営企業の経費とする場合（**公営企業債**），借り換えのための財源とする場合（**借換債**）の地方債発行を認めている。

　さらに，これらの地方債以外にも，特例的に発行を認める事由が地方財政法第33条から第33条の6の3までの条文や他の特別法によって定められており，それらは**特例地方債**，あるいは**赤字地方債**と呼ばれている。特別な事由に該当する場合に限って，赤字地方債の発行も認められるものの，一般会計から発行できるのは，基本的には，建設地方債である。

（2）国債と地方債

① 財政法における国債と地方財政法における地方債の位置づけ

　地方財政法第5条における地方債に関するルールは，財政法第4条が国債以外の歳入によって予算編成するという原則を定めつつ，但し書きの規定で**建設国債**の発行を認めていることに，きわめて類似している。しかし，地方財政法のルールと財政法のルールには，大きな相違点もある。

　まず，**特例国債**，いわゆる**赤字国債**の発行根拠は財政法上には存在しない。財政法で認められていない赤字国債が発行され続けているのは，毎年度，新たな1年間に限って赤字国債発行を可能にする特例法が国家予算と一体のものとして制定・公布されることが繰り返し行われているからである。

　また，過去に発行された国債のうち満期を迎える国債の償還費を賄う目的で100兆円以上の借換債が毎年発行されているが，借換債の発行根拠も財政法上には存在しない。借換国債は，国債整理基金に関するルールを定めた特別会計に関する法律によって発行根拠を与えられており，**一般会計**から発行される建設国債や赤字国債とは別に，**国債整理基金特別会計**から発行されている。

　このように，特例債や借換債を容認している地方財政法の地方債に関するルールよりも，それらを認めていない財政法の国債に関するルールの方が厳しいものである。地方交付税や国庫支出金など国からの財政移転によって支えられる地方財政とは異なり，政府間財政移転による歳入が多くは期待できない国家財政にあっては，安易に公債発行に依存することのないように基本ルール自体が厳格なものに定められているものと理解される。

② 　累増を続ける国債残高と減少に転じた地方債残高

　実際，戦後の国の予算編成における最初の20年間は，**国債不発行主義**が貫かれ，初めて国債が発行されたのは1964年度の補正予算においてである。地方においては，地方税収に恵まれずに，国からの地方交付税や国庫支出金を合わせても，公共事業の経費を賄うことができない地方公共団体が多く存在するという事情があって，必ず地方債が発行されてきたことは，1964年度まで国債が発行されなかったこと.とは好対照であった。

　しかし，戦後初の国債発行から7年後の1971年度末には国債残高が地方債残高を上回り，さらには，オイルショック後の低成長経済下で国債の大量発行時代が幕明けして以来，今日に至るまで，1980年代半ばから1990年代半ばまでの期間を除き，国債残高の地方債残高に対する倍率は上昇を続けている（図表9－1参照）。

　このうちの赤字国債は，1991〜93年度を例外として，恒常的に発行されて

図表 9 - 1 　国債残高と地方債残高の推移

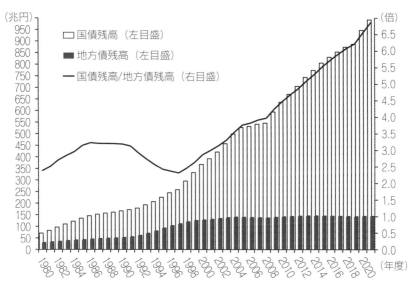

（注）国債は普通国債，地方債は普通会計債。
出所：財務省「国債統計年報」，総務省「地方財政統計年報」等に基づいて作成。

おり，2021 年度末における普通国債残高 991 兆 4,111 億円の 71.0％ を赤字国債が占めている。高齢化の進行に伴う社会保障関係費の増加を抑止できなかった一方で，大幅な税収増をもたらす抜本的な税制改革が実施されず，結果的に，歳入不足を赤字国債発行で賄うことを続けてきたからである。

　これに対して，地方債の残高は，140 兆円台に達した 2004 年度以降はほぼ横ばい圏での推移ながら，2014 年度にピークを迎えた。それ以後は年々微減を続け，2021 年度末の残高は 144 兆 5,810 億円にとどまっている。バブルの崩壊に伴って景気低迷が長期化した 1990 年代は，国民経済計算（SNA）ベースの財政収支[1]は地方においても高水準の赤字が続いたが，その後は公共事業の大幅縮減に伴って収支が徐々に改善し，利子の受取と支払を除外した**プライマリー・バランス（基礎的財政収支）**で見ると，2004 年度以降は黒字を維持して

1）「国民経済計算統計」においては，「地方政府」の「純貸出（+）／純借入（-）」が「地方全体の財政収支」に相当するものとして広く使われている。

いる。地方債残高が横ばい圏で推移しているのは，地方全体の財政収支がほぼ均衡に近い状態を続けていることを反映したものである。

2021年度決算ベースでの**公債依存度**（歳出総額に対する公債発行額の割合）を比較した場合も，国（一般会計）が39.9％であるのに対して，地方（普通会計）は9.5％にとどまっている[2]。

③　赤字国債と赤字地方債の違い

　法令に定められた制度の現実的な運用においても，国債と地方債とでは著しく異なる面がある。例えば，赤字国債の発行根拠は財政法には存在しないにもかかわらず，予算と一体のものとして特例法を制定すれば，事実上，任意の歳出額を賄ううえで不足する額を赤字国債の発行で補うことが可能であり，そうした方法に50年以上も依存してきた。

　一方，赤字地方債の発行根拠は地方財政法に存在するが，その発行事由はきわめて限定されている（図表9-2参照）。少なくとも，個別地方公共団体が任意の歳出額を賄うという目的で赤字地方債を発行することは可能ではない。赤字地方債は，地方交付税財源の不足など国の財政状況に起因するものと，きわめて特殊な状況が生じた地方公共団体の個別の事由によるものに大別することができる。いずれも，発行可能額の上限が外形的な基準によって決定されていることは共通している。

　これまで，現実に発行された赤字地方債のうち，特に金額の大きいものとしては，**臨時財政対策債**，**減収補塡債**，**減税補塡債**があるが，国に十分な税収があれば，地方交付税や地方特例交付金の増額，現金による地方交付税精算がなされることで，発行されずに済んだものとも言える。これらの赤字地方債をどれだけ発行するかは，当該地方公共団体の財政運営の姿勢や財政規律とは，基本的には，無関係である。

　個別地方公共団体の過去の特殊事情で発行された代表的な赤字地方債としては，**退職手当債**や**第三セクター等改革推進債**があるが，発行許可を与えられる

2）2020年度以降は，地方におけるコロナ対策事業の財源の大半が国からの交付金によって賄われたことも，国の公債依存度押し上げ要因として働いている。

図表 9 - 2 主要な赤字地方債の種類と発行目的

地方財政法上の根拠条文	呼 称	発行目的と発行（可能）額の算定方法
第 33 条, 第 33 条の 2, 第 33 条の 3, 第 33 条の 5	減税補塡債	国税の政策的な減税に伴って生ずる，同じ課税ベースを持つ地方税の税収減を補うため，当該（具体的な対象は，個人住民税）減少額を基準額として，1994～96 年度と 98～2007 年度に発行された。
第 33 条の 4	臨時税収補塡債	地方消費税が導入された 1997 年度は平年ベースの税収が得られないことへの対処として，差額相当額を 1 年限りで確保するために発行された。
第 33 条の 5 の 2	臨時財政対策債	地方公共団体全体で必要とする地方交付税額と国税 5 税に基づく地方交付税財源との差額を賄うための主要財源。臨時財政対策債の総額は，総務省と財務省の間で協議される地方財政対策の中で決定される。個別地方公共団体に対しては，基準財政需要額の一部を振替える形で発行可能額を算定する。2001 年度以降発行が続けられている。
第 33 条の 5 の 3, 第 33 条の 5 の 4, 第 33 条の 5 の 9, 第 33 条の 5 の 10, 第 33 条の 5 の 13	減収補塡債	地方交付税算定時の地方税収見込額と実績見込額の乖離によって，地方交付税が過少算定となった場合の精算手段として，税収差額を発行額とする。第 5 条に定める事業費に充当する以外に，特例分は一般財源へ充当することができる。最初の発行は 1975 年度。
第 33 条の 5 の 5	退職手当債	退職手当支給に伴うキャッシュフロー変動を平準化することが目的。平常の退職手当財源は地方財政計画上で確保されているため，平年度ベースの水準を上回る部分を上限として発行許可する。算定の仕組み上，現実に退職者が出なくても，発行できるため，実質的には一般財源に充当できる。
第 33 条の 5 の 7	第三セクター等改革推進債	地方公社・第三セクター法人の清算・解散に当面必要となる資金を調達することで，清算・解散を進めることが目的。2009～13 年度限定（経過措置として 2016 年度まで延長）で発行許可された。行財政改革を通じて償還財源を創出する返済計画の策定が必要となる。

（注）地方財政法によって発行根拠を与えられている特例地方債のうち，資金使途が建設事業に限定されないもの。
出所：筆者作成。

のは，償還期間内に行財政改革を通じて償還財源を創出し，費用負担を平準化することができると期待されるケースに限られている。

④　国債と地方債の発行形式と償還方法の違い

　国債は，公募入札に従って市中消化されるという意味で，原則的に，そのすべてが市場公募債である。これに対して，**市場公募地方債**を発行する地方公共団体は 2022 年度時点で 40 の都道府県と 20 の政令市を合わせた 60 団体に限られており，残りの 1,728 の地方公共団体は市場公募地方債を発行していない。この市場公募地方債以外では，銀行や保険会社などの民間金融機関との合意が行われた場合に限って地方債証券が発行される。公的資金による引受や通常の民間金融機関引受の場合には，地方公共団体が資金の供与を受けること，その返済を行うことについて約定した借用証書を引受機関に提出する形をとり，慣習的に貸付・借入と呼ばれることもある。地方債証券を発行するケースは**証券方式**，証書に拠るケースは**証書方式**と呼ばれるが，いずれも地方債として取り扱われることに変わりはない。

　また，元利金については，国債では，年 2 回利子が支払われ，満期到来時に元金が支払われる。このような**満期一括償還方式**が採用されることは地方債では稀であり，市場公募地方債と証券方式の地方債に限られている。多くの場合，住宅ローンを利用した個人が一定期間内で元金均等返済か元利均等返済を行うのと同様に，償還年限内の各年において**元金均等償還**や**元利均等償還**を行う**定時償還方式**が採用されている。また，地方債発行後に定時償還を開始するまでに，通常は 3 年間程度の**据置期間**が設定される。

　満期一括償還方式では，起債から満期直前まで発行額と同額の残高が維持されるのに対して，元金均等償還に基づく定時償還方式では，据置期間が明けた後は残高が毎年一定額減っていき，最後にゼロとなる。満期が到来するまでの期間における平均残高は，満期一括償還方式では発行額と同額，元金均等償還による定時償還方式では発行額の 1/2 となることから明らかなように，残高を考慮した実効的な償還年数は，定時償還方式の方が満期一括償還方式よりも短い。これに対応して，金利も通常は低くなるため，発行体からは定時償還方式

が好まれることが多い。

　他方，資金を供給する民間金融機関は，流通性のある証券方式・満期一括償還方式を選好する傾向が強く，1992年度以降に発行される市場公募債は満期一括償還方式に拠ることが合意された。その後，償還年限や償還方法の多様化を求める発行体の要請に応える形で，2014年度に定時償還方式が再導入されたものの，一部にとどまっており，既存の市場公募地方債のほとんどが満期一括償還方式に拠るものである。市場公募地方債以外では，民間金融機関によって引き受けられた証券方式の地方債の一部が満期一括償還方式に従っている。

　借換債の発行による資金調達が容易に行える場合や，歳入と歳出の変動を吸収できるだけの財政規模を持っている場合を除けば，満期一括償還方式では，満期到来時に大きな資金流出をもたらし，地方公共団体の予算編成を大きく制約する可能性がある。それも考慮に入れられて，**市場公募地方債発行団体**は都道府県の一部と政令市に限定されている。

　また，満期一括償還方式の地方債に関しても，償還資金を**減債基金**へと事前積立をすることが制度的に誘導されている。すべての地方公共団体は，財政運営の健全度を測る**健全化判断比率**の算定と公表が義務づけられているが，4指標の中の1つである**実質公債費比率**の算定に際しては，10年債の2回借換，もしくは30年債を前提に，当初発行額の1/30ずつを毎年積立てていくことが標準ルールとして採用されている。この積立ペースを下回った場合は，実質公債費比率への加算が行われるため，満期一括償還債を発行した地方公共団体の多くが減債基金への積立を励行している。普通会計決算においても，満期一括償還債の基金積立額は償還が行われたものとして，公債費に計上するルールが採用されている（コラム参照）。

　このように，定時償還方式によって償還される地方債が多数を占めていること，また，満期一括償還方式の場合も減債基金へ償還資金が積み立てられていることが，地方債の着実な償還を支え，健全な財政の維持に寄与している。

⑤　国債と地方債の利回り格差
　一般的には，国債は投資家にとって最も安全性の高い資産である。その国債

178

に次いで安全性が高いとみなされているのが地方債であり，債券の中での安全性の高さに序列をつけるならば，国債，地方債，公的企業の社債，民間企業の社債という順番になり，利回り（金利）の高さはその逆の順番となる。第2次世界大戦後の日本においては，持続不能な財政状態にあるという意味での実質的な破綻が2006年6月に発覚した夕張市を含めて，デフォルト（債務不履行）を起こした地方公共団体は皆無である[3]。それでも，潜在的には多様な歳入増加の手段を持つ国と国からの財政移転を必要とする地方公共団体は，投資家からは同等の存在とは見なされておらず，地方債には国債より若干高い利回りが要求される。

地方債における国債との利回り格差は，その地方債がどの地方公共団体によって発行されたのかという発行体毎の違いがあり，発行体毎に異なる国債との利回り格差は時期によって拡大したり，縮小したりする。地方債の国債との利回り格差は，これまでの実証研究[4]によって，発行体の財政状況などに由来する要因とリスク許容度など投資家に由来する要因で説明できることが明らかにされている。図表9－3に示すとおり，財政状況が良好な東京都の市場公募地方債の流通利回りの方が，財政状況が必ずしも良好とは言えない北海道や大阪府の市場公募地方債よりも低い状態が続いている。一方，サブプライム・ローン問題が深刻化した時期やリーマン・ショックが世界中の金融市場に波及した時期は，地方債への投資家である金融機関のリスク許容度が低下したことで，どの発行体の地方債も国債との利回り格差は拡大した。

また，夕張市が不正経理によって巨額の赤字を隠蔽していたことが発覚したときは，同様のことを他の地方公共団体も行っている可能性があるのではないかという疑念が地方債市場で拡がった。そして，東京都や大阪府など夕張市とは直接関係のない地方公共団体が発行した地方債に関しても，国債との流通利

3）戦前も含めれば，1925年（大正14年）4月1日に起きた留萌町債のデフォルトが1例ある。詳しくは赤井・石川（2019）の第4章を参照されたい。
4）代表的な実証研究に，田中（2013）第6章「地方債をめぐる自治体間信用連関」や持田・林編（2018）第5章「地方債の信用リスクとスピルオーバー（石田三成・中里透）」などがある。

図表9－3　市場公募地方債の国債との流通利回り格差

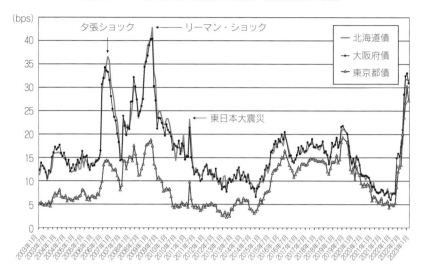

(注)　① 1 bps（ベーシスポイント）は 0.01％。

　　　②各月末における 10 年物の国債，東京都債，大阪府債，北海道債のうち発行日
　　　　からの経過日数が最も短い銘柄の流通利回りデータを使用。国債の利回りが
　　　　－0.2％ を下回った 2016 年 6, 7 月，19 年 8, 9 月は除外した。

出所：日本証券業協会「公社債店頭売買参考統計値」に基づいて作成。

回り格差は急拡大した。直ちに総務省が全地方公共団体を対象に一時借入金の
利用実態についての緊急調査を実施し，他団体では赤字隠しが行われていない
ことが確認されたが，利回り格差が発覚前の水準に戻るまでには 1 年近くを要
した。

　この現象は俗に「夕張ショック」と呼ばれ，1 つの地方公共団体のみであっ
ても信頼を損なう財政運営をすれば，その影響は地方債市場全体に及ぶことを
示す事例となり，すべての地方公共団体における財政の健全度を確保すること
と地方債市場全体の信用を維持することの重要性が改めて認識された。そのた
めの仕組みは 2017 年 6 月に公布された**「地方公共団体の財政の健全化に関す
る法律（地方公共団体財政健全化法）」**に盛り込まれることとなった。

（3）地方債の引受資金と地方債計画

① 地方財政計画と地方債計画

　個別地方公共団体の地方債発行額は当該団体の予算の一部として地方議会で議決されるが，地方全体の予算に相当するものとして，**地方財政計画**が毎年，内閣によって策定され，国会への提出と一般公表がなされている。地方財政計画の具体的な内容は，地方全体の歳入と歳出の見込額を示したものであるが，国の**一般会計**予算や**交付税及び譲与税配付金特別会計**予算，**財政投融資計画**との整合性を確保したうえで，国が望むレベルで地方行政を遂行する際の歳出を賄う歳入が不足することのないように財源保障が行われている。

　地方債の元利償還金についても，地方税から充当する分のほか，地方交付税への算入を通じて国が実質的に補填する分を含めて，不足が生じないように財源が確保されている。

　一方，地方債発行額には，公共事業の資金を調達するための建設地方債や地方交付税の代替財源としての臨時財政対策債などが反映されている。この地方財政計画における地方債発行額の裏づけを与えるのが**地方債計画**であり，財政投融資計画における地方債投資予定額が財政融資資金引受分として反映されるほか，各種の引受資金の割当を伴う形で発行総額の見積もりが行われている。言い換えると，地方債計画は，地方債の引受資金を保障する役割を担っている。

　また，地方債を財源とする事業や償還年限など同意・許可に際しての考え方や，手続き，スケジュールを示した**地方債同意等基準**が総務省によって毎年度告示されており，量的基準を示す地方債計画と質的基準を示す地方債同意等基準とが一体とのものとして，地方債発行の指針となっている。

② 地方債の引受資金

　地方債の引受資金は，公的資金と民間等資金に大別される。主たる公的資金には，**財政融資資金**，**地方公共団体金融機構資金**があり，主たる民間等資金には，**市場公募資金**と**銀行等引受資金**がある。図表9－4に示すとおり，2021年度末においては，銀行等引受資金と市場公募資金がそれぞれ地方債残高の35.1％と32.8％を占めている。

図表 9 － 4　　地方債残高の引受資金別内訳（2021年度末）

引受資金の種類	都道府県		市町村		合　計	
	兆円	（%）	兆円	（%）	兆円	（%）
公的資金	14.9	（17.0）	29.3	（51.6）	44.2	（30.6）
財政融資資金	9.5	（10.8）	20.1	（35.3）	29.5	（20.4）
旧郵政公社資金	0.4	（0.4）	0.7	（1.3）	1.1	（0.8）
地方公共団体金融機構資金	4.3	（4.9）	8.4	（14.8）	12.6	（8.7）
国の予算貸付等	0.8	（0.9）	0.2	（0.3）	1.0	（0.7）
民間等資金	72.9	（83.0）	27.5	（48.4）	100.3	（69.4）
銀行等引受債	35.2	（40.1）	15.6	（27.4）	50.7	（35.1）
市場公募債	37.2	（42.4）	10.2	（17.9）	47.4	（32.8）
その他	0.5	（0.5）	1.7	（3.1）	2.2	（1.5）
合　計	87.8	（100.0）	56.8	（100.0）	144.6	（100.0）

（注）普通会計債
出所：総務省「地方財政状況調査」に基づいて作成。

　銀行等引受地方債は，市中銀行のほか，保険会社や他の金融機関によって引き受けられた地方債であり，俗に**縁故債**とも呼ばれる。引受機関決定に当たっては，公募入札が行われることもあるが，非公募で指定金融機関などとの相対取引によって発行条件が決まることが多く，**私募債**としての性格が色濃い。地方公共団体と地元金融機関との密な関係を反映して，2001年度に**財政投融資改革**が実施される前の時期も，それ以降も，安定して30%超の割合を占めてきた。

　また，市場公募地方債は，財政投融資改革以前の構成比は10%に満たなかったが，その後の毎年度の新規地方債発行において，財投資金（財政融資資金）による引受の減少と裏腹の関係として，市場公募地方債への傾斜が始まり，残高ベースで銀行等引受資金と肩を並べるほどに至っている。中心は，個別の地方公共団体が単独で発行する**全国型市場公募地方債**（個別債）であり，これを発行する地方公共団体をいわゆる**市場公募地方債発行団体**と呼ぶ。2003年度以降

は，発行コストの軽減と安定的な調達を実現する観点から，市場公募地方債発行団体による共同発行と連帯債務という特徴を持つ**共同発行市場公募地方債（共同債）**が発行されている。

　ただし，市場公募地方債発行団体も市場公募地方債のみを発行している訳ではない。2021年度末時点で自らの地方債残高に占める市場公募地方債の割合が50％以上であったのは，東京都のほか総計27団体に過ぎない。引受資金として見た市場公募資金の特徴は，ごく少数の地方公共団体に巨額の発行額・残高が集中することにある。なお，市場公募地方債発行団体以外の地方公共団体も含めて，地方債の個人消化と資金調達方法の多様化を図る観点から，地域住民に向けた償還年限5年を標準とする**住民参加型市場公募地方債**の発行が2002年度から始まったが，発行総額，総残高はきわめて小さい。

　銀行等引受資金，市場公募資金に次いで，構成比が高い資金が財政融資資金である。かつては，地方債残高の35％前後を占めていたが，財政投融資改革によって引受割合が低下し，2021年度末時点で20.4％にとどまっている。財政投融資は，政府の信用・制度によって調達した有償の資金を，政策目的に従って，公的金融機関や特殊法人に供給する政府の投融資活動であり，地方債の引受も財政投融資の対象に位置づけられている。

　改革前の財政投融資制度は，郵便貯金や公的年金積立金から旧大蔵省**資金運用部**に預託された資金が，自動的に財投機関に貸付・供与される側面が強かったが，2001年度の抜本改革によって，必要な資金だけを市場から調達する仕組みに改められ，国が**財政投融資特別会計**から発行する**財投債**が財政投融資の中心的な原資となっている。年度毎に策定される財政投融資計画は，1990年代末には一般会計予算の7割に相当する規模を持つほどであったが，改革後は規模が縮小され，新たな地方債引受金額もそれに伴って縮小してきた。

　それでも，財政規模の小さい地方公共団体，特に地方部の市町村には，財政融資資金が優先的に割り当てられる傾向があり，財政融資資金引受分だけで残高の50％以上を占める地方公共団体は2021年度末で1,013市町村に及んでいる。このように，個別地方公共団体の地方債発行を通じた資金調達において，財政融資資金は依然重要な役割を果たしている。

　また，地方公共団体金融機構資金は，地方公共団体に対する資金供給を目的とする公的金融機関である地方公共団体金融機構による引受を指す。前身の公営企業金融公庫との重要な違いは，公営企業債だけでなく，一般会計債も引受できる点にあり，2021年度末における普通会計債の残高に占める割合は8.7%である。

　地方債発行自体は，地方公共団体の自由な選択の結果として行われるが，上で述べたように，引受資金の確保と割当を行う地方債計画による支えによって実現したものでもある。

第2節　地方債協議・許可制度と地方財政健全化制度

（1）起債管理の必要性と地方債協議・許可制度

①　起債管理の必要性

　建設事業のうちの共同事業（補助事業）における国庫支出金以外の部分や地方単独事業に対しては，建設地方債が**特定財源**として充当される。その充当可能な割合の上限は，**起債充当率**として定められている。地方債発行は本質的な財源の充当を償還時点まで繰り延べる行為であり，任意に使える**一般財源**，特に地方交付税の算定過程で**基準財政収入額**への算入対象から除外される地方税，すなわち**留保財源**部分が償還財源として重要な意味を持つ。地方債の元利償還金の一部は**基準財政需要額**に算入されることで交付税措置される一方，交付税措置されない分については，特定財源と留保財源で賄わなければならない。留保財源分以外の地方税と地方交付税には対応する基準財政需要額，対応する歳出が存在するから，交付税措置対象外の元利償還金の財源となり得るのは，特定財源を充当した後は，留保財源以外には存在しないからである。

　万一，留保財源に対応する償還能力を超えて地方債を発行した場合は，償還が始まったときに歳入不足が顕在化する。将来，歳入額の範囲では歳出額を賄えないという事態を招かないためには，地方債発行額を適正規模にとどめることが不可欠である。償還能力は地方公共団体毎に異なるから，地方債発行の適正規模は地方公共団体によって異なり，起債管理も地方公共団体毎に行うこと

が必要となる。

　起債制限や起債管理は，地方債全体の信認を市場において維持する観点から
も要請される。平時における金融機関・投資家は，きわめて厚い信頼を地方債
に置いているが，その裏返しとして，1団体でも信頼を損なう行動をとった場
合は信認の低下が地方債市場全体に及ぶ可能性があるからである。前述の「夕
張ショック」はその典型例である。

　そして，後年度の償還が無理なく行われる水準に発行額をとどめるという意
味での起債制限・起債管理と，健全な財政の維持とは不可分のものである。

②　地方債許可制度から地方債協議制度への移行

　2005年度までの地方債制度は，原則的に発行が禁じられ，条件を満たす場
合のみ許されるという**許可制**の下にあった。しかし，2006年度の制度改正に
よって，条件を満たす場合には，原則的に発行は自由であるという枠組みへと
全面的に転換された。事前協議において，国の同意が得られれば，元利償還金
に対する財源保障を伴う形で自由な発行が可能な**協議制**への移行である。2012
年度には，さらに発行体の自主性を尊重する方向で改正がなされ，民間資金引
受の場合で健全化判断比率に関する要件を満たせば，事前届出のみで協議は不
要という**届出制**が一部導入された。さらに，2016年度には健全化判断比率の
うちの実質公債費比率に関する協議不要基準の緩和によって，届出対象団体を
拡大する改正がなされている。

　発行体としての地方公共団体の自主性と自己規律をより尊重する方向へと制
度は変化してきたが，許可制，協議制，届出制のいずれにおいても，満たすべ
き条件が良好な財政状況を意味することは変わっていない。2006年度以降
も，その条件が満たされなければ，地方債発行に際しては許可が必要とされ
る。また，事前協議で国の同意が得られない場合については，発行自体は可能
であるものの，財源保障の枠外となる。財源が保障されない**不同意債**を発行す
るメリットは乏しく，発行例もこれまでのところは存在しない。

　このように，財源保障を伴う形での国の関与については，協議制への移行後
も維持される一方，後述のとおり，個別地方公共団体における財政状況の違い

に応じた起債管理がきめ細かくなり，地方債全体の信用維持のための仕組みが強化されている。

（2）　地方債協議制度と地方財政健全化制度の一体化

①　地方債のデフォルト回避の仕組み

　戦後の歴史においては，「約定通りに地方債の元利金が支払われずに，債務減免が行われる」というような地方債のデフォルトは一例も存在しない。また，財政危機に陥った地方公共団体が法的に破綻するという意味での財政破綻を定義した破綻法制は存在せず，実際に，財政状況の悪化によって，地方公共団体が行政機能を停止した事例も存在しない。

　しかし，持続不能な財政状況に陥って，国の管理を受けながら財政再建に取り組んだ地方公共団体は過去には存在する。近年の事例としては，2006年度に旧再建法（地方財政再建促進特別措置法）の下での最後の財政再建団体となり，その後は地方公共団体財政健全化法の下で財政再生団体へ移行した夕張市を挙げることができる。夕張市では過去に例を見ない規模の赤字を隠蔽していたことが明るみになり，それが一般会計に集約された後，2009年に特殊な赤字地方債である**再生振替特例債**によって長期債務へと転換された。しかし，債務減免はなされず，設定された17年という長い再生期間・償還期間の中で自力での債務返済が年々行われている。その意味では，これまでの地方財政制度を支えてきた法令は，地方公共団体の債務不履行を許さず，そのような状態に陥る前に，財政再建に対する強制力が働くような仕組みを採用してきたと言える。

　第4章第2節における「（5）財政健全化法と健全化判断比率」で述べたように，地方財政健全化制度においては，一定の水準を超えて財政状況が悪化した場合には，**財政健全化団体**や**財政再生団体**となって，実質赤字の解消や債務残高の減少を確実にもたらす**財政健全化計画**や**財政再生計画**を首長と議会の責任の下で策定し，実施することが義務づけられている。財政状況は**実質赤字比率**，**連結実質赤字比率**，**実質公債費比率**，**将来負担比率**という4種類の健全化判断比率によって測られ，会計年度毎にすべての地方公共団体が健全化判断比率の算定と公表を行うことが求められている。財政状況の悪化が懸念される水

準を超えて進んだとみなされる水準が**早期健全化基準**（この水準に達した団体は「**財政健全化団体**」），悪化がさらに著しく進んだとみなされる水準が**財政再生基準**（この水準に達した団体は「**財政再生団体**」）であり，早期健全化基準は4指標すべてに，財政再生基準は将来負担比率を除く3指標に設定されている。

　財政健全化団体や財政再生団体となることは，地方公共団体が元来自由に行えるはずの財政的な選択に自ら制限を課すという意味において，住民の便益を損なうため，地方公共団体は健全化判断比率が早期健全化基準に達することを回避しようとする。言い換えると，健全化判断比率を通じて，地方公共団体が自発的に財政健全化に取り組む誘因を与える仕組みが地方財政健全化制度の本質であり，同制度の施行後は個別地方公共団体における財政健全化が着実に進んでいる[5]。

　また，地方公共団体自らは償還能力の範囲内での地方債発行にとどめる一方で，地方公社や第3セクター法人に対しては，事業展開の規模や母体による債務保証・損失補償を伴う借入の水準が地域の経済規模や母体の財政規模と比べて過大にならないようコントロールするという通常の財政運営を行っていれば，財政危機に陥る危険性は排除できる。地方財政計画と地方交付税制度を通じた財源保障があるため，税源に恵まれないことが財政危機の原因とはならないからである。こうした財源保障の一環として，地方債の元利償還に要する財源確保が行われ，それが地方債の償還の確実性を支えている。

　しかし，危機に陥った地方公共団体を事後的に救済するという意味での**暗黙の保証**は行われていない。

② 　地方債協議制度と地方財政健全化制度の一体化

　地方財政健全化制度は2007年6月に公布された**地方公共団体財政健全化法**（**地方公共団体の財政の健全化に関する法律**）を拠り所にするものであり，健全化判断比率の算定のみ行う1年間の部分施行期間を経て，2009年4月から本格施行されている。これらに先だって，2006年4月に実施されたのが地方債協議

5） 　実証研究としては，赤井・石川（2019）第1～4章を参照されたい。

制度への移行であり，発行を原則禁止から原則自由へと転換させるに当たって，財政状況の悪化が軽度の団体を早期に健全化させるための**早期是正措置**の導入と，公債費負担の重さをより正確に測る実質公債費比率の新規採用（従前の採用指標は**起債制限比率**）が行われた。

　早期是正措置とは，実質赤字比率が一定の水準を超えている団体には**実質赤字額解消計画**の策定と実施を，実質公債費比率が一定の水準を超えている団体には**公債費負担適正化計画**の策定と実施を求めることで，許可団体からの脱却と財政健全化を促す仕組みである。実質公債費比率がさらに高い（悪い）団体は段階に応じて，一般単独事業債や一般公共事業債の発行が禁じられ，また，実質赤字比率がさらに高い（悪い）団体は旧再建法のルールに従って財政再建に取り組むことが求められた。財政状況が著しく悪化した団体に対して地方債の発行種類を制限すること自体は，従前の許可制度下でも行われていたものである。

　地方財政健全化制度が本格施行されると，4つの健全化判断比率のすべてを利用することによって，地方債制度と財政再建・財政健全化のための制度との一体化がさらに深まり，財政状況が良好な団体から著しく悪化が進んだ団体まで切れ目なくカバーされている。

　まず，財政状況の悪化が進んでいる団体は，財政健全化団体もしくは財政再生団体として，財政健全化計画や財政再生計画の策定・実施を通じた財政再建が求められる一方，悪化が軽度の団体には早期是正措置が適用され，実質赤字額解消計画や公債費負担適正化計画の策定・実施を通じた健全化が促される。これらのケースに該当する地方公共団体は，地方債発行に際して許可を要する許可団体に位置づけられる。また，財政状況の悪化が認められない団体は協議団体に位置づけられ，特に財政状況が良好な団体に限って協議不要の届出制が適用されるが，それ以外の団体は事前協議に従うというものである。

　実態的には，4種類の健全化判断比率の水準に基づいて，すべての地方公共団体が①「財政状況が良好であり，地方債発行に際しては協議不要で届出をすればよい団体」，②「財政状況が良好ではない面もあるが，地方債発行に際しては事前協議のみでよい団体」，③「財政状況が軽度に悪化しており，それを

改善する計画の策定・実施を前提に地方債発行が許可される団体」，④「財政状況が懸念される水準を超えて悪化しており，財政健全化計画の策定・実施を前提に地方債発行が許可される団体（財政健全化団体）」，⑤「財政状況が著しく悪化しており，財政再生計画の策定・実施を前提に地方債発行が許可される団体（財政再生団体）」という5段階に区分され，財政状況が良好なほど地方債発行に際して高い自由度を得られるようになっている。発行可能な地方債の種類を制限することは，当初は財政健全化団体や財政再生団体に対して行われていたが，地方全体の財政健全化が進み，該当団体数も減少した後は，計画の策定・実施を前提に，そのような直接的な起債制限を課さない運用へと変わっている。

このように，現実の運営という意味においては，4種類の健全化判断比率を共通の管理指標として用いることで地方債協議・許可制度と地方財政健全化制度は一体化している。

第3節　地方債の元利償還金に対する交付税措置

（1）地方債の元利償還金に対する交付税措置の背景

① 財源保障としての交付税措置とその方法

地方債の元利償還金に対する交付税措置とは，地方交付税の算定過程において，地方債の元利償還金，すなわち，公債費も**基準財政需要額**に算入することで，交付団体に対して，元利償還金の一部を国が間接的に補塡するものである。元利償還金相当額を直接交付する形は採らず，地方交付税算定過程に反映させることで実質的な財源補塡を行うため，交付税措置と呼ばれる。経費分野毎の基準財政需要額は，国が望む水準で地方行政を履行するうえで必要とされる歳出額のうち特定財源によって賄われない部分に対応するものであり，公債費も地方行政を履行するうえでの必要な経費として，地方交付税を通じた財源保障が行われることを意味している。

元利償還金の基準財政需要額への算入方法は，**事業費補正方式**による算入と**標準事業費方式**による**単位費用**への算入に大別される。前者は，公共事業額や地方債発行額の一定割合を**補正係数**化することによって，基準財政需要額に算

入する方式である。後者は，関係費目の単位費用に算入された**標準団体**における償還費と，人口や面積などの外形的な**測定単位**によって経費を算定する方式である。また，現実の償還額に基づいた**実額塡補方式**と，標準的な償還年限・償還方法を仮想し，それに基づいて理論値を算定する**理論償還費方式**とに分類することもできる。

　事業費補正の仕組みは，測定単位などの設定が技術的に困難とされる分野において，地方公共団体の投資的経費に対する財源を確保するための手段として1962 年度に創設されたものであり，2001 年度までは対象拡大が続けられた。しかし，社会資本整備が進捗し，2002 年度の**骨太の方針**によって「地方の負担意識を薄める仕組みを縮小する」方針が示されて以来，事業費補正における交付税措置率の引き下げと対象事業の縮減，単位費用方式への振替えが行われている。

② 　建設地方債の元利償還金に対する交付税措置の経済効果

　事業費補正方式で元利償還金に対する交付税措置を行うことは，公共事業額や建設地方債発行額という地方公共団体によって内生的に決定された金額に比例して，財源補塡することを意味し，特定分野に限定した**定率補助金**（**特定定率補助金**）として機能する。

　地方公共団体において，特定分野の事業が一定水準以上で確実に行われることを国が望む場合，それを誘導するには，特定定率補助金が有効な方策となり得る。特に，地域社会資本の供給を地方公共団体による自由な選択に委ねると，過少供給となることが想定される場合は，地方公共事業に対する国からの定率補助金は，合理性を持っている。例えば，地域社会資本の便益が近隣地域にスピルオーバー（漏出）する状況，他地域に正の外部性を及ぼす状況の下では，各地域の地方公共団体は他地域の社会資本整備を期待して，自らの事業量を抑制するため，敷設される社会資本の水準は社会的な最適量を下回ってしまう。このとき，外部経済効果に見合う補助金を国が地方に交付すれば，最適量を実現することが可能になる。

　他方，このような外部性や社会資本の過少供給などが当てはまらない状況

で，国が特定分野に限定した定率補助金を地方に交付することは，社会的な厚生を損なう。特定定率補助金の下で生ずる補助金と同じ金額を，分野を限定し**ない定額補助金（一般定額補助金）**として交付すれば，より高い便益を住民にもたらすことができ，また，同水準の便益を住民にもたらすのに必要な一般定額補助金は特定定率補助金よりも少額だからである。

　これらの定率補助金と定額補助金の経済効果の詳細は，第8章第1節における「（2）補助金の理論」で解説している。

③　赤字地方債の元利償還金に対する交付税措置の経済効果

　臨時財政対策債，減収補填債[6]，減税補填債などの国の事情で発行された赤字地方債の元利償還金に対しては，後年度の地方交付税算定過程で全額が実質的に補填される。これらの地方債の発行可能額は地方公共団体による選択が及ばない外形的な基準に基づいているため，交付税措置額は外生的に決定される。資金使途の制限も受けないため，元利償還金に対する交付税措置は一般定額補助金として機能することになる。したがって，元利償還金に対する交付税措置による非効率（社会的厚生の損失）の問題は生じない。

　また，個別地方公共団体の特殊事情で発行された赤字地方債も，発行可能額が外形的な基準に基づいている点は同じである。しかも，元利償還金に対する交付税措置は，退職手当債においては，全くなされない。第三セクター等改革推進債においても，元金償還費に対する交付税措置は全くなされず，利子の一部のみが特別交付税の対象とされている。

（2）元利償還金への交付税措置に由来する問題点
① 　地方交付税の代替財源としての臨時財政対策債

　臨時財政対策債の残高は，2021年度末の普通会計地方債残高の37.4%に相当する54兆1,074億円に達し，特殊な地方債であるにもかかわらず，すべて

6）　元利償還金に対する交付税措置率は75%であるが，この割合は地方税の基準財政収入額への算入割合と同じであり，地方交付税に関する要精算額の全額が措置されることと同義である。

の地方債種類の中では最も残高が大きい地方債となっている。初めて発行された 2001 年度以降，短期間で残高が急増したのは，地方債でありながら，実質的には地方交付税に準ずる役割を担っている財源であることが大きい。

　第 7 章第 1 節における「（3）地方交付税の総額の決定方式」で述べたとおり，国税 5 税，すなわち，**地方法人税**の全額と**所得税**，**法人税**，**消費税**，**たばこ税**の一定割合を地方交付税の財源とすることが地方交付税法によって定められているが，地方公共団体に必要とされる地方交付税総額を下回る状況が恒常的に生じており，差額を賄う財源は，国家予算案を最終確定する際に総務省と財務省の協議を経て決定される**地方財政対策**によって割当てられている。この差額は**地方財源不足額**と呼ばれ，これを解消した結果が反映されたものが現実の地方財政計画となっている。

　かつては，交付税特会（交付税及び譲与税配付金特別会計）による借入が地方財源不足額解消の主要策として用いられていたが，当該借入は地方公共団体には自らの債務として認識され難く，透明性にも欠けることから，これに代わる方策として 2001 年度に創設されたのが臨時財政対策債である。つまり，地方交付税総額と臨時財政対策債発行（可能）総額は一体のものとして，地方財政対策によって決定され，地方財政計画に反映されている。

　不況期には国税も地方税も減収となるため，地方財源不足額は不況期に拡大し，好況期に減少する性質を持ち，不足額の主要解消手段である臨時財政対策債にもそれが反映される。それに加えて，過去に発行された臨時財政対策債から生ずる元利償還金の全額を新たに発行する臨時財政対策債で賄うという方策が採られている。そのため，景気変動に伴う増減を除外すれば，臨時財政対策債発行額は趨勢的に増加しており，残高を大きく押し上げている。この方法が続けられる限り，残高が増せば，元利償還金に対応して発行される臨時財政対策債も増加するため，今後の地方財政計画において，公債費以外の歳出の配分を制約する不安材料になり得る。

　一方，個別地方公共団体においては，償還財源先食いの問題が生じている。元利償還金に対する交付税措置は理論償還費方式でなされるため，理論償還費の前提となる償還年限よりも長い年限で起債された場合や満期一括償還方式で

起債された場合には，当面の間，交付税措置を通じた償還財源補塡額が現実の償還額を上回る。償還財源先食いとは，その差額を償還や減債基金積立以外の使途に用いてしまうことである。この傾向は，臨時財政対策債発行額の割当が大きい道府県の一部で顕著に見られる[7]。

　臨時財政対策債の元利償還金の全額が後年度の地方交付税算定過程で措置されるといっても，償還義務を直接負うのは発行体であり，措置された償還財源を先食いしてしまった場合は，将来，自主財源から償還費を捻出しなければならない。臨時財政対策債の発行体である地方公共団体には，長期にわたって償還資金を厳格に管理することが改めて問われている。

② 過疎地域の自立支援のための過疎対策事業債
　過疎地域は，**過疎法**（**過疎地域自立促進特別措置法**）によって，人口減少率などの客観基準によって定義され，2022年4月時点で，域内全域が過疎地域に該当する市町村は713団体，一部地域が該当する市町村も含めれば，885団体に及んでいる。つまり，全市町村の51.5％は過疎地域である。過疎対策事業債は，過疎市町村が自立に向けて策定した計画に基づいて実施する事業のために起こすことができる特例地方債であり，地方財政法ではなく，過疎法によって発行根拠を得ている。調達資金を充当できる建設事業（**ハード事業**）の範囲が広いことに加え，2010年度改正で建設事業以外の事業（**ソフト事業**）にも充当できることとなったため，発行額の上限が制約されにくい赤字地方債という特異な側面を持っている。

　国の事情・都合で発行すると言える臨時財政対策債や減収補塡債を除けば，元利償還金に対する交付税措置割合の70％は災害復旧事業債（95％）や全国防災事業債（80％）等に次いで高いものである。しかも，元利償還金への交付税措置が後年度の交付税算定過程で分割して行われる方法ではなく，毎年度の元利償還金の70％相当額が措置される方法によるなど，過疎対策事業債は大変優遇されている。2021年度の残高は2兆7,907億円，発行額は4,008億円で

あり，市町村の全地方債に占める割合で見れば，それぞれ 4.9% と 7.7% と決して高くはない。しかし，過疎市町村の数は多いが，財政規模が小さいため，対象を過疎市町村に限定すれば，過疎対策事業債は地方債総残高の 18.4% と地方債発行総額の 27.3% を占める存在である。

過疎市町村が満期一括償還方式で起債する事例はきわめて稀であり，定時償還方式でも償還年限は短めであるため，臨時財政対策債に関しても，一部の道府県で見られるような償還財源先食いの問題は生じ難い。年度毎に元利金の 70% が措置される過疎対策事業債も同様である。他方，交付税措置割合が高いと言っても，全額措置される臨時財政対策債とは異なり，償還年限内は 30% 分の自主財源が必要となるのが過疎対策事業債である。交付税措置されない部分の償還財源が地方税の留保財源であること，過疎対策事業債の発行額は自ら決められることを踏まえれば，地方税収に乏しい過疎市町村が償還能力の範囲内に発行額をとどめることは厳守されなければならない。2015 年度以降は地方創生に対応して起債対象事業の範囲が特別に拡大しており，他の地方債に増して自己規律が求められている。

まとめ

◎地方公共団体が地方債以外の歳入を以て歳出の財源としなければならないこと，地方債の発行事由が建設事業費などの調達に限定されていることは，国の予算に関する定めと同様である。ただし，国の予算案とセットで当該年度限りの特例法が制定されることで，任意の歳入不足を賄う目的で赤字国債の発行が可能なのに対して，赤字地方債の発行可能額は国によって決定されており，地方公共団体が任意の歳出額を賄う目的で赤字地方債を発行することはできない。

　また，国債は市場で公募され，元金償還は満期一括償還方式で行われるのに対して，市場公募地方債以外の地方債の性格は相対取引に基づく私募債に近く，償還も元金均等償還や元利均等償還などの定時償還方式で行われるのが一般的である。

◎地方債市場全体の信用維持と個別地方公共団体の起債管理を担う「地方債協議・許可制度」と地方公共団体が財政危機に陥ることのないように自発的な財政健全化を促す「地方財政健全化制度」は，4 種類の健全化判断比率を共通の管理指標として用いることで，一体のものとして運営されている。

◎地方債の種類や起債対象事業によっては，元利償還金の全部または一部が後年度の

地方交付税算定過程で基準財政需要額に算入されることを通じて，実質的に国からの財源補填が行われている。これは俗に「元利償還金に対する交付税措置」と呼ばれ，特定分野の事業に国が定率補助金を交付しているのと同等の効果がある。便益が近隣地域にも及ぶ地域社会本が過少供給になっている場合は，当該の社会資本整備のための起債に対して「元利償還金に対する交付税措置」を講じることは有効な改善策の1つとなる。他方，そのような状況になければ，建設地方債の元利償還金に対する交付税措置は地方公共団体の選択行動を歪め，資金使途に制限のない定額補助金が同額交付される場合と比べて，社会的な厚生を損う。

　また，資金使途に制限のない臨時財政対策債に関しては，これらの効果は生じない。

参考文献

赤井伸郎・石川達哉（2019），『地方財政健全化法とガバナンスの経済学　制度本格施行10年での実証的評価』有斐閣。

石川達哉（2017），「第3章　政府間財政移転と地方財政」赤井伸郎編『実践　財政学』有斐閣，66〜99頁。

石原信雄（2016），『新地方財政調整制度論（改訂版）』ぎょうせい。

自治省財政局編（1996），『地方財政のしくみとその運営の実態』地方財務協会。

田中宏樹（2013），『政府間競争の経済分析』勁草書房。

地方債制度研究会編（2013），『平成25年度改訂版　地方債』地方財務協会。

地方債制度研究会編（2022），『令和4年度　地方債のあらまし』地方財務協会。

土居丈朗（2007），『地方債改革の経済学』日本経済新聞社。

平嶋彰英・植田浩（2001），『地方自治総合講座9　地方債』ぎょうせい。

持田信樹・林正義編（2018），『地方債の経済分析』有斐閣。

コラム　**減債基金積立金残高について**

　普通会計決算統計上は，2021 年度末の減債基金積立金の残高（現在高）は地方全体で 2 兆 8,843 億円にとどまっている。しかし，この残高は定時償還方式地方債について集計されたものであり，満期一括償還方式地方債の分は含まれていない。普通会計決算上のルール上，満期一括償還方式地方債の減債基金への積立額は擬制的に元金償還が済んだものみなされ，公債費に計上されるからである。その取扱いとの整合性を確保するため，満期一括償還方式地方債に関する減債基金への積立金残高は統計上の地方債残高から控除される一方，統計上の減債基金積立金残高には算入されない。

　その金額は 2021 年度末時点で 12 兆 7,467 億円に達しており，統計上の減債基金積立金残高に加算すれば，総額は 15 兆 6,299 億円ということになる。また，普通会計における真の地方債残高は公表統計値の 144 兆 5,810 億円ではなく，157 兆 3,277 億円となる。

　これに対して，2021 年度末の国債の状況は，減債基金に相当する国債整理基金の積立金残高が 3 兆 180 億円，普通国債残高が 991 兆 4,111 億円であり，地方債の方が堅実な償還準備が行われていることを如実に示している。

第 10 章　社会保障

この章でわかること

◎社会保障に対して地方財政はどのように関わっているか。

◎社会保障費は，国と地方でどのように負担されているか。

◎社会保険と公的扶助はどのような制度か。

第 1 節　社会保障と地方財政

　わが国の社会保障には，大きく分けて**社会保険**と**公的扶助**がある。社会保険は公的年金，医療保険，介護保険などであり，あらかじめ加入者（被保険者）は保険料を納め，必要となった時にサービスや金銭給付を受ける。公的扶助は生活保護制度と社会福祉制度とに分かれる。公的扶助は基本的に国民からの税を原資とした公費によって給付している。第 1 章で見たように，わが国は少子高齢化が急速に進展しており，高齢化率は 28％ を超えた。それに伴い，年金，医療，福祉その他（介護や子育て等）にかかる社会保障給付費は増加し続けている（図表 10 - 1 参照）。2021 年度では社会保障給付費は 129.6 兆円に上り，国内総生産に占める割合は 23.2％ となる見込みである。2025 年には 1947 年から 1949 年生まれの「団塊の世代」が全員 75 歳以上の後期高齢者となり，人口が減少する中で高齢者が増える傾向が続く。このように，増え続ける社会保障費にどのように対処するかが問題となっている。

　社会保障に関する国と地方の役割分担は，公的年金が国の役割である一方で，保育・介護・医療（具体的には保育所の運営，介護保険事業の運営，国民健康保険事業の運営）は主として市町村の役割となっている。国はそれらの分野で制度の

図表10－1　社会保障給付費の推移

	1970	1980	1990	2000	2010	2021 (予算ベース)
国民所得額（兆円）A	75.3	248.4	451.7	537.6	504.9	559.5
給付費総額（兆円）B	3.5 (100.0%)	24.9 (100.0%)	47.4 (100.0%)	78.4 (100.0%)	105.4 (100.0%)	129.6 (100.0%)
（内訳）　年　金	0.9 (25.7%)	10.3 (41.4%)	23.8 (50.1%)	40.5 (51.7%)	52.2 (49.6%)	58.5 (45.1%)
医　療	2.1 (60.0%)	10.8 (43.4%)	18.6 (39.3%)	26.6 (33.9%)	33.6 (31.9%)	40.7 (31.4%)
福祉その他	0.6 (17.1%)	3.8 (15.2%)	5.0 (10.6%)	11.3 (14.4%)	19.5 (18.5%)	30.5 (23.5%)
B／A	4.70%	10.00%	10.50%	14.60%	20.90%	23.20%

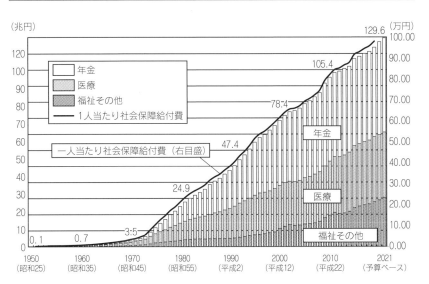

（注）図中の数値は，1950, 1960, 1970, 1980, 1990, 2000 及び 2010 並びに 2021 年度（予算ベース）の社会保障給付費（兆円）である。

資料：国立社会保障・人口問題研究所「平成 30 年度社会保障費用統計」，2020～2021 年度（予算ベース）は厚生労働省推計，2021 年度の国内総生産は「令和 3 年度の経済見通しと経済財政運営の基本的態度（令和 3 年 1 月 18 日閣議決定）」

出所：厚生労働省（2022）『令和 4 年度版　厚生労働白書』資料編 20 頁。

立案を行い，財源を支援しており，都道府県も運営面，財源面での支援を行っている。公的年金においても国民年金の手続きは市町村で行われており，わが国の社会保障において市町村の役割が重要となっている。なお，後述の国民健康保険や後期高齢者医療，介護保険はいずれも市町村（国民健康保険については都道府県も）の**特別会計**により一般会計と区分して経理されている。

　地方財政における社会保障に関する費用はどのくらいであろうか。第4章でみたように，地方公共団体の普通会計の歳出は**目的別**と**性質別**に分類することができる。地方財政における社会保障費の主要部分は**民生費**という項目で支出している。民生費は社会福祉費，老人福祉費，児童福祉費，生活保護費，災害救助費に区分される。社会福祉費は，国民健康保険の特別会計への繰出金やその他の社会福祉行政に要する経費が該当する。老人福祉費には，後期高齢者医療や介護保険の特別会計への繰出金や特別養護老人ホームなどの老人福祉施設の運営費である。児童福祉費は，児童手当の支給や保育所等の児童福祉施設の運営費である。生活保護費は生活保護の支給にかかる費用である。2020年度

図表10－2　　民生費の目的別内訳

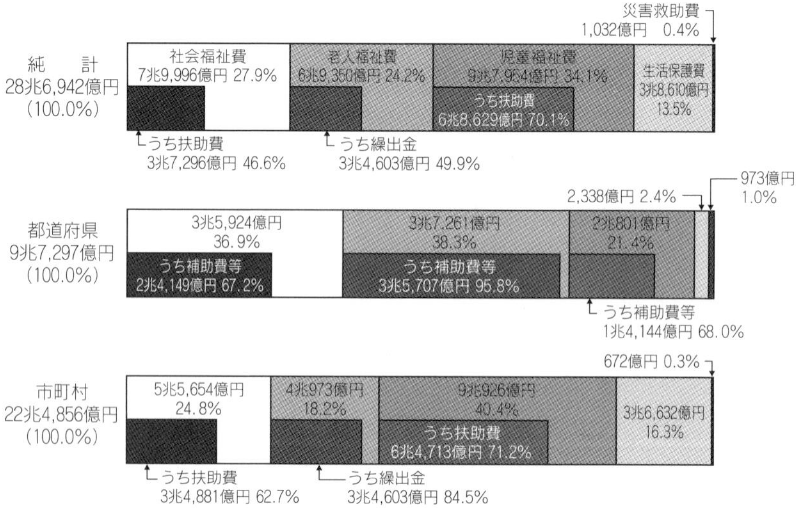

出所：総務省（2022）『令和4年版地方財政白書』63頁。

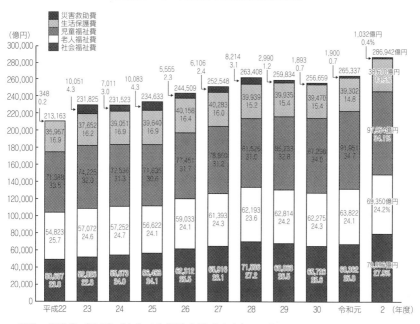

図表10－3　民生費の目的別歳出の推移

出所：総務省（2022）『令和 4 年版地方財政白書』64 頁。

の民生費の都道府県と市町村の純計は 28 兆 6,942 億円であり，10 年前の 2010 年度と比較すると 1.35 倍となっている（図表 10－2，10－3 参照）。

第 2 節　社会保障の財源と負担割合

（1）社会保障財源の全体像

　このような膨大な社会保障給付費は税を原資とする公費（国・地方）と保険料で賄われている。2022 年度予算ベースで社会保障給付費は 131.1 兆円である。そのうち，保険料で 74.1 兆円（全体の 58.7％），国負担で 36.1 兆円（28.6％），地方負担で 16.0 兆円（12.7％）を賄っている。一方で給付面をみると，年金が 58.9 兆円，医療が 40.8 兆円，介護が 13.1 兆円，子ども・子育て等が 9.7 兆円となっている（図表 10－4 参照）。

図表10－4　社会保障の給付と負担の現状（2022年度予算ベース）

| 社会保障給付費　2022年度（予算ベース）　131.1兆円　（対GDP比　23.2%） |

【給付】
社会保障給付費

年金　58.9兆円（44.9%）《対GDP比　10.4%》　｜　医療　40.8兆円（31.1%）《対GDP比　7.2%》　｜　福祉その他 31.5兆円（24.0%）《対GDP比　5.6%》　うち介護13.1兆円（10.0%）《対GDP比　2.3%》

うち子ども・子育て9.7兆円（7.4%）《対GDP比　1.7%》

【負担】

保険料　74.1兆円（58.7%）　｜　公費　52.0兆円（41.3%）　｜　積立金の運用収入等

うち被保険者拠出 39.3兆円（31.2%）　｜　うち事業主拠出 34.8兆円（27.6%）　｜　うち国 36.1兆円（28.6%）　｜　うち地方 16.0兆円（12.7%）

各制度における保険料負担

国（一般会計）　社会保障関係費等
※2022年度予算
社会保障関係費 36.3兆円（一般歳出の53.8%を占める）

都道府県
市町村
（一般財源）

出所：厚生労働省ホームページ「社会保障の給付と負担の現状」

　さらに各社会保障制度については，国と都道府県，市町村の財源負担割合が法律に基づいて定められている。図表10－5は主な社会保障制度の財源負担のイメージを示したものである。国と都道府県，市町村の財源負担割合は，制度ごとに大きく異なり，複雑である。このうち，国民健康保険と後期高齢者医療制度，介護保険，生活保護については以下の節で詳しく見ていく。

（2）社会保障に対する地方への財源保障
　地方の社会保障に対する財政需要への財源保障は，第7章や第8章で見たように，**国庫支出金**と**地方財政計画**を通じた**地方交付税**によって行われる。ここでは生活保護を例にあげて地方への財源保障について考えよう。生活保護の負担割合は国が3/4，地方が1/4となっている（図表10－5参照）。国の一般会計歳出に計上された生活保護に関する国庫負担金（総額の3/4）は地方財政計画歳入の国庫支出金の内訳として計上される一方，地方財政計画の歳出には生活保護費の総額が一般行政経費の内訳として計上される。このように社会保障制度

図表10－5　社会保障財源の全体像

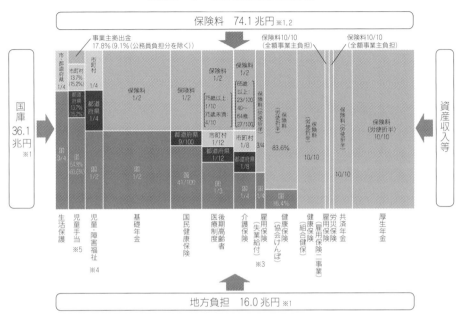

※1　保険料，国庫，地方負担の額は 2022 年当初予算ベース。
※2　保険料は事業主拠出金を含む。
※3　雇用保険（失業給付）の国庫負担割合については，雇用情勢及び雇用保険財政の状況に応じ，1/4 又は1/40 となるとともに，一定の要件下で一般会計からの繰入れが可能。
※4　児童・障害福祉のうち，児童入所施設等の措置費の負担割合は，原則として，国1/2，都道府県・指定都市・中核市・児童相談所設置市 1/2 等となっている。
※5　児童手当については，2022 年度当初予算ベースの割合を示したものであり，括弧書きは公務員負担分を除いた割合である。
出所：厚生労働省ホームページ「社会保障の給付と負担の現状」

　と国の財源措置が整合的となるように，地方財政計画の歳入と歳出に計画額が算入され，地方負担分（いわゆる補助裏）についても地方交付税で財源保障されることとなる。

　なお，地方財政計画の歳出には地方公共団体の普通会計に該当する部分が計上される。したがって，一般会計で経理される生活保護，児童福祉，障害者福祉等についてはその給付額の見込み額が地方財政計画の歳出の一般行政経費の

内訳に計上され，それらの国庫支出金も地方財政計画の歳入に計上される。一方，特別会計（公営事業会計）で処理される国民健康保険や後期高齢者医療制度，介護保険等については，各事業の国庫支出金は国の歳出に含まれるが，地方財政計画の歳入の国庫支出金には含まれず，地方公共団体の特別会計等に直入されるかたちをとる。当該事業についての地方公共団体の定率負担や調整交付金については，地方公共団体の一般会計から財政負担を行うので，その所要額が地方財政計画の歳出における一般行政経費に計上されることになる。

　このように地方交付税を通じて，社会保障制度に関する財源保障は制度上整っているが，社会保障制度が地方公共団体の財政負担となる場合もある。それは，地方交付税はあくまでも標準的な制度を想定しているためである。例えば，低所得者への保険料軽減を全国一律基準以上に実施する場合や後述のような法定外の繰入が行われた場合の財源は地方交付税では考慮されない点に注意が必要である。

第3節　社会保険と公的扶助

（1）医療保険制度の体系

　わが国は，国民すべてが公的な医療保険への加入が義務付けられている「**国民皆保険**」の仕組みになっている。わが国の医療保険は，職域を基にした被用者保険と居住地を基にした地域保険である**国民健康保険**，75歳以上の高齢者等が加入する**後期高齢者医療制度**から構成されている（図表10-6参照）。国民はいずれかの保険に加入して保険料を支払い，保険医療機関等を受診する場合には，一定の自己負担でサービスを受けることができる。

　被用者保険は，大企業の企業別組合である健康保険組合（組合管掌健康保険）と，中小企業などが加入する協会けんぽ（全国健康保険協会管掌健康保険），公務員などが加入する共済組合に大きく分けられる。これらの被用者保険の保険料は，被用者の給与・賞与の額に応じて労使折半している。

　国民健康保険は，農業者，自営業者および被用者保険の退職者等からなっている。国民健康保険の運営主体は都道府県および市町村であり，特別会計を設

図表10－6　医療保険制度の概要

（令和2年4月時点）

制度名	健康保険 一般被用者 協会けんぽ	健康保険 一般被用者 組合	健康保険法第3条第2項被保険者	船員保険	各種共済 国家公務員	各種共済 地方公務員等	各種共済 私学教職員	国民健康保険 農業者自営業者等	国民健康保険 被用者保険の退職者	後期高齢者医療制度
保険者（令和3年3月末）	全国健康保険協会	健康保険組合 1,388	全国健康保険協会	全国健康保険協会	共済組合 20	共済組合 64	事業団 1	市町村 1,716 国保組合 161	市町村 1,716	[運営主体] 後期高齢者医療広域連合 47
加入者数（令和3年3月末）（単位：千人）本人（単位：千人）家族（単位：千人）	40,296 24,877 15,419	28,680 16,418 12,262	16 11 5	116 58 58	8,545 4,565 3,980			28,904 市町村 26,193 国保組合 2,711		18,060
保険給付 医療給付 一部負担	義務教育就学前 2割／義務教育就学後から70歳未満 3割／70歳以上75歳未満 2割（現役並み所得者 3割）									1割（現役並み所得者 3割）
保険料率	10.00%（全国平均）	各健康保険組合によって異なる	1級日額390円 11級 3,230円	9.70%（疾病保険料率）	定額	—	—	世帯毎に応益割（定額）と応能割（負担能力に応じて）を賦課 保険者によって賦課算定方式は多少異なる		各広域連合によって定めた被保険者均等割額と所得割率によって算定されている
財源 国庫負担・補助	給付費等の16.4%	定額（予算補助）	給付費等の16.4%	定額	なし			給付費等の41%	給付費等の28.4～47.4%	給付費等の約50%を公費で負担（公費の内訳）国：都道府県：市町村 4:1:1 さらに、給付費等の約40%を後期高齢者支援金として現役世代が負担

（注1）後期高齢者医療制度の被保険者は、75歳以上の者及び65歳以上75歳未満の者で一定の障害の状態にある旨の広域連合の認定を受けた者。
（注2）現役並み所得者は、住民税課税所得145万円（月収28万円以上）以上または世帯に属する70～74歳の被保険者の基礎控除後の総所得金額等の合計額が210万円以上の者。ただし、収入が高齢者複数世帯で520万円未満もしくは高齢者単身世帯で383万円未満の者。及び旧ただし書所得の合計額が210万円以下の者は除く。特に所得の低い住民税非課税世帯等を除く。
（注3）国保組合の定率国庫補助については、健保の適用除外承認を受けて、平成9年9月1日以降新規に加入する者及びその家族については協会けんぽ並みとする。
（注4）加入者数は四捨五入により、合計と内訳の和とが一致しない場合がある。
（注5）船員保険の保険料率は、被保険者保険料負担軽減措置（0.40%）による控除後の率。
出所：厚生労働省「令和4年版 厚生労働白書」資料編 27頁を一部改編。

けて保険事業を経理する。国民健康保険の保険料は，世帯人員・所得などに応じて保険料額が決まり，市町村が徴収している。後期高齢者医療制度は，2008年4月から新たな高齢者医療制度として75歳以上の高齢者等を対象として創設された。後期高齢者医療制度の保険料は，世帯人員・所得などに応じて決まり，市町村が徴収しているが，都道府県単位ですべての市町村が加入する後期高齢者医療広域連合を運営主体としている。

　以下では，国民健康保険と後期高齢者医療制度について詳しく見ていこう。

（2）国民健康保険

　国民健康保険の被保険者数は約2,619万人である。昭和30年代には農林水産業者や自営業者がその中心であったが，現在では非正規労働者や年金生活の高齢者等の無職者が7割を占めている。これは後述のように，他の被用者保険からの退職者のうち65歳から74歳の前期高齢者を被保険者としているためである。なおここでは，国民健康保険として，国民健康保険組合を除く市町村国民健康保険について扱う。

　図表10-7からわかるように，国民健康保険の財政は保険料のみから賄われているわけではない。2022年度予算ベースでの医療給付費（自己負担（義務教育就学後から70歳未満の者は3割負担）を除いた医療給付費）は総額約10.7兆円である。そのうち3兆5,200億円は**前期高齢者交付金**で賄っている。前期高齢者交付金は，国民健康保険と被用者保険で65歳から74歳の前期高齢者が偏在していることによる保険者間の負担の不均衡を，各保険者の加入者数に応じて調整し，負担の公平化を図るものである。具体的には，どの保険者も実際の前期高齢者の加入率ではなく，全国平均の加入率で前期高齢者が加入しているとして費用を分担する。結果として，前期高齢者の加入率の低い健康保険組合や協会けんぽ，共済組合が納付金を支払い，国民健康保険としては平均より高い分だけ交付金を受け取ることになる。

　前期高齢者交付金で賄われる部分を除いた残りの約7.2兆円については，公費（国税及び地方税等）50％，保険料収入50％で賄われることを原則としている。公費50％分のうち，定率国庫負担が32％，国と都道府県の調整交付金が

図表10−7　国保財政の現状（2022年度予算案ベース）

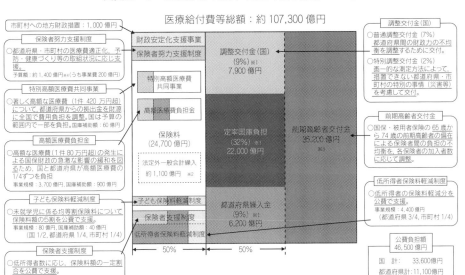

医療給付費等総額：約 107,300 億円

※1　それぞれ保険給付等の9%，32%，9%の割合を基本とするが，定率国庫負担等のうち一定額について，財政調整機能を強化する観点から国の調整交付金に振りかえる等の法律上の措置がある

※2　令和元年度決算における決算補填等の目的の一般会計繰入の額

※3　退職被保険者を除いて算定した前期高齢者交付金額であり，実際の交付額とは異なる

※4　令和4年度は，平成29年度に特例基金に措置した500億円のうち残330億円は取り崩ししない

出所：厚生労働省資料「令和4年度の国保財政」。

　　それぞれ9%程度とされている。国の調整交付金は市町村間の財政力の不均衡を調整するため（普通調整交付金，7%）や，災害など地域的な特殊事情を考慮して（特別調整交付金，2%）交付される。保険料収入50%部分についても，低所得者の保険料軽減措置への財政支援や市町村間の保険財政の財政力格差を是正するための再保険的な機能の導入等として約1兆円の公費が追加投入されており，公費割合は6割を超えている。国民健康保険の財政はとても複雑になっている（詳細については小西（2019）の80-88頁参照）。

　　国民健康保険の保険料に関しては，都道府県が標準的な算定方法等により市

町村ごとの標準保険料率を算定・公表している。各市町村は標準的保険料率を参考にそれぞれの実情を踏まえて実際の保険料率を定めている。市町村の国民健康保険料（税）は世帯ごとに以下の計算式により計算された保険料算定額から，低所得者に対する軽減を行った額が実際の保険料調定額として賦課される。

各世帯における保険料算定額＝世帯応能割額＋世帯応益割額
世帯応能割額＝所得割額（所得割率×世帯所得額）
＋資産割額（資産割率×世帯資産額）
世帯応益割額＝１人当たり均等割額×世帯被保険者数
＋１世帯当たり平等割額

なお，所得割，資産割，均等割，平等割のすべてを賦課する必要はなく，保険者によって２方式（所得割，均等割），３方式（所得割，均等割，平等割），４方式（所得割，資産割，均等割，平等割）を選択することができる[1]。

市町村ごとの保険料水準には地域差がある。加入者１人当たり年額平均保険料の全国平均は８万8,862円であるが，全国最高の市町村は秋田県大潟村の18万5,490円であり，全国最低の高知県大川村の３万2,610円と比較すると，その格差は約5.7倍となっている。都道府県別でも最も高い佐賀県（10万3,883円）は最も低い沖縄県（6万8,067円）の約1.5倍となっている（『国民健康保険事業年報』令和2年度）。

（3）国民健康保険の課題と2015年度の改正

国民健康保険の課題としては，①加入者の平均年齢が高く，医療費水準が高いこと，②加入者の所得水準が低いこと，③保険料負担率が他の保険者と比べて重いことなどがあげられる（図表10-8参照）。これは国民健康保険の加入者に前期高齢者が多く存在するため，現役世代よりも医療費がかかる一方，所得が少なくなるため保険料負担率が高まるためである。それに伴い，低所得者のために保険料軽減を独自に実施する必要が生じることや保険料の収納率の低下

1）均等割と平等割の違いは，均等割が世帯の被保険者数に応じて決定されるのに対して，平等割は世帯の被保険者数に関わらず一定である点である。

といった問題も起こっている。国民健康保険のこのような現状に対しては，国や都道府県からの支援措置が行われ，拡充されてきた。

　しかし，国民健康保険の単年度財政収支は恒常的に 3,000 億円程度赤字であり，決算補てんのために一般会計からの法定外繰入が行われていた（2014 年度で 3,468 億円）。法定外繰入は地方交付税による財源の裏付けがなく，他の歳出等を犠牲にして行われるものである。また，国民健康保険は市町村単位で運営されているため，財政運営が不安定になるリスクの高い小規模保険者が存在すること，市町村間の格差も大きいことが指摘されてきた。

　2015 年の医療制度改革関連法（「持続可能な医療保険制度を構築するための国民健康保険法等の一部を改正する法律」，2015 年 5 月 27 日可決，成立）では，このような国民健康保険の構造的課題を解決するために，財政運営の都道府県単位化と財政支援の拡充による財政基盤の強化を柱とする国民健康保険の改革が実施された。前者については，2018（平成 30）年度から都道府県が財政運営の責任主体となり，安定的な財政運営や効率的な事業の確保等の国民健康保険運営に中心的な役割を担い，制度を安定化することが定められた。具体的には，都道府県に財政安定化基金を設置する。都道府県は市町村ごとの標準保険料率を算定・公表し，市町村ごとの納付金を決定する。また，給付に必要な費用を，全額，市町村に対して交付する。一方，市町村は，資格管理，保険給付，保険料率の決定，賦課・徴収，保健事業等，地域におけるきめ細かい事業を引き続き担うこととなった。後者については，低所得者対策の強化や保険者努力支援制度に対する財政支援を拡充している（毎年約 3,400 億円）。

　このように 2018 年度より国民健康保険の運営体制は大きく変更された。市町村の一般会計からの法定外繰入も 767 億円と約 4 分の 1 の水準に減少した（2020 年度）。さらなる課題として，都道府県の財政調整機能のさらなる強化，法定外繰入等の解消や保険料水準の統一といった都道府県と市町村の役割分担の下での取組強化が期待されている。

（4）後期高齢者医療制度

　この項では，後期高齢者医療制度について見ていく。後期高齢者医療制度は

図表10−8 各保険者の比較

	市町村国保	協会けんぽ	組合健保	共済組合	後期高齢者医療制度
保険者数 (令和2年3月末)	1,716	1	1,388	85	47
加入者数 (令和2年3月末)	2,660万人 (1,733万世帯)	4,044万人 (被保険者2,479万人 被扶養者1,565万人)	2,884万人 (被保険者1,635万人 被扶養者1,249万人)	854万人 (被保険者456万人 被扶養者398万人)	1,803万人
加入者平均年齢 (令和元年度)	53.6歳	38.1歳	35.2歳	32.9歳	82.5歳
65~74歳の割合 (令和元年度)	43.6%	7.7%	3.4%	1.4%	1.7%（※1）
加入者一人当たり医療費 (令和元年度)	37.9万円	18.6万円	16.4万円	16.3万円	95.4万円
加入者一人当たり 平均所得（※2） (令和元年度)	86万円 (一世帯当たり 133万円)	159万円 (一世帯当たり（※3） 260万円)	227万円 (一世帯当たり（※3） 400万円)	248万円 (一世帯当たり（※3） 462万円)	86万円
加入者一人当たり平均保険料（※4） (令和元年度)〈事業主負担込〉	8.9万円 (一人当たり 13.8万円)	11.9万円(23.8万円) (被保険者一人当たり 19.5万円(38.9万円))	13.2万円(28.9万円) (被保険者一人当たり 23.2万円(50.8万円))	14.4万円(28.8万円)（※3） (被保険者一人当たり 26.8万円(53.6万円))	7.2万円
保険料負担率	10.3%	7.5%	5.8%	5.8%	8.4%
公費負担	給付費等の50% ＋保険料軽減等	給付費等の16.4%	後期高齢者支援金等の負担が重い保険者等への補助	なし	給付費等の約50% ＋保険料軽減等
公費負担額（※5） (令和4年度予算ベース)	4兆3,034億円 (国3兆1,115億円)	1兆2,360億円 (全額国費)	725億円 (全額国費)		8兆5,885億円 (国5兆4,653億円)

（※1）　一定の障害の状態にある旨の広域連合の認定を受けた者の割合。
（※2）　市町村国保及び後期高齢者医療制度については、「総所得金額（収入総額から必要経費、給与所得控除、公的年金
　　　　等控除を差し引いたもの）及び山林所得金額」に「雑損失の繰越控除額」と「分離譲渡所得額」を加えたもの
　　　　を加入者数で除したもの。（市町村国保は「国民健康保険実態調査」、後期高齢者医療制度は「後期高齢者医療制
　　　　度被保険者実態調査」のそれぞれの前年所得を使用している。）
　　　　協会けんぽ、組合健保、共済組合については、「標準報酬総額」から「給与所得控除に相当する額」を除いたもの
　　　　を、年度平均加入者数で除した参考値である。
（※3）　被保険者一人当たりの金額を指す。
（※4）　加入者一人当たり保険料額は、市町村国保・後期高齢者医療制度は現年分保険料調定額、被用者保険は決算にお
　　　　ける保険料額を基に推計。保険料額に介護分は含まない。
（※5）　介護納付金、特定健診・特定保健指導等に対する負担金・補助金は含まれていない。
出所：厚生労働省ホームページ「我が国の医療保険制度について」。

老人保健制度を前身としている。福祉元年とよばれる 1973（昭和 48）年の老人医療費の無料化（70 歳以上）によって，老人医療費が急増し，高齢者の多い国民健康保険の運営は厳しくなっていた。また，病院のサロン化，社会的入院といった弊害も指摘されていた。そこで，1983（昭和 58）年に老人保健制度として，患者一部負担を導入するとともに，市町村が運営主体となり，国民健康保険や健康保険組合などからの拠出金と公費で運営された。これは 75 歳以上（当初は 70 歳以上）の高齢者は国民健康保険・被用者保険に加入し，各々に保険料を払いつつ，市町村が運営する老人保健制度から給付を受けるものであり，老人医療は，市町村が実施するが，費用については各保険者が集まって分担する一種の共同事業という位置づけであった。

　しかし，老人保健制度には以下のような問題点が指摘されていた。①現役世代と高齢者の費用負担関係が不明確である，②保険料を徴収する主体（国民健康保険，被用者保険）とそれを使う主体（市町村）が分離している，③加入する制度や市区町村により保険料額に格差が存在する，などである。このような中で，2008（平成 20）年 4 月より，前期高齢者（65 歳から 74 歳）については保険者間の負担の不均衡を調整する仕組みを導入し（これは先述の国民健康保険における前期高齢者交付金のことである），75 歳以上の後期高齢者（65 歳以上で一定の障害状態にある場合を含む）については独立して新たに**後期高齢者医療制度**が創設された。

　後期高齢者医療制度では，75 歳以上の高齢者がすべて，それまでに加入していた被用者保険や国民健康保険の加入を外れ，広域連合が運営する後期高齢者医療制度の被保険者となり給付を受ける。ここでの広域連合とは，都道府県ごとにその全市町村が加入して作られた後期高齢者医療広域連合である。この制度改革により，現役世代と高齢者の分担ルールが明確化するとともに，保険料を徴収する主体とそれを使う主体が都道府県ごとの広域連合に一元化することで，財政・運営責任を明確化し，都道府県ごとの医療費水準に応じた保険料を，高齢者全員で公平に負担することとなった。

　後期高齢者医療制度の財政は，医療費の本人負担（1 割，一定以上所得のある者は 2 割，現役並み所得者は 3 割）を除いた部分について，約 1 割を後期高齢者

図表10－9　高齢者医療制度の財政

○国保と被用者保険の二本立てで国民皆保険を実現しているが，所得が高く医療費の低い現役世代は被用者保険に多く加入する一方，退職して所得が下がり医療費が高い高齢期になると国保に加入するといった構造的な課題がある。このため，高齢者医療を社会全体で支える観点に立って，75歳以上について現役世代からの支援金と公費で約９割を賄うとともに，65歳〜74歳について保険者間の財政調整を行う仕組みを設けている。

○旧老人保健制度において「若人と高齢者の費用負担関係が不明確」といった批判があったことを踏まえ，75歳以上を対象とする制度を設け，世代間の負担の明確化等を図っている。

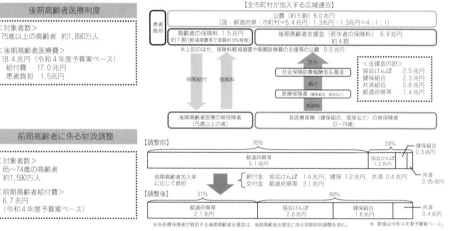

出所：厚生労働省ホームページ「我が国の医療保険制度について」。

本人が負担する保険料で，約５割を公費（国・都道府県・市町村が４：１：１で分担）で，残りの約４割を74歳以下が加入する被用者保険や国民健康保険からの支援金で賄っている（図表10－9参照）。保険料は，個人単位で，広域連合ごとに区域内で均一であり，市町村によって徴収される。後期高齢者医療保険料は収入に応じた所得割と１人当たり定額の均等割によって決められ，低所得者等に対しては軽減措置が設けられている。保険料は全国平均で月額6,472円となっている（2022・23年度見込）。保険料について，国民健康保険は世帯単位であったのに対して，後期高齢者医療制度は個人単位である点に違いがある。公費のうち，国部分は調整交付金と定率国庫負担金に区分される。調整交付金は広域連合間の財政力の不均衡を調整するため（普通調整交付金，調整交付金の9/10）や，災害その他の事情を考慮して（特別調整交付金，調整交付金の1/10）交付される。都道府県分と市町村分はいずれも定率である。

　後期高齢者医療制度における近年の改革としては，後期高齢者医療制度の財政の約 4 割を占める被用者保険や国民健康保険からの**後期高齢者支援金**があげられる。後期高齢者支援金は 2008 年の制度発足以来，各保険者の加入者数（0～74 歳）で按分する**加入者割**で計算されていた。しかし，この方法では保険者間の財政力の違いを考慮しないため，財政力の弱い保険者の負担が重くなっていた。このため，加入者数が多いが相対的に財政力の弱い協会けんぽの財政支援を行うとともに，負担能力に応じた費用負担とする観点から，2010 年度からは被用者保険者間の按分について，1/3 を加入者の所得に応じた**総報酬割**とし，2/3 を加入者割とする方法が導入された（国民健康保険については加入者割のまま）。その後，2015 年の医療制度改革関連法により，2015（平成 27）年度より段階的に総報酬割を拡大し（1/2 総報酬割（2015 年度），2/3 総報酬割（2016 年度）），2017（平成 29）年度より全面総報酬割となった。

　わが国の将来人口推計によれば，今後も高齢化は続き，高齢者数（65 歳以上人口）のピークは 2042 年の 3,935 万人である。75 歳以上人口の割合はその後も増加し続け，2055 年には 25% を超える見込みである。それに伴い増加する医療費を高齢者自身と現役世代でどのように分かち合うのかが課題である。

（5）介護保険

　介護保険は 2000 年 4 月より開始された。図表 10-10 は介護保険の仕組みを示している。保険者は市町村である。加入者（被保険者）は，65 歳以上の者である**第 1 号被保険者**と 40 歳から 64 歳までの者である**第 2 号被保険者**とに分けられる。被保険者数は，2020 年度末で第 1 号被保険者が 3,579 万人，第 2 号被保険者が 4,190 万人となっている。第 1 号被保険者の保険料は原則，年金からの天引きにより市町村が徴収するのに対して，第 2 号被保険者の保険料は，国民健康保険や被用者保険の保険者が医療保険の保険料とともに一括徴収し，全国でプールされて保険者に配分される。

　介護保険を受けるためには，市町村の**要介護認定**を受けなければならない。要介護認定は，介護の必要量を全国一律の基準に基づき，客観的に判定する仕組みであり，自立，要支援 1，2，要介護 1～5 までの 8 段階のいずれに該当す

図表10−10 介護保険制度の仕組み

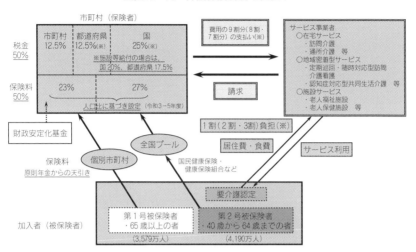

（注）第1号被保険者の数は，「介護保険事業状況報告令和3年3月月報」によるものであり，令和
　　 2年度末現在の数である。
　　 第2号被保険者の数は，社会保険診療報酬支払基金が介護給付費納付金額を確定するための
　　 医療保険者からの報告によるものであり，令和2年度内の月平均値である。
（※）一定以上所得者については，費用の2割負担（平成27年8月施行）又は3割負担（平成30
　　 年8月施行）。
出所：厚生労働省ホームページ「介護保険制度の仕組み」。

るかを一次判定及び二次判定の結果に基づき認定する。介護保険による給付
は，要介護の人に対する介護給付と要支援の人に対する予防給付に分けられ
る。給付されるサービスは，施設サービス，居宅サービス，地域密着型サービ
ス，居宅介護支援サービス，介護予防支援である（詳細は椋野・田中（2022）
130-145頁参照）。要介護認定を受けた被保険者は，保険給付の範囲でサービス
事業者との間で契約を結び，介護サービスを受ける。サービス利用時の利用者
負担は原則として1割である。

　介護保険の財政は，利用者負担を除くと公費と保険料で50％ずつ負担され
る。公費部分については，5％分が国の調整交付金であり，保険者間の財政力
格差を調整するために，第1号被保険者に占める75〜84歳および85歳以上の
高齢者の割合，所得段階別の割合等に応じて調整交付される。具体的には，保
険者の給付水準が同じで，収入が同じ被保険者であれば，保険料負担が同一と

なるように調整している。残りの公費はいずれも定率補助金であり，国は20％，都道府県は12.5％（いずれも居宅給付費の場合。施設等給付費の場合は，国が15％，都道府県が17.5％），市町村が12.5％ を負担する。

保険料の部分における第1号・第2号保険料の割合は，介護保険事業計画期間（3年）ごとに人口で按分されるが，2021〜2023年度の場合，65歳以上の第1号保険料が23％，40〜64歳の第2号保険料が27％ となっている。第1号被保険者の基準額や第2号被保険者の保険料率は，上記の負担割合によってそれぞれのグループの負担額が決まった後，保険料の総額がこの負担額と等しくなるように計算して決まる。第1号保険料の水準は市町村によって異なり，3年ごとに見直される。具体的な保険料は，市町村の条例で定められた保険料基準額をもとに本人や世帯の所得などにより段階的に設定される（所得段階別定額保険料）。第2号保険料は各医療保険者の算定ルールによって決定される。被用者保険であれば，介護保険料は給与等と保険料率の積で求められ，労使折半となり，40〜64歳の被扶養者には個別の介護保険料負担は生じない。その他，保険料軽減のための公費負担が存在する。第1号保険料（保険料基準額）は2021〜2023年度までの3年間の全国平均で月額約6,014円，第2号保険料率は協会けんぽで令和5年3月分から1.82％ と計算されている。

介護保険財政は国民健康保険財政や後期高齢者医療制度との共通点が多い。公費と保険料を50％ ずつとしている点や公費の一部に調整交付金を導入して保険者の財政力に応じた財政調整を行っている点などである。一方で，介護保険では国民健康保険のように，市町村の一般会計からの法定外繰出によって保険財政の赤字を補てんするようなことはない。3年ごとに計画的に保険料を見直す仕組みがあり，短期的には財政安定化基金等で対応されているからである。

介護保険においても，75歳以上人口の増加に伴う介護費用の増加とそれによる介護保険財政の膨張が懸念されている。最近の改革としては，後期高齢者医療制度の改革と同様に，現役世代の第2号被保険者の保険料について，これまでは各保険者の加入者数で按分する**加入者割**で計算されていたものを，被用者保険間では2017年8月から**総報酬割**が段階的に導入された（1/2総報酬割（2018年度まで），3/4総報酬割（2019年度），2020年度より全面総報酬割）。この改革

は，現役世代内での費用配分の議論であるが，医療と介護にかかる費用の増大を前に高齢者と現役世代でどのように分かち合うのか，または分かち合えるのかが課題となる。例えば，前者については負担軽減措置の見直しや高所得高齢者の負担増加，後者については保険料の引き上げや 40 歳未満への被保険者拡大などが考えられよう。

（6）生活保護

　生活保護制度は，日本国憲法 25 条に規定する日本国民の生存権を具体的に保障するための制度である。生活保護には補足性の原理があり，世帯単位で行われる。世帯員全員が，その利用し得る資産，能力その他あらゆるものを，その最低限度の生活の維持のために活用することが前提であり，また，扶養義務者の扶養は，生活保護法による保護に優先するとされている。最低限度の生活に必要な金額は，保護基準によって定められており，居住地域や世帯人員等により決められている。支給される生活保護の額は，保護基準により計算される最低生活費から収入を差し引いた差額である。生活保護の給付には，生活扶助，教育扶助，住宅扶助，医療扶助，介護扶助，出産扶助，生業扶助，葬祭扶助の 8 種類がある。生活保護の申請にあたっては，資力調査（ミーンズテスト）により資産や収入の調査等を受ける。

　生活保護は，都道府県，市，福祉事務所を設置する町村が実施機関となっている。生活保護は**法定受託事務**であり，福祉事務所を設置する地方公共団体が国から委託されて実施している。図表 10 − 5 で見たように，保護費については，国が 3/4 を負担し，残りの 1/4 を実施機関である地方公共団体が負担する。生活保護率は地方公共団体によって大きく異なり，財政負担にも大きな格差が生じる。しかし，地方公共団体の負担分である 1/4 相当額については地方交付税で充当されるため，生活保護率が高いことで，直ちに地方公共団体の財政運営が圧迫されるわけではない[2]。

---

2 ）小西（2019）は，生活保護率の高い地方公共団体には低所得者が相対的に多数居住していることをおおむね示しているため，生活保護費そのものはともかくとしても，それ以外の理由から財政状況が逼迫することは傾向としていえるとしている。

　生活保護受給者数は約 205 万人（2020 年度）であり，平成 23 年に過去最高を更新して以降，200 万人を超える状況が続いている。特にリーマン・ショック以降，生活保護受給者数は急増したこと，生活困窮に至るリスクの高い層が増加したことを踏まえ，生活保護に至る前の自立支援策の強化を図るとともに，生活保護から脱却した人が再び生活保護に頼ることの無いようにすることが必要であり，生活保護制度の見直しと生活困窮者対策の一体実施が不可欠と認識されるようになった。そこで，生活困窮者の自立・就労支援策として，**生活困窮者自立支援法**が制定された。この**生活困窮者自立支援制度**により，2015（平成 27）年度からは生活保護に至る前の第 2 のセーフティネットとして，福祉事務所を設置する地方公共団体は，生活困窮者に対する自立相談支援事業の実施，住居確保給付金の支給やその他の事業（就労準備支援事業，一時生活支援事業，家計改善支援事業等）により生活保護と連携して連続的な支援を行うこととなった。これらの事業は自治事務であるが，自立相談支援事業と住宅確保給付金の給付は，福祉事務所を設置する地方公共団体が行う必須事業と位置付けられており，その費用負担は国が 3/4，実施地方公共団体が 1/4 である。その他の事業については事業によって補助率が異なり，国の負担割合は 2/3 または 1/2 となっている。このような生活保護制度と生活困窮者自立支援制度の連携により，生活困窮者への支援が強化されることが期待されている。

まとめ

◎社会保障のうち，保育・介護・医療は主として市町村の役割となっている。都道府県も運営面，財源面での支援を行っている。国民健康保険や後期高齢者医療，介護保険はいずれも市町村（国民健康保険については都道府県も）の特別会計により一般会計と区分して経理されている。

◎各社会保障制度については，国と都道府県，市町村の財源負担割合が法律に基づいて定められている。地方の社会保障に対する財政需要への財源保障は，国庫支出金と地方財政計画を通じた地方交付税によって行われる。

◎医療保険制度のうち，国民健康保険は居住地を基にした地域保険であり，後期高齢者医療制度は 75 歳以上の高齢者等が加入する。2015 年の国民健康保険の改革により財政運営の都道府県単位化と財政支援の拡充による財政基盤の強化が行われた。前期高齢者交付金や後期高齢者支援金といった財政調整制度も存在する。介護保険

は市町村を保険者とし，65 歳以上の第 1 号被保険者と 40 歳から 64 歳までの第 2 号被保険者からなっている。生活保護は法定受託事務であり，福祉事務所を設置する地方公共団体が国から委託されて実施している。

参考文献

小西砂千夫（2019），『改訂版　社会保障の財政学』日本経済評論社。

厚生労働省（2022），『令和 4 年版　厚生労働白書』

総務省（2022），『令和 4 年版　地方財政白書』

椋野美智子・田中耕太郎（2022），『はじめての社会保障―福祉を学ぶ人へ』第 19 版，有斐閣アルマ。

コラム　給付付き税額控除と地方財政

　就労を支援する税・社会保障政策としては，諸外国で導入・拡大されてきた「給付付き税額控除」制度が注目されている。これは税額控除と呼ばれるように，税制上の所得税額を計算する際に（正確には算出税額から税額控除を控除した後に），税額控除額がなお残ればそれを現金給付するというものである。実際には，税額控除という形ではなく単なる手当の形で給付を行うこともあり得る。前者の形では米国の勤労所得税額控除（EITC；Earned Income Tax Credit）が，後者としては英国の就労税額控除（WTC；Working Tax Credit）がそれぞれ有名である。給付付き税額控除の制度設計は各国で異なるが，低所得者の就労を促進するために，所得額や労働時間により税額控除額を変化させる特徴がある（さらに，世帯構成や資産要件を設ける場合もある）。これにより，就労することで税額控除や手当を受給できなくなり，手取り所得が減少し労働インセンティブを阻害すること（「貧困の罠」とよばれる）を防ぎながら，納税額が少ない者や課税最低限以下の者に対して給付できる。

　現在，わが国では給付付き税額控除は導入されていないが，手当の形で児童手当や児童扶養手当などが実施されている。児童手当は中学校修了までの国内に住所を有する児童を支給対象としており，手当月額は0～3歳未満は15,000円，3歳～小学校修了までは10,000円（第3子以降は15,000円），中学生は10,000円となっている。児童手当には扶養親族等の数に応じて所得制限限度額があり，限度額以上の所得がある場合，特例給付として5,000円が支給される。さらに2022年10月支給分から特例給付に所得上限が創設され，上限額以上の所得がある場合には支給されなくなった。例えば，夫婦と児童2人の限度額と上限額はそれぞれ生計維持者の年収ベースで960万円と1,200万円である。また児童手当の実施主体は市区町村である。児童扶養手当はひとり親家庭の父や母などに対する給付である。児童扶養手当についても所得制限限度があり，支給主体は都道府県，市及び福祉事務所設置町村となっている。

　今後，わが国でも給付付き税額控除を導入する場合は，その実施を市町村が担うことが想定され得る。国（国税庁）は課税最低限以下の者についての所得情報を持っていない。市町村がこれまでの児童手当その他の諸制度における住民税非課税世帯への対応のノウハウを生かしつつ，課税最低限以下の者の世帯情報や扶養者についての確認を行った上で給付付き税額控除を給付するといった形が考えられる。給付付き税額控除を本格実施しようとした場合には，国と地方の役割分担や情報共有において効率的な制度設計が行えるかに注目が集まる。

第11章　公共事業と地域活性化

> **この章でわかること**
> ◎少子高齢社会時代の地域の抱える課題がみえる。
> ◎私たちが地域社会の一員として，これからどのようにしていったらよいかのヒントが得られる。
> ◎私たちの生活に欠かせないインフラの整備状況がわかる。

第1節　持続可能な地域と地方財政

　第1章第3節で示されたように，日本はこれからも人口が減り，少子高齢社会が進む。また人口が増加する地域と人口が減少する地域ができ，地域格差が広がる。そうなるとどのようになっていくかについて一緒に考えてみよう。

（1）過疎地域と過疎対策

　過疎地域とは，人口の急激な減少により地域社会の基盤が変動し，生活水準及び生産機能の維持が困難となっている地域をいう。2022年4月1日現在，過疎地域市町村に該当するのは，885市町村で，2021年4月1日現在の820市町村と比べて，65市町村増となった。都道府県別にみると，北海道152市町村，ついで鹿児島県42市町村の順である。

　日本が過疎対策に着手したのは，1950年代以降の高度経済成長期である。高度経済成長に伴い，集団就職など若者が農山漁村地域から東京，大阪，名古屋の**三大都市圏**に移り住んだことにより，都市部では人口の集中による過密問題が発生し，農山漁村地域では過疎問題が発生した。

　そのため，過疎問題に対応するために，1970年以降，4次にわたり，議員立法として法律が制定されてきた。**1次**は，1970年4月24日に施行された「**過疎地域対策緊急措置法**」である。10年間の時限立法として施行された。**2次**は，その10年後，地域の振興を図り，住民福祉の向上，雇用の増大および地域格差の是正に寄与することを目的に1980年4月1日に施行された「**過疎地域振興特別措置法**」である。**3次**は，1990年4月1日に「**過疎地域活性化特別措置法**」が施行された。国は人口減少そのものだけではなく，過去の著しい人口減少に起因して若者が少なく高齢者が多いという人口の年齢構成の偏りにより，地域の活力が低下していることを過疎問題ととらえなおした。そして**4次**は，2000年4月1日に，10年間の時限立法として「**過疎地域自立促進特別措置法**」が施行された。これまでの法律の目的に，過疎地域が豊かな自然環境に恵まれた21世紀にふさわしい生活空間としての役割を果たすとともに，地域産業と地域文化の振興等による個性豊かで自立的な地域社会を構築することにより，日本全体として多様で変化に富んだ，美しく風格ある国土となっていくことに寄与することも加わった。その後は，「過疎地域自立促進特別措置法」を一部改正する形が取られている。

　これまでに，2010年，2012年，2014年，2017年と4回の法改正がなされた（図表11−1）。2010年4月1日，「**過疎地域自立促進特別措置法の一部を改正する法律**」が施行され，失効期限の6年間延長や過疎地域の要件の追加を行うとともに，時代に対応した実効性ある過疎対策を講じるため，過疎対策事業債の**ソフト事業**への拡充及び対象施設の追加を行うなど過疎地域自立促進特別措置法の改正がなされた。しかし，2011年3月の東日本大震災が発生したことにより，被災自治体を考慮して，失効期限の5年間延長を内容とする「**過疎地域自立促進特別措置法の一部を改正する法律**」が2012年6月27日に施行された。さらに，過疎地域の現状を踏まえ，2010年の国勢調査の結果に基づく過疎地域の要件の追加及び過疎対策事業債の対象施設の追加を内容とする「**過疎地域自立促進特別措置法の一部を改正する法律**」が2014年4月1日に施行された。その後，2015年の国勢調査の結果を用いた過疎地域の要件を追加し，過疎対策事業債の対象施設の拡充，減価償却の特例及び地方税の課税免除等に

図表11－1　過疎対策の法律の変遷

法律名	過疎地域対策緊急措置法（昭和45年4月24日法律第31号）	過疎地域振興特別措置法（昭和55年3月31日法律第19号）	過疎地域活性化特別措置法（平成2年3月31日法律第15号）	過疎地域自立促進特別措置法（平成12年3月31日法律第15号）
制定経緯	議員立法（全会一致）	議員立法（全会一致）	議員立法（全会一致）	議員立法（全会一致）
期間	昭和45年度～昭和54年度	昭和55年度～平成元年度	平成2年度～平成11年度	平成12年度～令和2年度（※法制定当初の期限（～平成21年度）から11年間延長）
目的	○人口の過度の減少防止 ○地域社会の基盤を強化 ○住民福祉の向上 ○地域格差の是正	○過疎地域の振興 ○住民福祉の向上 ○雇用の増大 ○地域格差の是正	○過疎地域の活性化 ○住民福祉の向上 ○雇用の増大 ○地域格差の是正	○過疎地域の自立促進 ○住民福祉の向上 ○雇用の増大 ○地域格差の是正 ○美しく風格ある国土の形成
法制定（改正）時の過疎地域の要件【人口要件】	【人口要件】 昭和35年～昭和40年（5年間） 人口減少率 10%以上	【人口要件】 昭和35年～昭和50年（15年間） 人口減少率 20%以上	【人口要件（以下のいずれか）】 〈H2.4.1～〉 ①昭和35年～昭和60年（25年間）人口減少率 25%以上 ②昭和35年～昭和60年（25年間）人口減少率 20%以上 かつ 昭和60年の高齢者（65歳以上）比率 ③昭和35年～昭和60年（25年間）人口減少率 20%以上 かつ 昭和60年若年者（15歳以上30歳未満）人口比率 16%以下	【人口要件（以下のいずれか）】 〈H12.4.1～〉 ①昭和35年～平成7年（35年間）人口減少率 30%以上 ②昭和35年～平成7年（35年間）人口減少率 25%以上 かつ 平成7年高齢者比率 24%以上 ③昭和35年～平成7年（35年間）人口減少率 25%以上 かつ 平成7年若年者比率 15%以下 ④昭和55年～平成7年（25年間）人口減少率 19%以上 〈H22.4.1～（滅新たに追加）〉 ①昭和35年～平成17年（45年間）人口減少率 33%以上 ②昭和40年～平成17年（45年間）人口減少率 28%以上 かつ 平成17年高齢者比率 29%以上 ③昭和40年～平成17年（45年間）人口減少率 28%以上 かつ 平成17年若年者比率 14%以下 ④昭和55年～平成17年（25年間）人口減少率 17%以上 〈H29.4.1～（滅新たに追加）〉 ①昭和40年～平成22年（45年間）人口減少率 32%以上 ②昭和40年～平成22年（45年間）人口減少率 27%以上 かつ 平成22年高齢者比率 32%以上 ③昭和40年～平成22年（45年間）人口減少率 27%以上 かつ 平成22年若年者比率 11%以下 ④平成2年～平成22年（25年間）人口減少率 21%以上
人口要件かつ財政力要件	【財政力要件】 ●S41~S43 財政力指数0.4未満 ●公営競技収益 10億円以下	【財政力要件】 ●S41~S43 財政力指数0.37以下 ●公営競技収益 10億円以下	【財政力要件】 ●S61~S63 財政力指数0.44以下 ●公営競技収益 13億円以下	【財政力要件】 ●H8~H10 財政力指数0.42以下 ●公営競技収益 20億円以下 ●H19~H20 財政力指数0.56以下 ●公営競技収益 20億円以下 ●H22~H24 財政力指数0.49以下 ●公営競技収益 40億円以下 ●H25~H27 財政力指数0.5以下 ●公営競技収益 40億円以下 ①～③は、財政力指数が0.55未満であって人口が10%以上増加している団体を除く。
公示市町村数［過疎市町村／全市町村数］	当初（S45.5.1）776/3,280 最終 1,093/3,255	当初（S55.4.1）1,119/3,255 最終 1,157/3,245	当初（H2.4.1）1,143/3,245 最終 1,230/3,229	当初（H12.4.1）1,171/3,229 追加（H14.4.1）1,210/3,218 法延長（H22.3.31）718/1,727 法改正当初（H26.4.1）776/1,727 （H25.4.1現在）775/1,719 法改正当初（H29.4.1）817/1,718

出所：総務省ホームページ。

伴う措置の拡充等を内容とする「**過疎地域自立促進特別措置法の一部を改正する法律**」が 2017 年 4 月 1 日に施行され，2021 年 3 月末日に期限が到来した。

　2021 年 4 月 1 日には，「**過疎地域の持続的発展の支援に関する特別措置法**」が新たに制定された。2031 年 3 月 31 日まで 10 年間の時限である。

（2）空き家問題

　続いて，少子高齢社会・人口減少社会であるからこそ起きる問題について考えてみよう。昨今，地方公共団体や地域社会が抱えている主な悩みの 1 つは「**空き家問題**」である。

　国土交通省や総務省の定義によれば，空き家とは①別荘などの二次的住宅，②賃貸用の住宅，③売却用の住宅，④その他の住宅（転勤や病気療養のために長期的に不在の場合や建て替えのためなど）に分類される（図表 11 − 2）。空き家が発生するのは，総世帯数が総住宅数を上回るからである。つまり 1 世帯で何件もの住宅を持つことからくる。1963 年までは総世帯数が総住宅数を上回っていたが，1968 年に逆転し，2013 年には 1 世帯当たりの住宅数が 1.16 戸となった。**空き家数**は 2018 年度には 849 万戸，**空き家率（総住宅数に占める空き家の割合）**は 13.6 ％ になった。内訳をみると，賃貸用の住宅が 432.7 万戸（6.9 ％），売

図表11− 2　空き家の定義

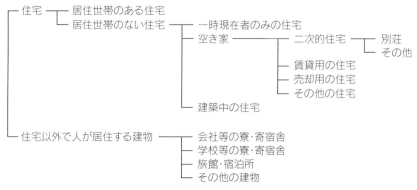

出所：総務省ホームページ「平成 30 年住宅・土地統計調査　用語の解説」。

却用の住宅が 29.3 万戸（0.5%），別荘などの二次的住宅が 38.1 万戸（0.6%），その他の住宅が 348.7 万戸（5.6%）となっている。2013 年と比べると，賃貸用の住宅が 3.5 万戸（0.8% 増）増え，売却用の住宅が 1.5 万戸（4.9% 減），「二次的住宅」が 3.1 万戸（7.5% 減）減少した。その他の住宅は 30.4 万戸増（9.5% 増）となった（図表11 - 3）。2008 年度の調査では，全国の空き家約 757 万戸のうち個人住宅が約 268 万戸を占めていることから，国土交通省が開催した「個人住宅の賃貸流通の促進に関する検討会」の 2014 年 3 月に公表された調査結果では，空き家所有者の 7 割がそのまま放置していることがわかった。2015 年 11 月に，国土交通省住宅局が実施した『平成 26 年空家実態調査』では，空き家の所有者の 55.6% が 65 歳以上の高齢者であることもわかった。『令和元年空き家所有者実態調査報告書』では，61.5% に上昇した。

　このように家余りの状況にある。**空き家問題**とは，老朽化した住宅が空き家として放置されることにより，景観の悪化や防犯上の不安，倒壊の恐れなどが

図表11－3　空き家数と空き家率の推移（1958年〜2018年）

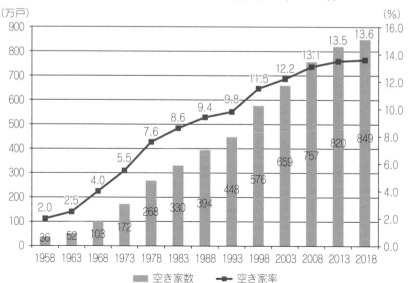

出所：総務省『平成 30 年住宅・土地統計調査　住宅及び世帯に関する基本集計　結果の概要』。

危惧されることである。『平成26年空家実態調査』では，空き家が放置される理由として，物置が必要だから，解体費用をかけたくないから，特に困っていないから，将来，自分や親族が使うかもしれないから，好きなときに利用や処分ができなくなるから，が上位に挙げられている。

　空き家を相続しても登記の書き換えを行っていないと，空き家の所有者が特定できない事例も多い。危険な空き家の情報収集や所有者の特定から始めることになる。

　国は増え続ける空き家に対処するため，2014年11月に「**空家等対策の推進に関する特別措置法**」を制定し，2015年5月に全面施行を開始した。この法律により，都道府県や市区町村が調査して，適切な管理が行われず，倒壊の危険や周囲の景観を著しく損っている空き家は「**特定空家**」として，厳しい処分を行うことができるようになった。

　「特定空家」は，具体的な判断基準や処分の方法について国土交通省が定めたガイドラインをもとに各地方公共団体が条例で定める。地方公共団体はこれをもとに新たに条例を設定したり，以前からある条例を見直したりして，2015年4月時点で430の地方公共団体で「空き家等の適正管理に関する条例」が制定・施行されている。2015年10月には神奈川県横須賀市が全国初となる所有者不明の老朽化した空き家の取り壊しを行政代執行するという報道がなされた。また，これまでは，そこに住んでいない住宅であっても住宅が建っているという理由だけで固定資産税が優遇されてきたが，2015年度から地方税法349条の3の2第1項の規定に基づき，空き家のうち「特定空家等」に該当する空き家に対する**固定資産税**については，住宅用地特例が適用されなくなり，通常の固定資産税を賦課することとした。空家の譲渡については，2018年4月1日から2023年12月31日までの間に，相続により生じた古い空き家を譲渡した場合，譲渡所得から3,000万円を特別控除できる。

　国土交通省はこれまでも，「空き家再生等推進事業」や「高齢者等の住み替え支援事業」などを行ってきているが，こうした状況から，2016年度に「**先駆的空き家対策モデル事業**」として，京都市や埼玉県川口市，長野県小諸市などの6地方公共団体のほか，2民間団体，12のNPOや社団法人等の20団体

に対して，1.2 億円の予算を措置した。2017 年度には，27 団体が採択された。

　また，2016 年度に「**空き家対策総合支援事業**」として，社会資本総合整備交付金とは別枠で 20 億円を予算措置した。これにより，低所得者向けの住宅に空き家を活用し，家賃を一部補助される。都道府県ごとに一定の基準を満たす空き家を登録し，入居希望者に仲介する仕組みを作り，一部補助により家賃を安くすることで，低所得者の住宅環境の改善と，空き家の減少を目指すこととなった。この事業は 2016 年度から 2020 年度の事業である。

　2018 年度から 2020 年度には「**空き家対策の担い手強化・連携モデル事業**」が実施されている。各地における空き家対策を加速化するため，空き家に関する多様な相談に対応できる人材育成，多様な専門家等との連携による相談体制の構築，全国共通課題の解決を行うモデル的な取り組みについて支援を行い，その成果の全国への展開を図ることを目的としている。事業は 2 つあり，（1）人材育成と相談体制の整備では，2018 年度には 35 件，2019 年度には 37 件が実施され，2020 年度には 24 件が採択された。（2）空き家対策の共通課題の解決については，2018 年度には 20 件，2019 年度には 23 件が実施され，2020 年度には 35 件が採択された。

　2021 年度から「**住宅市場を活用した空き家対策モデル事業**」が実施されている。全国における空き家対策を加速化するため，空き家対策の執行体制の整備が必要な自治体における専門家等と連携した相談窓口の整備等を行う取り組み，民間事業者が空き家の発生防止等の抜本的対策に取り組むモデル的な取り組みについて支援を行い，その成果の全国への展開を図る 2023 年度までの事業である。事業は 2 つあり，（1）空き家に関する相談窓口等の民間連携支援では，2021 年度に 23 団体が採択された。（2）住宅市場を活用した空き家に係る課題の解決では，2021 年度に 46 団体が採択された。

　そのほかにも，空き家取得への支援として，フラット 35 の金利引下げや，住宅として流通を促すために，買取再販で扱われる住宅の取得等に係る不動産取得税・登録免許税の特例などもある。

　空き家問題は大都市や過疎地域にかかわらず全国的な問題となっており，郊外型団地や木造住宅密集地などによって，空き家が発生する経緯や解決すべき

課題，対応方法などが異なる。問題に対して，その地域に応じて，ひとつひと
つ解決していくしかないだろう。

（3）耕作放棄地・荒廃農地

　農村では都市部に先駆けて高齢化や人口減少が進行している。特に中山間地
域において顕著に表れている。こうした地方公共団体や地域社会が抱えている
主な悩みに「**耕作放棄地**」が挙げられる。耕作放棄地とは農業センサスの『用
語の解説（農林業経営体調査）』において，「以前耕作していた土地で，過去 1 年
以上作物を作付け（栽培）せず，この数年の間に再び作付け（栽培）する意思
のない土地をいう」と定義されている。ほぼ同義の意味で「**遊休農地**」という
言葉がある。これは法令用語であり，農業経営基盤強化促進法第 5 条第 2 項第
4 号において，「農地であって，現に耕作の目的に供されておらず，かつ引き
続き耕作の目的に供されないと見込まれるもの」と定義されている。最近で
は，「**荒廃農地**」という言葉もよく使われるようになった。荒廃農地とは，現
に耕作に供されておらず，耕作の放棄により荒廃し，通常の農作業では作物の
栽培が客観的に不可能となっている農地を指し，**再生利用が可能な荒廃農地**と
再生利用が困難と見込まれる荒廃農地に分けられる。

　耕作放棄地面積は 1985 年までは，13 万ヘクタールであったが，1990 年以降
増加の一途を辿り，2005 年には，38 万 6,000 ヘクタールとなった。2010 年に
は 39 万 6,000 ヘクタール，2015 年には 42 万 3,000 ヘクタールとなった。荒廃
農地は 2019 年には 28 万 4,000 ヘクタールとされ，再生利用可能が 9 万 1,000
ヘクタール，再生利用困難が 19 万 2,000 ヘクタールと推計される。

　農地面積の減少要因は図表 11 - 4 で示されたように自然災害，荒廃農地，
非農業用途への転用，植林・農林道等への転用である。2011 年の自然災害は
東日本大震災によるものである。

　耕作放棄地・荒廃農地の発生原因は，2004 年のデータによれば，「**高齢化等
による労働力不足**」が 5 割を占め，「生産性が低い」，「農地の受け手がいな
い」，「土地条件が悪い」と続く。2014 年の調査では，「**高齢化・労働力不足**」
が 23%，「**土地持ち非農家の増加**」が 16% と続き，「農産物価格の低迷」，「収

図表11－4　農地面積の減少要因の推移（2002年～2016年）

年	2002	2003	2004	2005	2006	2007	2008	2009
かい廃計	33,200	28,100	27,100	27,500	24,300	23,700	23,900	21,200
自然災害	189	30	1,380	2,640	52	56	23	49
	0.6%	0.1%	5.1%	9.6%	0.2%	0.2%	0.1%	0.2%
荒廃農地（耕作放棄）	17,000	14,300	11,400	11,100	11,400	10,400	9,760	9,770
	51.2%	50.9%	42.1%	40.4%	46.9%	43.9%	40.8%	46.1%
非農業用途への転用	12,810	11,190	10,500	3,760	10,510	11,210	11,910	9,066
	38.6%	39.8%	38.7%	13.7%	43.3%	47.3%	49.8%	42.8%
植林・農林道等への転用	3,272	2,591	2,600	3,415	2,294	2,058	2,205	2,254
	9.9%	9.2%	9.6%	12.4%	9.4%	8.7%	9.2%	10.6%

年	2010	2011	2012	2013	2014	2015	2016
かい廃計	17,700	33,400	17,400	19,800	26,200	25,900	29,900
自然災害	186	16,800	1,400	1	335	82	1,430
	1.1%	50.3%	8.0%	0.0%	1.3%	0.3%	4.8%
荒廃農地（耕作放棄）	7,790	7,870	6,940	9,530	13,000	13,500	16,200
	44.0%	23.6%	39.9%	48.1%	49.6%	52.1%	54.1%
非農業用途への転用	7,983	6,996	7,119	8,382	9,894	10,165	9,860
	45.1%	20.9%	40.9%	42.3%	37.8%	39.2%	33.0%
植林・農林道等への転用	1,753	1,737	1,916	1,845	2,901	2,181	2,408
	9.9%	5.2%	11.0%	9.3%	11.1%	8.4%	8.1%

（注）かい廃とは，作物の栽培が困難になった状態の土地をいう。
出所：農林水産省「耕地及び作付面積統計」。

益の上がる作物がない」なども挙げられた。

　耕作放棄地が問題となるのは，**周辺の土地に影響が及んでしまう**からである。**雑草や害虫の増加**のほか，特に中山間地域で著しい影響を受けるのが，山間地域に生息する鳥獣による被害である。**中山間地域**とは，平野の外縁部から山間地を指す。山地の多い日本では，このような中山間地域が**国土面積の約7割**を占めている。この中山間地域における農業は，**全国の耕地面積の約4割，総農家数の約4割**を占めるなど，我が国農業の中で重要な位置を占めている。そのほか，**食料自給率への影響，ゴミの不法投棄問題**なども挙げられる。

　耕作放棄地に関しては，時代に合わせて法律改正が行われてきた。1975年には「農業振興地域の整備に関する法律（昭和44年法律第58号）」が改正され，

耕作放棄が長ければ農地としての利用が困難になると見込まれる農地について、市町村または農協が住民・組合員の共同利用のためにその農地の利用権の取得が行える**特定利用権の設定制度**が創設された。1989年には、1980年制定の農用地利用増進法が改正された。遊休農地の解消とその有効利用を図るため、正当な理由なく耕作放棄している者に対し、農業委員会による指導、市町村長による勧告ができ、勧告に従わないときは、農地保有合理化法人は買い入れ等の協議を行い、買い入れを行った農地について認定農業者への売り渡しを行うことができる**遊休農地に関する措置**が創設された。2002年には、**構造改革特別区域法**が制定され、特区において、農業生産法人以外の法人の**リース方式による農地の権利取得**が容認されるようになった。2003年には、1980年制定の農業経営基盤強化促進法が改正され、農業委員会の指導に従わず、相当期間耕作の目的に供されない農地に対し、市町村長が特定遊休農地である旨を通知し、農地の利用計画の届け出を行わせることができる**特定遊休農地の農業上の利用に関する計画の届出制度**が創設された。2005年にも、農業経営基盤強化促進法が改正され、**体系的な遊休農地対策の整備**と**リース特区制度の全国展開**が可能となった。

　耕作放棄地や荒廃農地に対する解決策には**農業従事者を増やすこと**が挙げられる。農地を持てるのは農家だけであるが、農地を相続したときだけは、無条件に農地の所有が認められている。しかし、相続した人が非農家では、農家に転業しないと耕作放棄地になってしまう。この**土地持ち非農家の存在**も問題である。

　このような問題を解決すべく、「**農地法等の一部を改正する法律**（平成21年法律第57号）（以下、改正農地法とする）」が、2009年12月に施行された。この改正で、一般法人の貸借での参入規制の緩和と農地取得の下限面積の実質自由化を実現した。農地を取得する際の下限面積を緩和したため、個人が農業に参入しやすくなり、株式会社でも農地を借りられるようにし、貸借期間を50年間に延長した。農業生産法人の要件を緩和し、出資の形で農業に参入しやすくなった。転用規制を厳格化し、遊休農地対策を強化した。改正農地法施行後の3年半で参入法人は1,261法人（うち株式会社は777法人）と着実に増加している

図表11－5　改正農地法施行後の一般法人数の推移
（2010年6月～2013年6月）

	NPO 法人等	特例有限会社	株式会社	合　計
2010 年 6 月	29	29	117	175
2010 年 12 月	66	63	235	364
2011 年 6 月	96	90	341	527
2011 年 12 月	134	108	435	677
2012 年 6 月	204	144	604	952
2012 年 12 月	255	145	671	1,071
2013 年 3 月	277	158	723	1,158
2013 年 6 月	314	170	777	1,261

出所：農林水産省資料。

（図表11－5）。

　農林水産省は，2009年より**耕作放棄地再生利用緊急対策**を実施している。耕作放棄地の再生・利用の支援として，**耕作放棄地再生利用緊急対策交付金**を創設した。障害物除去・深耕・整地などの再生作業については，荒廃の程度に応じ，10アールに付き，3万もしくは5万円（補助率1/2）交付される。土壌改良や営農定着に対して，10アールに付き，2.5万円交付される。用排水整備，鳥獣被害防止施設，直売所，加工施設，市民農園，農業用機械・施設等の整備などにも補助率1/2等で支援される。2015年度には19億円，2016年には2億3,100万円が予算化された。

　2013年の農地法改正により，遊休農地対策が強化され，2014年度には，**農地中間管理機構（農地バンク）**が全都道府県に創設された。農地中間管理機構とは，「信頼できる農地の中間的受け皿」で，リタイアするので農地を貸したいとき，利用権を交換して分散した農地をまとめたいとき，新規就農するので農地を借りたいときなどに活用できる。**農業の担い手への集積・集約化**と**耕作放棄地解消**を目的としている。10年間で農業の担い手の農地利用が全農地の8割となることを目標としている。2019年度には，2.3万ヘクタールまで増加

し，そのシェアは57.1％となった。2020年4月に完全施行された改正農地中間管理事業法に基づき，地域の関係者一体で，2020年度に人・農地プランの実質化を話し合いにより集中的に推進し，実質化されたプランを核に担い手への農地の集積・集約化の具体化を順次進めることとなった。

なお，『食料・農業・農村基本計画』（令和2年3月31日閣議決定）では，荒廃農地の発生防止・解消等について，「多面的機能支払制度及び中山間地域等直接支払制度による地域・集落における今後の農地利用に係る話合いの促進や共同活動の支援，鳥獣被害対策による農作物被害の軽減，農地中間管理事業による農地の集積・集約化の促進，基盤整備の効果的な活用等による荒廃農地の発生防止・解消に向けた対策を戦略的に進める。あわせて，有効かつ持続的に荒廃農地対策を戦略的に進めるため，農地の状況把握を効率的に行うための手法の検討のほか，荒廃農地の発生要因や地域，解消状況を詳細に調査・分析するとともに，有機農業や放牧・飼料生産など多様な農地利用方策とそれを実施する仕組みの在り方について「農村政策・土地利用の在り方プロジェクト」を設置して総合的に検討し，必要な施策を実施する。また，農業振興地域制度及び農地転用許可制度について，国と地方公共団体が一体となって適切な運用を図ることにより，優良農地の確保と有効利用の取組を推進する。」とされている。

（4）まちづくり（中心市街地活性化）

　中心市街地では，郊外の大型ショッピングセンターに買い物客を奪われ，かつての中心街はシャッター通りと化して，都市機能が衰退している。中心市街地は，城下町や宿場町といったその地域での歴史的経緯を背景に文化や伝統を育んできた市町村の中心であり，社会資本が蓄積された地域である。そこで，中心市街地における都市機能の増進と経済活力の向上を総合的かつ一体的に推進するために，**中心市街地活性化制度**が設けられた。1998年6月に「中心市街地の活性化に関する法律（平成10年法律第92号）」が施行され，中心市街地の活性化に関する施策を総合的かつ効果的に推進するため，内閣に，中心市街地活性化本部が置かれた。この法律は改正都市計画法，大規模小売店舗立地法とならび，「**まちづくり3法**」と呼ばれる。従来は，商店街の衰退防止の側面

が強かったが，商店街の物的な環境整備やイベントを行う等の対策では不十分
で，中心市街地活性化の対象は，都市計画，商業，道路・交通，環境など行政
の幅広い分野にわたることから，都市のあり方そのものから見直していくべき
との議論に発展した。地方公共団体は中心市街地活性化基本計画を作成し，国
に申請する。国の認定後，認定中心市街地活性化基本計画を作成するが，その
時の重点ポイントは，①市街地の整備改善，②都市福利施設の整備，③まちな
か居住の推進，④経済活力の向上である。これまでに認定された中心市街地活
性化基本計画は 2022 年 4 月現在で，152 団体（累計 265 計画）であり，57 団体
が実施中である。

　この制度で，中心市街地ごとに，まちづくり会社や商工会議所，地域住民，
民間事業者等からなる中心市街地活性化協議会を組織することができるように
なった。地方公共団体が作成する基本計画，認定基本計画の実施等について，
市町村に意見を述べることができる。こうして，国，地方公共団体，地域が連
帯して，まちづくりに取り組むようになった。

　しかし，2004 年 9 月 15 日の総務省の「中心市街地の活性化に関する行政評
価・監視」（評価・監視結果に基づく勧告）によると，全国 121 市町の中心市街地
活性化の状況を把握・分析した結果，人口・商店数・年間商品販売額・事業所
数・事業所従業者数のいずれの統計指標をみても，基本計画作成前よりも数値
が低下していた。中心市街の活性化が図られていると認められる市町は少ない
状況にあり，引き続きの取り組みが必要である。

　地域活性化に関しては，中心市街地活性化以外には，2002 年に**都市再生法**，
2005 年に**地域再生法**が施行されている。市町村が都市再生整備計画を作成
し，国土交通省に提出すると，社会資本整備総合交付金（都市再生整備計画事
業）が交付される。従来から国土交通省で支援してきた施設整備等のハード事
業（緑地・広場等整備）のほかに，市町村の提案に基づく地域の創意工夫を活か
した取り組み（図書館等のハード事業・イベント等のソフト事業）も交付金の対象
である。また，自治体が地域再生計画を作成し，内閣府が認定すると，実践型
地域雇用創造事業の委託が受けられ，地域再生基盤強化交付金の交付が受けら
れる。

2007年10月，地方における人口減少の悪循環を断ち切る等のため，内閣に置かれた地域再生などの実施体制を統合した。地方の再生に向けた戦略を一元的に立案・実行する地域活性化統合事務局を設置し，地域活性化3計画等の取り組みを推進していたが，2015年1月に地方創生推進室，2016年4月には地方創生推進事務局に改組された。

2020年3月に「**中心市街地活性化促進プログラム**」が決定された。中心市街地活性化促進プログラムは，「まち・ひと・しごと創生基本方針2019」（令和元年6月2日閣議決定）や，「第2期「まち・ひと・しごと創生総合戦略」」（令和元年12月20日閣議決定）を踏まえ，中心市街地のさらなる活性化を図るためのプログラムである。重点的な取り組みとして，（1）社会経済情勢の変化と進展等に対応した戦略，（2）まちのストックを活かす，（3）地域資源とチャンスを活かす，（4）民との連携や人材の確保・育成を強化する，（5）より活用される仕組みにするという5つの方針が示され，『中心市街地活性化の取組・支援措置活用事例集』も作成された。

第2節　ハード事業

（1）社会資本整備とは

国や地方公共団体は，道路，港湾，空港，橋りょう，上下水道，公営住宅，病院，学校などの社会資本を整備している。社会資本整備は，公共投資や公共事業とも呼ばれ，国土を保全し，社会基盤を整備することによって，国民の生活を豊かにするとともに，経済の発展や企業の生産力を高めることを目的に整備される。短期的には有効需要や雇用の創出効果も期待されている。社会資本は公共財であるため，民間部門では供給することが難しく，国や地方公共団体が提供している。

社会資本整備はむやみやたらと行われるのではなく，長期的な視点に立った計画と予算をもとに計画的に進められている。第二次世界大戦後の日本は焦土と化したため，新たな国土づくりが目的となった。1962年に，国土総合開発法に基づき，「**全国総合開発計画**（以下，全総と略す）」が策定された。これは日

図表11－6　全国総合開発計画の概要

	全国総合開発計画 （全総）	新全国総合開発計画 （新全総）	第三次総合開発計画 （三全総）	第四次全国総合開発計画 （四全総）	21世紀の国土のグランドデザイン 一極一軸型から多軸型国土構造へ
閣議決定	1962年10月	1969年5月	1977年11月	1987年6月	1998年3月
策定時の内閣	池田内閣	佐藤内閣	福田内閣	中曽根内閣	橋本内閣
背景	1. 高度成長経済への移行 2. 過大都市問題、所得格差の拡大 3. 所得倍増計画（太平洋ベルト地帯構想）	1. 高度成長経済 2. 人口、産業の大都市集中 3. 情報化、国際化、技術革新の進展	1. 安定経済 2. 人口、産業の地方分散の兆し 3. 国土資源、エネルギー等の有限性の顕在化	1. 人口、諸機能の東京一極集中 2. 産業構造の急速な変化等により、地方圏での雇用問題の深刻化 3. 本格的国際化の進展	1. 地球時代（地球環境問題、大競争、アジア諸国との交流） 2. 人口減少・高齢化時代 3. 高度情報化時代
目標年次	1970年	1985年	1977年からおおむね10年間	おおむね2000年まで	2010～2015年
基本目標	〈地域間の均衡ある発展〉	〈豊かな環境の創造〉	〈人間居住の総合的環境の整備〉	〈多極分散型国土の構築〉	〈多軸型国土構造形成の基礎づくり〉
基本的課題	1. 都市の過大化の防止と地域格差の是正 2. 自然資源の有効利用 3. 資本、労働、技術等の諸資源の適切な地域配分	1. 長期にわたる人間と自然との調和、自然の恒久的保護、保存 2. 開発の基礎条件整備による開発可能性の全国土への拡大均衡化 3. 地域特性を活かした開発整備による国土利用の再編成と効率化 4. 安全、快適、文化的環境条件の整備保全	1. 居住環境の総合的整備 2. 国土の保全と利用 3. 経済社会の新しい変化への対応	1. 定住と交流による地域の活性化 2. 国際化と世界都市機能の再編成 3. 安全で質の高い国土環境の整備	1. 自立の推進と誇りの持てる地域の創造 2. 国土の安全と暮らしの安心の確保 3. 恵み豊かな自然の享受と継承 4. 活力ある経済社会の構築 5. 世界に開かれた国土の形成
開発方式等	〈拠点開発構想〉 目標達成のため工業の分散を図ることが必要であり、東京等の既成大集積と関連させつつ開発拠点を配置し、交通通信施設によりこれを有機的に連絡させ相互に影響させると同時に、周辺地域の特性を生かしながら連鎖反応的に開発を進め、地域間の均衡ある発展を実現する。	〈大規模プロジェクト構想〉 新幹線、高速道路等のネットワークを整備し、大規模プロジェクトを推進することにより、国土利用の偏在を是正し、過密過疎、地域格差を解消する。	〈定住構想〉 大都市への人口と産業の集中を抑制する一方、地方を振興し、過密過疎問題に対処しながら全国土の利用の均衡を図りつつ人間居住の総合的環境の形成を図る。	〈交流ネットワーク構想〉 多極分散型国土を構築するため、①地域の特性を生かしつつ、創意と工夫により地域整備を推進、②基幹的交通、情報・通信体系の整備を国自らあるいは国の先導的な指針に基づき全国にわたって推進、③多様な交流の機会を国、地方、民間諸団体の連携により形成。	〈参加と連携〉 多様な主体の参加と地域連携により国土づくりを進める（4つの戦略）。 1. 多自然居住地域（小都市、農山漁村、中山間地域等）の創造 2. 大都市のリノベーション（大都市空間の修復、更新、有効活用） 3. 地域連携軸（軸状に連なる地域連携のまとまり）の展開 4. 広域国際交流圏（世界的な交流機能を有する圏域）の形成
投資規模	〔国民所得倍増計画〕における投資額に対応	昭和41年から昭和60年　約130～170兆円累積政府固定投資（昭和40年価格）	昭和51年から昭和60年　約370兆円累積政府投資（昭和50年価格）	昭和61年度から平成12年度　1,000兆円程度　公、民による累積国土基盤投資（昭和55年価格）	投資総額を示さず、投資の重点化、効率化の提示

出所：国土交通省資料より作成。

本国土の利用，開発及び保全に関する総合的かつ基本的な計画であり，住宅，都市，道路その他の交通基盤の社会資本の整備のあり方などを長期的に方向付けるものであった。図表11-6で示しているように，全総以降，5次にわたる計画（二全総から五全総）が策定されているが，時代の要請をうけてそのねらいや計画項目は変化しており，全国総合開発の歴史は国の地域政策の変遷の歴史ともいえる。

　1962年策定の全総の基本目標は，池田内閣の**所得倍増計画**の掛け声のもと，地域間の均衡ある発展を掲げ，「都市の過大化による生産面・生活面の諸問題，地域による生産性の格差について，国民経済的視点からの総合的解決を図ること」であった。当時は高度経済成長転換期であったが，すでに私たちが現在抱えている都市部への集積と地域格差の問題は発生しており，都市の過大化の防止と地域格差の是正を50年以上前から基本的課題に掲げているのが興味深い。

　第二次の新全国総合開発計画（新全総）は佐藤内閣時代の1969年5月に策定された。いざなぎ景気の終盤にあたり，これまで長く続いた好景気という背景があるため，「高福祉社会を目指して人間のための豊かな環境を創造する」という基本目標を掲げた。新幹線や高速道路を整備し，国土利用の偏在を是正し，過密過疎，地域格差を解消することとした。

　第三次全国総合開発計画（三全総）は1977年11月に策定された。福田内閣時代である。1973年10月に第一次オイルショックが終わり，高度経済成長は終わりを告げ，日本経済は安定成長に移行した。そのような背景のもと策定された三全総の基本目標は，「限られた国土資源を前提として，地域特性を生かしつつ，歴史的，伝統的文化に根ざし，人間と自然との調和のとれた安定感のある健康で文化的な人間居住の総合的環境を計画的に整備する」であった。

　第四次全国総合開発計画（四全総）は，中曽根内閣時の1987年6月に策定された。「安全でうるおいのある国土の上に，特色ある機能を有する多くの極が成立し，特定の地域への人口や経済機能，行政機能等の諸機能の過度な集中がなく地域間，国際間で相互に補完，触発しあいながら交流している国土を形成する」という基本目標を掲げた。国と地方，民間部門との連携を図ることとし

た。

　1998 年 3 月，橋本内閣は「21 世紀の国土のグランドデザイン」を策定した。基本目標は，「多軸型国土構造の形成を目指す 21 世紀の国土のグランドデザイン実現の基礎を築く。地域の選択と責任に基づく地域づくりの重視」である。国主導の国土づくりから多様な主体の参加と地域連携をうたっている。

　その後，2003 年に「**社会資本整備重点計画法**（平成 15 年法律第 20 号）」が施行され，それ以降，社会資本整備事業を重点的，効果的かつ効率的に推進するために策定する**社会資本整備重点計画**に則って行われている。対象事業は，道路，交通安全施設，鉄道，空港，港湾，航路標識，公園・緑地，下水道，河川，砂防，地すべり，急傾斜地，海岸である。以前は，事業ごとに異なる期間で策定されていたが統合された。社会資本整備重点計画は 5 年ごとに計画され，第 1 次社会資本整備重点計画（2003 年度〜2007 年度）は 2003 年 10 月 10 日に閣議決定され，第 2 次社会資本整備重点計画（2008 年度〜2012 年度）は，2009 年 3 月 31 日閣議決定され，第 3 次社会資本整備重点計画（2012 年度〜2016 年度）は 2012 年 8 月 31 日閣議決定された。その後，2015 年 9 月 18 日に策定された「第 4 次社会資本整備重点計画（2015 年度〜2020 年度）」，2021 年 5 月 28 日，「第 5 次社会資本整備重点計画（2021 年度〜2025 年度）」が閣議決定された（図表 11 - 6）。

　第 5 次計画では，厳しい財政制約や人口減少の下，社会資本整備のストック効果を最大化させるため，3 つの総力（主体の総力，手段の総力，時間軸の総力）を挙げた社会資本整備の深化と，インフラ経営により，インフラの潜在力を引き出すとともに，新たな価値を創造する視点が追加された。自然災害の激甚化・頻発化やインフラの老朽化，デジタル革命の本格化やグリーン社会の実現に向けた動き，新型コロナウイルス感染症の拡大をふまえて，①防災・減災が主流となる社会の実現，②持続可能なインフラメンテナンス，③持続可能で暮らしやすい地域社会の実現，④経済の好循環を支える基盤整備，⑤インフラ分野のデジタル・トランスフォーメーション（DX），⑥インフラ分野の脱炭素化・インフラ空間の多面的な利活用による生活の質の向上という 6 つの重点目標が設定されている。この 6 つの重点目標にそって，19 の政策パッケージが

図表11－7　行政投資額の推移（1958年～2019年度）

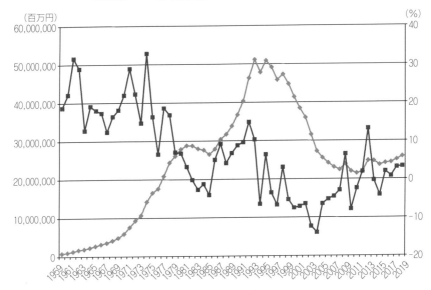

出所：総務省自治行政局地域振興室（2022）より作成。

設定されている。

　図表11－7は公共投資額の推移を示している。上記で説明してきたように，1990年代までは右肩上がりであったが，バブル経済崩壊後の1990年代後半から大きく削減している。

（2）社会資本整備状況

　日本は欧米諸外国と比べて，社会資本整備が遅れているといわれてきたが，現状はどうなっているのかみてみよう。図表11－8は1980年度末から2020年度末の社会資本整備の推移である。高速道路は1980年度末の2,867 kmから2020年度末の10,127 kmとなった。市町村道舗装率は1980年度末の41.3%から2018年度には79.6%となった。2019年下水道処理人口普及率は79.7%になった。図表11－9は社会資本の国際比較を示している。下水道は米国よりも普及している。都市公園は最下位であるが，フランスの11.6平方メートル

図表11－8　住宅・社会資本整備の推移（1980年度～2020年度）

指標	1980	1985	1990	1995	2000	2005	2010	2011	2012	2013	2014	2015	2016	2017	2018	2019	2020
高規格幹線道路 (km)	—	—	5,074	6,567	7,843	8,839	9,855	10,052	10,490	10,685	11,050	11,266	11,404	11,604	11,882	11,998	12,082
高速自動車国道 (km)	2,867	3,759	4,869	5,930	6,861	7,389	7,895	8,021	8,332	8,408	8,628	8,782	8,778	8,893	9,029	10,103	10,127
本州四国連絡道路 (km)	7	38	107	108	164	164	180	180	180	180	180	180	180	180	180	180	180
一般国道の自動車専用道路 (km)	—	—	98	182	341	689	1,023	1,083	1,167	1,252	1,375	1,437	1,518	1,577	1,669	1,715	1,775
都市高速道路延長 (km)	263	332	465	552	617	689	747	752	762	773	782	782	792	793	793	798	800
国道・都道府県道改良率 (%)	67.3	71.3	75.4	78.5	71.5	73.8	75.6	75.9	76.2	76.5	76.7	76.9	77.1	77.2	77.4	—	—
市町村道舗装率 (%)	41.3	54.4	65.5	70.2	73.4	75.9	77.5	77.8	78.1	78.4	78.7	79.1	79.2	79.5	79.6	79.7	※1
1人当たり都市公園等面積 (m²/人)	4.1	5.1	6.0	7.1	8.1	9.1	9.8	9.9	10.0	10.1	10.2	10.3	10.4	10.5	10.6	10.7	※2
下水道処理人口普及率 (%)	30	36	44	54	62	69	75	75.8	76.3	77	77.6	77.8	78.3	78.8	79.3	79.7	※3
都市計画道路整備率 (%)	36	40	45	49	51	55	60	61	62	63	63	64	64	65	66	66	67
氾濫防御 (%)	約32	約38	約43	約51	(H8)約52	59.7	62.1	62.6	—	—	—	—	—	—	—	—	—
人口・資産集積地区等における河川整備計画目標相当の洪水に対する河川の整備率（全国の河川区間）(%)	—	—	—	—	—	—	—	—	約27	約27	約71	約71	約72	約72	約73	約74	約77
急傾斜地崩壊対策整備率 (%)	—	(S57)13	(S62)18	(H4)22	(H9)25	—	約27	約27	約27	約27	約27	約27	約28	約28	約28	約28	約28
1人当たり延べ床面積 (m²)	(S53)23.2	(S58)25.7	(S63)27.9	(H4)30.8	(H9)32.8	—	—	—	—	(H25)39.4	—	—	—	—	40.2	—	—
1室当たり人員 (人)	(S53)0.77	(S58)0.71	(S63)0.66	(H5)0.62	(H10)0.59	—	—	—	—	(H25)0.53	—	—	—	—	0.53	—	—
1住宅当たり延べ床面積 (m²)	(S53)80.28	(S58)85.92	(S63)89.29	(H5)91.92	(H10)92.43	—	—	—	—	(H25)94.42	—	—	—	—	93.04	—	—
新幹線営業キロ (km)	1,177	2,012	2,033	2,037	2,153	2,387	2,620	2,620	2,620	2,620	2,848	2,997	2,997	2,997	2,997	2,997	2,997
空港滑走路延長 (km)	139.2	149.8	164.7	181.5	198.9	215.7	232.1	230.9	231.2	231.2	231.6	231.6	231.6	231.6	231.6	234.3	234.3
港湾海岸延長 (km)	5.2	6.1	7.7	10.9	16.4	24.8	24.8	25.7	25.7	26.0	26.1	26.5	26.7	27.0	27.0	27.4	27.4

（注）
1　「高規格幹線道路」の平成7年度以前は、高速自動車国道に並行する一般国道に設置する自動車専用道路を含む。
2　平成17年度の一般国道の自動車専用道路には、一般国道のバイパス等を活用する区間を含む。
3　「都市公園面積」の値は、昭和60、平成2、7年度においては特定地区公園（カントリーパーク）の供用開始面積を含む。
4　洪水による氾濫を防御する計画として、大河川においては30～40年に一度程度、中小河川においては5～10年に一度程度の降雨の規模の降雨により発生する氾濫被害。
5　1人当たり延べ床面積、1住宅当たり延べ床面積は、住宅・土地統計調査による。
6　港湾海岸延長は、港湾・漁港・海岸コンチネンタルバースの延長である。
7　東日本大震災の影響により調査不能な地方公共団体を除いた数値である。
8　平成22～28年度末の下水道処理人口普及率は、総務省と国土交通省で調査した。
9　背後地に人口・資産等が集積する地域や中枢・拠点機能を有する地域を含む河川延長のうち、中期的な目標に相当する規模の洪水を安全に流下させることのできる河川延長の割合。

出所：国土交通省 (2022), 資料1-9。

図表11－9　住宅・社会資本の国際比較

分野	指標	日本 現在水準	日本 21世紀初頭における目標	英国	ドイツ	フランス	米国
下水道	下水道処理人口普及率(注1)	79.7%('19年度末)	—	100.0%('14)	97.1%('16)	81.1%('18)	75.5%('12)
	人口100万人以上の都市	99.3%					
	人口5万人未満の都市	53%					
都市公園等	都市計画対象人口1人当たり面積	全国10.7m² 東京区部4.3m²('19年度末)	おおむね20m²	26.9m² ロンドン('97)	27.9m² ベルリン('07)	11.6m² パリ('09)	52.3m² ワシントンD.C('07)
住宅	1人当たり床面積(注2)	40m²('18)	—	38m²('10)	46m²('10)	43m²('13)	61m²(注4)('17)
	1戸当たり平均床面積(注3)	93m²('18)	—	95m²('17)	101m²('11)	100m²('13)	131m²('17)
	持家	120m²('18)	—	107m²('17)	130m²('13)	123m²('13)	157m²('17)
	借家	47m²('18)	—	72m²('17)	78m²('10)	69m²('13)	85m²('17)
道路	高規格幹線道路延長(注4)	12,082km('20年度末)	14,000kmのネットワークの概成	3,723km('18)	13,141km('18)	12,395km('18)	107,896km('18)
	1万台当たり高規格幹線道路延長	1.47km('16年度末)	—	0.93km('16)	2.65km('16)	2.97km('16)	3.97km('16)
	全道路延長(注5)	345,828km('14)	—	421,127km('14)	643,147km('14)	1,071,176km('14)	6,702,178km('14)
	道路密度(注5)	0.91km/km²('14)	—	1.73km/km²('14)	1.80km/km²('14)	1.95km/km²('14)	0.68km/km²('14)
治水	治水安全度の目標(注6)	1/200	—	1/1,000	—	1/100	約1/500
	堤防等整備率(注7)	荒川 約71%('20年3月末)	—	テムズ川(高潮) 完成('83)	—	セーヌ川 完成('88)	ミシシッピ川 下流堤防 約93%('12)
航空	世界主要都市圏における空港整備の状況(滑走路数)	東京 成田2 羽田4 計6 ／ 大阪 関西2 伊丹1 神戸1 計5	東京 成田3 羽田4 計7 ／ 大阪 関西2 伊丹1 神戸1 計5	ロンドン ヒースロー2 ガトウィック2 スタンステッド1 ルートン1 シティ1 計7('22)	ベルリン ブランデンブルク2 計2('22)	パリ シャルル・ドゴール4 オルリー3 計7('22)	ニューヨーク J.F.ケネディ4 ニューアーク3 ラガーディア2 計9('22)
港湾	各国の水深16m級の岸壁の供用状況(バース数)	15('20年度末)	—	3('16)	39('16)	6('16)	20('16)

(注) 1　下水道の諸外国の現状は OECD. Sta より引用。
　　 2　床面積は，補正可能なものは壁芯換算で補正を行った（独仏×1.10，米×0.94）。
　　 3　米国の床面積は中央値（median）である。
　　 4　日本：高規格幹線道路，英国：Motorway，ドイツ：アウトバーン，フランス：オートルート，米国：インターステート・ハイウェイ，Other Freeways and Expressways
　　 5　全道路延長（幅員 5.5 m 以上）及び道路密度については WORLD ROAD STATISTICS 2012 （IRF）より引用。
　　 6　治水施設の整備の目標としている洪水の年超過確率。ただし，テムズ川は高潮の年超過確率。
　　 7　河川整備の計画に基づき，必要となる堤防等のうち，整備されている堤防等の割合。
出所：国土交通省（2022）資料 1–10。

に近づこうとしている。住宅に関する一人当たり床面積や1戸当たり平均床面積もフランスや英国，ドイツと変わらない。高規格幹線道路延長では，英国を抜いている。

（3）民営化手法：PFIとコンセッション，指定管理者制度

近年では，公共投資の手段も多様化しており，PFI（Private Finance Initiative：プライベート・ファイナンス・イニシアティブの略）が導入されている。PFIとは，公共施設等の建設，維持管理，運営等を民間の資金，経営能力及び技術的能力を活用して行う新しい手法である。公共サービスの提供に際して公共施設が必要な場合に，従来のように公共が直接施設を整備せずに民間資金を利用して民間に施設整備と公共サービスの提供を委ねる手法である。PFIの導入により，国や地方公共団体の事業コストの削減，より質の高い公共サービスの提供を目指している。PFIは1992年にイギリスのメージャー保守党政権で生まれた行財政改革の手法である。1992年度の財政赤字が名目GDP比で6%となり，通貨統合にむけて，マーストリヒト条約の財政安定条件（財政赤字はGDPの3%以下，公的債務残高はGDPの60%以下）をクリアするため，財政赤字の削減が急務であった。また，国有企業の民営化や公共サービスの民間委託，行政組織のエージェンシー化などのサッチャー政権による規制緩和も相まって，民間企業に資金調達させ債務を移転できるPFIに注目が集まった。PFIの導入目的は，民間企業へリスクを移転し，公共事業の効率化を図ることであった。考え方の基本となったのは，1991年の『市民憲章』で初めて示されたバリュー・フォー・マネー（Value for Money，VfMと略す）である。VfMとは「事業リスクを含む総コスト」から「PFIの調達コスト」を差し引いた値であり，この値が大きいほど効率的であると考えられた。その後，欧米諸外国では，PFI方式による公共サービスの提供が実施されており，有料橋，鉄道，病院，学校などの公共施設等の整備等，再開発などの分野で成果を収めている。

日本では，1999年7月に「民間資金等の活用による公共施設等の整備等の促進に関する法律（PFI法）」が制定された。2000年3月にPFIの理念とその実現のための方法を示す「基本方針」が策定された。対象施設は公共施設（道

図表11-10　PFI事業の実施状況（2020年3月31日現在）

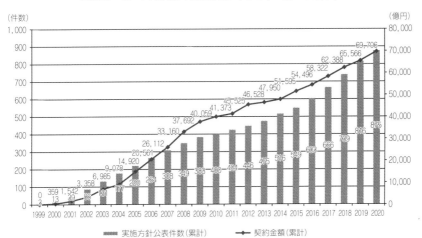

出所：内閣府民間資金等活用事業推進室（2022）3-4頁より作成。

路，鉄道，港湾，空港，河川，公園等），公用施設（庁舎，宿舎等），賃貸住宅及び
公営的施設（教育文化施設，廃棄物処理施設，医療施設，社会福祉施設，駐車場等），
情報通信施設，熱供給施設，研究施設，船舶，航空機，人工衛星等である。

　図表11-10はPFI事業の実施状況を示している。2000年度には，13事業
359億円だったのが，2020年度には875事業6兆9,706億円にまで成長した。
分野別にみてみると，国では事務庁舎や公務員宿舎等が49件，道路や公園，
下水道施設，港湾施設などまちづくり関連が23件など合計で91件にとどまっ
ているが，地方公共団体では，文教施設や文化施設が246件，道路や公園，下
水道施設，港湾施設などまちづくり関連が195件，医療施設や廃棄物処理施
設，斎場などが128件と合計で729件も実施している（図表11-11）。

　このように徐々に拡大しているPFIであるが，さらなる発展にむけて，
2011年のPFI法改正時にコンセッション（公共施設等運営権）方式が導入され
た。コンセッション方式とは，利用料金の徴収を行う公共施設について，施設
の所有権を公共主体が有したまま，施設の運営権を民間事業者に設定する方式
である。利用者ニーズを反映した質の高いサービスを提供することが可能と考

242

図表11－11 分野別実施方針公表件数（2021年3月31日現在）

（単位：件数）

分　　　野	事業主体別			合　計
	国	地　方	その他	
教育と文化（文教施設，文化施設等）	4	246	42	292
まちづくり（道路，公園，下水道施設，港湾施設等）	23	195	2	220
健康と環境（医療施設，廃棄物処理施設，斎場等）	0	128	3	131
庁舎と宿舎（事務庁舎，公務員宿舎等）	49	21	6	76
安心（警察施設，消防施設，行刑施設等）	8	18	0	26
生活と福祉（福祉施設等）	0	25	0	25
産業（観光施設，農業振興施設等）	0	27	0	27
その他（複合施設等）	7	69	2	78
合　　　計	91	729	55	875

（注）サービス提供期間中に契約解除又は廃止した事業及び実施方針公表以降に事業
　　を断念しサービス提供に及んでいない事業は含んでいない。
出所：内閣府民間資金等活用事業推進室（2022）6頁。

　えられている。空港を中心に，水道や下水道，道路，文教施設などにも導入さ
れていく。兵庫県の但馬空港が2015年1月より事業を開始し，関西国際空港
と大阪国際空港（伊丹空港）も2016年4月より事業を開始した。仙台空港も
2016年7月から事業を開始した。2018年4月から高松空港と神戸空港が，
2018年7月から鳥取空港が，2019年4月から静岡空港，福岡空港，南紀白浜
空港が，2020年4月には熊本空港も実施した。水道は，宮城県と大阪市が，
下水道は静岡県浜松市が2018年4月より開始し，2020年4月には，高知県須
崎市が開始した。2022年4月には，宮城県が開始した。道路は愛知県道路公
社が2016年10月より開始した。
　民間部門に公共施設運営を委ねる方式に指定管理者制度がある。指定管理者
制度は，住民の福祉を増進する目的をもってその利用に供するための施設であ
る公の施設について，民間事業者等が有するノウハウを活用することにより，
住民サービスの質の向上を図っていくことで，施設の設置の目的を効果的に達

成するため，2003 年 9 月施行の地方自治法の一部改正によって，公の施設（スポーツ施設，都市公園，文化施設，社会福祉施設など）の管理方法が，管理委託制度から指定管理者制度に移行した。これまで公の施設の管理を外部に委ねる場合は，外部団体に限定されていたのを，民間事業者，NPO 法人などにも可能にした。議会の議決を経て指定されれば，施設の使用許可や料金設定の権限が与えられ，利用料を収入にすることもできる。導入以降，公の施設の管理において，多様化する住民ニーズへの効果的，効率的な対応に寄与してきた。総務省自治行政局行政経営支援室（2022）『公の施設の指定管理者制度の導入状況等に関する調査結果』によれば，2021 年 4 月 1 日現在で，都道府県が 6,721 施設，政令指定都市が 8,063 施設，市区町村が 62,753 施設に指定管理者制度を導入しており，合計で 77,537 施設に及ぶ。

（4）これからの公共事業

　近年，国や地方公共団体の財政難が顕在化しており，公共投資は削減の一途をたどっている。今後も限られた予算の中で，効率的な社会資本整備を行う必要があるため，新たな整備はなかなか難しいだろう。また，日本の社会資本整備は高度経済成長期に集中的に整備されてきたため，今後急速に老朽化することが懸念されている。国土交通省は社会資本整備審議会・交通政策審議会を立ち上げ，今後の社会資本について検討してきた。今後 20 年間で，建設後 50 年以上経過する施設の割合は加速度的に高くなる見込みで，その老朽化対策が本格化してくる（図表 11－12）。一斉に老朽化するインフラを戦略的に維持管理・更新することが求められている。

　2013 年 11 月にインフラ老朽化対策の推進に関する関係省庁連絡会議においてとりまとめられた『**インフラ長寿命化基本計画**』に基づき，2014 年度から 2016 年度にかけて，各省庁で「インフラ長寿命化基本計画」が策定された。地方公共団体では**公共施設等総合管理計画**を策定することとなり，2020 年 3 月 31 日現在，都道府県及び政令指定都市については全団体，市区町村については 99.9％の団体において策定済みである。**個別施設計画**についても，インフラ老朽化対策の推進に関する関係省庁連絡会議幹事会において，2020 年度

244

図表11－12　建設後50年以上経過する社会資本の割合

	2020 年 3 月	2030 年 3 月	2040 年 3 月
道路橋［約 40 万橋[注1)]（橋長 2 m 以上の橋約 70 万のうち）］	約 30%	約 55%	約 75%
トンネル［約 1 万本[注2)]］	約 22%	約 36%	約 53%
河川管理施設（水門等）［約 1 万施設[注3)]］	約 10%	約 23%	約 38%
下水道管きょ［総延長：約 45 万 km[注4)]］	約 5%	約 16%	約 35%
港湾岸壁［約 5 千施設[注5)]（水深 −4.5 m 以深）］	約 21%	約 43%	約 66%

（注1）建設年度不明橋梁の約 30 万橋については，割合の算出にあたり除いている。
（注2）建設年度不明トンネルの約 250 本については，割合の算出にあたり除いている。
（注3）国管理の施設のみ。建設年度が不明な約 1,000 施設を含む。（50 年以内に整備された施設については概ね記録が存在していることから，建設年度が不明な施設は約 50 年以上経過した施設として整理している。）
（注4）建設年度が不明な約 1 万 5 千 km を含む。（30 年以内に布設された管きょについては概ね記録が存在していることから，建設年度が不明な施設は約 30 年以上経過した施設として整理し，記録が確認できる経過年数毎の整備延長割合により不明な施設の整備延長を按分し，計上している。）
（注5）建設年度不明岸壁の約 100 施設については，割合の算出にあたり除いている。
出所：国土交通省ホームページ　https://www.mlit.go.jp/sogoseisaku/maintenance/02research/02_01.html

末には，ほとんどの施設類型で 8 割以上の策定率となる見込みとの調査結果が示された。各省のインフラ長寿命化計画は 2020 年度以降に見直し，改定がなされている。地方公共団体においても，2021 年度以降に，公共施設等総合管理計画の見直しが行われている。

また，2017 年度には，**公共施設等適正管理推進事業債**が創設され，集約化・複合化事業の実施主体や長寿命化事業の対象が拡充された。

このような状況の中，建設業の従事者の減少と高齢化も問題視されている。建設業就業者は 1997 年には 685 万人だったが，2020 年は 492 万人となった（1997 年比 28% 減）。また，就業者の 36% が 55 歳以上で，29 歳以下は 12% と高齢化が進んでいる。今後は，予算と建設業就業者の動向をみながら，老朽化対策を行っていくことになる。

まとめ

◎人口減少・少子高齢社会では，過疎，空き家，耕作放棄地，荒廃農地，まちの存続が課題である。

◎道路，港湾，空港，橋りょう，上下水道，公営住宅，病院，学校などの社会資本が高度経済成長期に構築されているため，現在では老朽化しており，インフラの長寿命化を図っている。また，PFIやコンセッションなど新たな社会資本整備手法も生まれている。

◎豊かなで幸せな社会を持続するために，これらの課題と向き合い，限られた財政を踏まえて，優先順位をつけながら，課題解決を考える必要がある。

参考文献

浅羽隆史（2015），『入門　地方財政論』同友館。

国土交通省（2015），『平成 26 年度空家実態調査』。
　http://www.mlit.go.jp/report/press/house02_hh_000088.html

国土交通省（2020），『令和元年空き家所有者実態調査報告書』。
　https://www.mlit.go.jp/report/press/content/001377049.pdf

国土交通省（2021），『第 5 次社会資本整備重点計画』。
　https://www.mlit.go.jp/sogoseisaku/point/content/001406599.pdf

国土交通省（2022），『国土交通白書 2022』。
　https://www.mlit.go.jp/statistics/file000004.html

国土交通省個人住宅の賃貸流通の促進に関する検討会（2014），『個人住宅の賃貸流通の促進に関する検討会』。
　http://www.mlit.go.jp/common/001032284.pdf

国土交通省社会資本整備審議会・交通政策審議会（2013），『今後の社会資本の維持管理・更新のあり方について』。

白川泰之（2014），『空き家と生活支援でつくる「地域善隣事業」―「住まい」と連動した地域包括ケア』中央法規出版。

神野直彦・小西砂千夫（2014），『日本の地方財政』有斐閣。

総務省（2004），『中心市街地の活性化に関する行政評価・監視結果に基づく勧告』。
　http://www.soumu.go.jp/menu_news/s-news/daijinkanbou/040915_1_2.pdf

総務省行政管理局（2012），『社会資本の維持管理及び更新に関する行政評価・監視結果報告書』。

総務省自治行政局行政経営支援室 (2022),『公の施設の指定管理者制度の導入状況等に関する調査結果』。

https://www.soumu.go.jp/main_content/000804851. pdf

総務省自治行政局地域振興室 (2022),『令和元年度行政投資実績』。

https://www.soumu.go.jp/main_content/000798849.pdf

総務省地域力創造グループ過疎対策室 (2022),『令和 2 年度版過疎対策の現況（概要版）』。

https://www.soumu.go.jp/main_content/000807029.pdf

総務省統計局 (2019),『平成 30 年住宅・土地調査統計』。

https://www.stat.go.jp/data/jyutaku/2018/pdf/kihon_gaiyou.pdf

内閣府 (2012),『日本の社会資本 2012』。

内閣府民間資金等活用事業推進室 (2022),「PFI の現状について」。

https://www8.cao.go.jp/pfi/pfi_jouhou/pfi_genjou/pdf/pfi_genjyou.pdf

中井英雄・齊藤愼・堀場勇夫・戸谷裕之 (2010),『新しい地方財政論』有斐閣。

農林水産省 (2020),『食料・農業・農村基本計画』。

https://www.maff.go.jp/j/keikaku/k_aratana/attach/pdf/index-13.pdf

農林水産省 (2021),『荒廃農地の現状と対策について』。

https://www.maff.go.jp/j/nousin/tikei/houkiti/attach/pdf/index-2.pdf

農林水産省『産業用語の解説（農林業経営体調査）』。

https://www.maff.go.jp/j/tokei/kouhyou/noucen/gaiyou/attach/pdf/index-5.pdf

林宜嗣 (2008),『地方財政（新版）』有斐閣。

増田寛也 (2014),『地方消滅』中公新書。

森地茂・屋井鉄雄・社会資本整備研究会編著 (1999),『社会資本の未来—新しい哲学と価値観でひらく 21 世紀の展望—』日本経済新聞出版社。

上記 URL の最終アクセス日は 2023 年 5 月 3 日

コラム　固定資産台帳の整備

　総務省は 2014 年 4 月に，地方公共団体に対して，「公共施設等総合管理計画」の策定を要請した。社会資本の老朽化にむけて，維持管理や修繕，建て替えの計画を促した。2022 年 3 月 31 日現在，都道府県及び政令指定都市については全団体，市区町村については 99.9% の団体において策定済みである。

　社会資本は老朽化だけでなく，公会計の分野にも大きく影響する。地方公共団体の公会計改革が進む中，地方公共団体は自身の資産がどれくらいあるかを把握しきれていないという課題もあった。総務省は 2014 年 9 月に『財務書類作成要領』及び『資産評価及び固定資産台帳整備の手引き』を公表し，現在では固定資産台帳の整備が進められている。

第12章　公営事業

> **この章でわかること**
>
> ◎地方公共団体の企業活動とは何か。
> ◎地方公営企業の経営状況は健全なのか。
> ◎地方公営企業の存在理由は何か。

第1節　公営事業の仕組み

　公営事業の中核である地方公営企業は，上下水道，病院，交通といったサービスを供給している。例えば，『地方財政白書』(令和4年版)によれば，2020年度において，水道事業では給水人口の99.6％，バス事業では年間輸送人員の20.1％，病院事業では病床数の13.5％を地方公共団体の企業活動である地方公営企業が担っている。地域社会に果たしている役割が大きい地方公営企業であるが，人口減少に伴うサービス需要減少への対応，施設の老朽化対策など，地方公営企業が直面している課題は数多くある。以下では，その地方公営企業を中心に，経営状況，経営原則，存在理由などについて考える。

（1）地方財政の会計区分：普通会計と公営事業会計

　第3章第2節で示されたように，地方公共団体の会計は，統計上，普通会計と公営事業会計に区分される。図表12-1に示すように，具体的には，地方公営企業を経理する**公営企業会計**と，医療・介護・公営競技などを経理する**事業会計**をあわせて**公営事業会計**と呼び，この公営事業会計を除いた範囲が普通会計の経理の対象範囲となる。公営事業会計の中核をなしているのが，上下水道

図表12－1　地方財政の統計区分：2020年度

統計上の区分			歳出金額
普通会計			1,254,588 億円
公営事業会計 748,826 億円	公営企業会計	地方公営企業	180,751 億円
	各事業会計 560,170 億円	収益事業	44,707 億円
		国民健康保険事業	234,357 億円
		後期高齢者医療事業	176,195 億円
		介護保険事業	112,731 億円
		農業共済事業	22 億円
		交通災害共済事業	34 億円
		公立大学附属病院事業	30 億円

(注1) 国民健康保険事業の金額は，事業勘定と直診勘定の合計である。介護保険事業の金額は，保険事業勘定と介護サービス事業勘定の合計である。公立大学付属病院事業の金額は，収益的収支の総費用と資本的支出の合計である。
出所：総務省『地方財政白書令和4年版』（令和2年度決算）。

や公共輸送の確保，医療の提供などを実施している**地方公営企業**である。地方公営企業の決算規模は，2020年度において，普通会計の歳出決算の約1.5割に相当する18兆円である[1]。地方公営企業（公営企業会計）に加えて，国民健康保険事業や介護保険事業など7つの事業会計を含めたのが公営事業会計となる[2]。事業会計の1つである収益事業会計は，競馬，自転車競走（競輪），モーターボート競走（競艇），小型自動車競走（オートレース），宝くじに関する会計である。宝くじを除いた4事業は**公営競技**と呼ばれることがある。これら収益

1) 従来は，2割程度であったが，2020年度は新型コロナウイルス感染症対策に係る事業の増加等により普通会計の歳出決算が大幅に増加したことから，この割合が低下している。
2) ただし，国民健康保険事業会計の直診（保険者が設置する直営診療施設）勘定における病床数20床以上の施設は，同会計から分離して公営企業会計（地方公営企業）の病院事業の対象に含まれている。同様に，介護保険事業会計の指定介護老人福祉施設，介護老人保健施設，老人短期入所施設，老人デイサービスセンター，指定訪問看護ステーションの5つの施設により介護サービスを提供する事業については，公営企業会計（地方公営企業）の介護サービス事業の対象に含まれている。

事業で得た収益金の多くは当該団体の普通会計等に繰り入れられ，後述の図表12-11にあるように，道路，教育施設，社会福祉施設の整備事業などの財源として活用されている。公営事業会計の歳出決算は約75兆円で，普通会計の歳出決算の約6割に相当する。2020年度は新型コロナウイルス感染症対策の影響で低下したが，近年，この公営事業会計の規模は拡大する傾向にある。地方財政とは一般的に普通会計のデータや活動を指している場合が多いが，それと対置した公営事業会計に関しても地域住民の生活や地域経済の発展にとって重要な役割を担っている。

　しかしながら，地方公共団体の活動範囲は，普通会計と公営事業会計によるものだけではない。地方公共団体が直接的に経営するのが地方公営企業であるが，これとは別に，地方公共団体による出資・出捐（寄付）によって設立された法人も存在している。それら法人の役職員の中には，地方公共団体からの出向者や退職者が含まれ，人事面からも密接に関連している場合もある[3]。具体的には，官民共同出資の**第三セクター**，官全額出資の**地方三公社**（地方住宅供給公社，地方道路公社，土地開発公社），病院事業や試験研究を行う**地方独立行政法人**が地方公共団体によって設立され，これらの法人は，地域・都市開発，農林水産，観光・レジャー，教育・文化振興などの分野で，地方公共団体の補完的な活動を行っている。2020年度末で，6,461法人（社団法人・財団法人が3,106法人，会社法人が3,355法人，地方三公社が688法人）と，150の地方独立法人が存在する。地方公営企業であれば，地方公共団体の一部であるため地方自治制度に関する一般的な法律が基本的には適用されるが，会社法に基づいて設立された第三セクターであれば，当然ながら会社法の枠組みのもとで企業経営がなされるためその自由度は増すことになる。

　第三セクター等は地方公共団体の補完的な活動が設立の目的ではあるが，こ

3）『第三セクター等の状況に関する調査（平成31年3月31日現在）』（総務省）によれば，第三セクター，地方三公社の役職員数は24万5,540人であるが，そのうち，地方公共団体からの出向者は26,470人で10.8％を占め，地方公共団体からの退職者は17,533人で7.1％を占める。地方三公社に限れば，役職員のうち60.1％が出向者である。なお，この調査は2019年度から隔年実施となり調査内容も変更されたことから，以後の役職員に関するデータは利用不可となっている。

れらの法人による活動がその地方公共団体を財政破綻に追い込むこともある。北海道夕張市は，2007 年に，第三セクターである観光施設の経営不振などが影響して財政再建団体に指定されるに至った[4]。したがって，公営事業会計と同様に，第三セクター等の活動も見通すことで，その地方公共団体の財政健全性を監視していくことが必要である。

（2）地方公営企業の事業分野：上下水道，病院，交通etc.

　地方公営企業とは，地方公共団体が直接的に経営する企業活動の総称である。その企業活動を通じて，上下水道や公共輸送の確保，医療の提供などを実施し，その受益者から料金を徴収することで企業としての経営が行われている。図表 12－2 に示すように，2020 年度末の地方公営企業の決算額は約 18 兆円であるが，その構成比は，病院事業が 33.0％ で最大である。次いで，下水道事業が 30.7％，水道事業が 22.3％ となる。事業数で見れば下水道事業が最大で，その構成比は 44.2％ に達する。次いで，水道事業が 22.0％，病院事業が 8.4％ となる。全体では 86.4％ の事業体が黒字であるが，交通事業の経営環境は厳しく黒字の事業体は半数に過ぎない。県レベルや市町村レベルなどの地方公共団体別に整理すれば，（公営企業型地方独立行政法人を除いた）全事業の 89.0％ にあたる 7,212 事業が市町村による経営である。その市町村が大きな役割を果たしているのが上下水道事業である。それに対して，都道府県や指定都市では，下水道事業に加えて，宅地造成事業や交通（地下鉄・バス）事業も多く実施されている。また，複数の市町村等が事務を共同処理する企業団（一部事務組合）という組織形態もある。その企業団は 321 団体（全体の 4.0％）が存在し，主に，共同で，上水道事業や介護サービス事業を行っている。

　地方公営企業の事業数の推移については，戦後の新しい地方自治制度のもとで地方公共団体の活動領域の拡大とともに，地方公営企業の事業数も増加基調が長く続いた。図表 12－3 に示すように，1965 年度に 5,955 であった事業数は，2002 年度には 12,613 事業にまで増加した。しかしながら，それ以降の事

4）　地方公共団体の財政の健全化に関する法律の施行によって，2010 年からは財政再生団体に移行した。

図表12－2　地方公営企業の事業内容と事業数：2020年度

	決算額（億円）		事業数		黒字の事業数	
		割　合		割　合		黒字割合
水　道	40,268	22.3%	1,794	22.0%	1,587	88.6%
上水道	39,432	21.8%	1,320	16.2%	—	—
簡易水道	836	0.5%	474	5.8%	—	—
工業用水道	1,869	1.0%	154	1.9%	133	87.5%
交　通	8,956	5.0%	85	1.0%	43	50.6%
電　気	1,344	0.7%	99	1.2%	92	94.8%
ガ　ス	852	0.5%	22	0.3%	19	82.6%
病　院	59,712	33.0%	683	8.4%	431	63.1%
下水道	55,517	30.7%	3,606	44.2%	3,163	88.0%
港湾整備	1,815	1.0%	95	1.2%	88	92.6%
市　場	1,880	1.0%	151	1.8%	148	97.4%
と畜場	216	0.1%	50	0.6%	49	100.0%
観光施設	357	0.2%	243	3.0%	218	89.7%
宅地造成	6,228	3.4%	424	5.2%	339	91.6%
有料道路	0.7	0.0%	1	0.0%	1	100.0%
駐車場	308	0.2%	193	2.4%	182	93.8%
介護サービス	1,155	0.6%	498	6.1%	466	93.4%
その他	273	0.2%	67	0.8%	39	58.2%
合　計	180,751	100.0%	8,165	100.0%	6,998	86.4%

(注1) 法適用企業の場合，歳出額は，総費用（税込）−減価償却費＋資本的支出である。また，法非適用企業の場合は，総費用＋資本的支出＋積立金＋前年度繰上充用金である。

(注2) 事業数は年度末の数値であり，建設中の事業を含む。また，公営企業型地方独立行政法人も事業数に含まれている。

(注3) 黒字の事業数と黒字割合の算出には，建設中の事業体は除かれている。黒字額と赤字額は，法適用企業にあっては純損益，法非適用企業にあっては実質収支であり，他会計繰入金等を含む。

出所：総務省『地方公営企業年鑑』（令和2年度決算）。

業数は，市町村合併による事業統合や，民営化・民間譲渡等の影響もあって減少している。2020年度末の8,165事業は，2002年度のピークと比較すれば，35.3% も減少していることになる。

図表12－3　事業数の推移

	1965 年度		1985 年度		2002 年度		2020 年度	
	事業数	割合	事業数	割合	事業数	割合	事業数	割合
水　道	3,260	54.7%	3,646	45.1%	3,629	28.8%	1,794	22.0%
上水道	1,260	21.2%	1,929	23.9%	1,985	15.7%	1,320	16.2%
簡易水道	2,000	33.6%	1,717	21.2%	1,644	13.0%	474	5.8%
工業用水道	72	1.2%	107	1.3%	151	1.2%	154	1.9%
交　通	174	2.9%	136	1.7%	123	1.0%	85	1.0%
電　気	43	0.7%	33	0.4%	124	1.0%	99	1.2%
ガ　ス	71	1.2%	73	0.9%	61	0.5%	22	0.3%
病　院	796	13.4%	727	9.0%	758	6.0%	683	8.4%
下水道	178	3.0%	1,206	14.9%	4,902	38.9%	3,606	44.2%
観光施設	289	4.9%	798	9.9%	578	4.6%	243	3.0%
介護サービス	—	0.0%	—	0.0%	895	4.6%	498	6.1%
その他	1,072	18.0%	1,362	16.8%	1,392	11.0%	981	12.0%
合　計	5,955	100.0%	8,088	100.0%	12,613	100.0%	8,165	100.0%

（注1）2020 年度のみ，公営企業型地方独立行政法人も含まれている
出所：総務省『地方財政白書各年版』より作成。

　また，地方公営企業の事業分野の中核も，時代の要請に応じて変遷する。昨今の地方公営企業は下水道事業の比重が高いが（2020 年度末で全体の 44.2%），1965 年度時点ではその割合は 3.0% にすぎなかった。水道事業は明治時代から次々と敷設されたのに対して，下水道事業の本格的な整備が始まったのは戦後で，環境・衛生問題などのために，その後，急速に整備されていった。また，交通事業については，明治時代の後半には大都市で路面電車が敷設され，大正時代にはバス事業も地方都市で始まった。その後，昭和 30 年代以降は地下鉄事業が開始されるとともに，モータリゼーションの急速な進展によって路面電車の路線廃止が相次ぐことになった。その結果，現在の交通事業は，バス事業と地下鉄事業が中心となっている。また，介護サービス事業は，介護保険制度が導入された 2000 年度以降，その事業数が増加した。特に，民間事業者の参入が期待できない地域において，その果たすべき役割が大きくなっている。

（3）地方公営企業の定義：法適用企業と法非適用企業

　地方公営企業が担っている事業分野は時代とともに変化しているが，その事業分野を厳密に定めた規定が存在しているわけではない。ただし，地方財政法上，公営企業として特別の規律を受けるのは，水道事業，工業用水道事業，交通事業，電気事業，ガス事業，簡易水道事業，港湾整備事業，病院事業，市場事業，と畜場事業，観光施設事業，宅地造成事業，公共下水道事業の13事業である。これらの事業については，**特別会計**の設置が義務づけられ，「その経費は，その性質上当該事業の経営に伴う収入をもって充てることが適当でない経費及び当該事業の性質上能率的な経営を行ってもなおその経営に伴う収入のみをもって充てることが客観的に困難であると認められる経費を除き，当該事業の経営に伴う収入をもってこれに充てなければならない」という**独立採算制**が求められている。有料道路事業，駐車場整備事業，介護サービス事業についても，任意に特別会計を設置することでその事業を行っている地方公共団体が多数ある[5]。地方公営企業を広義に解釈するならば，特別会計の設置が義務づけられている上記の13事業に加えて，特別会計を任意に設置している有料道路，駐車場整備，介護サービスを含めた事業と定義することができる。実際に，「公営企業決算統計調査」の調査対象になっているのがこれらの事業分野で，この調査結果が『地方公営企業年鑑』として，毎年度，発刊されている。一方で，地方公営企業を狭義に解釈するならば，**地方公営企業法**の全部が当然に適用される水道，工業用水道，軌道（交通），自動車運送（交通），鉄道（交通），電気，ガスの**法定7事業**と，地方公営企業法の財務規定のみが当然に適用される病院事業の8事業とすることができる。これらを整理すると，図表12-4のようになる。

　地方公営企業法とは，地方公共団体が経営する企業の組織，財務，職員の身分取扱いなどを定めたものである。地方公営企業は地方公共団体の一部であるため，原則としては，地方自治制度に関する一般的な法律である地方自治法，

5）『地方公営企業年鑑』では，有料道路，駐車場整備，介護サービスのこれら3事業以外に，廃棄物等処理施設，診療所，自動車教習所，ケーブルテレビなど多種多様な44事業を「その他事業」として，地方公営企業の一部に含めている。

図表12－4　法適用企業と法非適用企業：2020年度

（注 1）事業数には，公営企業型地方独立行政法人も含まれている。
出所：総務省『地方公営企業年鑑』（令和 2 年度決算）より作成。

地方財政法，地方公務員法等が適用される。しかしながら，その規定を全面的に適用すれば，効率的かつ機動的な事業運営に支障をきたす可能性がある。そこで，地方公営企業法の全部あるいは一部を適用することで，地方自治制度のこれら基本法の特例を認め，地方公営企業が企業としての経済性を発揮するとともに，その本来の目的である公共の福祉の増進を図る経営体制を敷くことを意図している。地方公営企業法の全部または一部を適用した事業を**法適用企業**，適用しない事業を**法非適用企業**と呼ぶ。法適用企業は，当然適用か任意適用のいずれかに分類される。

　図表 12－5 に示したように，法適用企業は 4,662 事業で全体の 57.1％ である。法定 7 事業と財務規定のみ当然適用の病院事業以外では，多くの事業で，法非適用となっているのが実態である。しかしながら，2015 年度以降，総務省は，下水道事業と簡易水道事業を重点事業として，地方公営企業法の適用拡大に取り組んでいる。これは，地方公営企業の資産を含む経営状況を的確に把握して，中長期的な視点に基づいた経営戦略の策定を促すことを意図したものである。この結果，簡易水道事業の法適用割合は，2014 年度では 3.5％ に過ぎなかったが，2020 年度には 20.3％ となった。同様に，下水道事業においても，16.2％ から 58.0％ にまで急速に高まった。

（4）地方公営企業の会計制度：企業会計方式と官庁会計方式

　地方公営企業に対する会計処理は，地方公営企業法の適用の有無によって決

図表12－5　地方公営企業の法適用と法非適用の区分：2020年度

	事業数：2020 年度				参考：法適用割合		
	合計	適用	非適用	法適用 割合	2018 年度	2016 年度	2014 年度
水　　道	1,794	1,416	378	78.9%	72.9%	66.8%	65.5%
上水道	1,320	1,320	0	100.0%	100.0%	100.0%	100.0%
簡易水道	474	96	378	20.3%	6.3%	4.1%	3.5%
工業用水道	154	154	0	100.0%	100.0%	100.0%	100.0%
交　　通	85	47	38	55.3%	54.7%	54.7%	58.2%
電　　気	99	31	68	31.3%	28.0%	29.5%	32.9%
ガ　　ス	22	22	0	100.0%	100.0%	100.0%	100.0%
病　　院	683	683	0	100.0%	100.0%	100.0%	100.0%
下水道	3,606	2,092	1,514	58.0%	26.5%	20.1%	16.2%
港湾整備	95	8	87	8.4%	8.2%	8.2%	8.2%
市　　場	151	14	137	9.3%	9.0%	8.7%	8.5%
と畜場	50	1	49	2.0%	1.8%	1.8%	1.6%
観光施設	243	34	209	14.0%	13.5%	13.1%	14.2%
宅地造成	424	45	379	10.6%	10.2%	10.3%	10.4%
有料道路	1	0	1	0.0%	0.0%	0.0%	0.0%
駐車場	193	6	187	3.1%	3.3%	2.7%	3.1%
介護サービス	498	42	456	8.4%	8.4%	8.3%	7.8%
その他	67	67	0	100.0%	100.0%	100.0%	100.0%
合　　計	8,165	4,662	3,503	57.1%	41.2%	37.4%	35.5%

（注1）電気事業は法定7事業の1つであるが，地方公営企業が当然適用となる電気事業は，電気事業法上の一般電気事業及び卸供給事業に規定され，それに該当しない事業分野もあるため電気事業の法適用割合は100％にはならない。

（注2）2020年度の事業数と法適用割合の算出のみ，公営企業型地方独立行政法人も含まれている。

　出所：総務省『地方公営企業年鑑』（各年度版）より作成。

まる。法非適用企業であれば，一般会計と同様に，地方財政法による会計処理である**官庁会計方式**に基づく経理が行われる。官庁会計の役割は，税金等を予算にあわせて過不足なく配分することであるので，現金の入出金の事実に基づいて，歳入と歳出を記録すればよい。これは，**現金主義・単式簿記**である。そ

の一方で，法適用企業は，**企業会計方式**に基づく経理が行われる。現金の入出
金の事実ではなく経済活動の発生という事実に基づいて，貸借対照表，損益計
算書などの財務諸表を作成することになる。これは，**発生主義・複式簿記**であ
る。財務諸表を作成することで，当該事業年度にどの程度の収益（料金収入等）
と費用が生じて，その結果，利益や損失はどの程度かといったフロー情報と，
当該事業の資産や負債がどの程度であるのかといったストック情報を把握する
ことができる。また，施設の建設のための現金支出は，現金の入出金の事実で
判断すれば建設時の年度に全額が費用計上されるが，実際にはその後も，施設
は収益を生み出している。そこで，現金支出の年度と費用計上の年度を切り離
し，収益を生み出している各年度に経費を割り付ける**減価償却**という処理を行
うことで，各年度の的確な損益が観察可能となる。そのため，企業会計方式で
は，**収益的収支**（当年度の損益取引に基づくもの）と，**資本的収支**（投下資本の増
減に関する取引に基づくもの）を区分して経理することになる。これらを整理す
ると，図表12－6のようになる。

図表12－6　企業会計方式と官庁会計方式の特徴

	官庁会計方式	企業会計方式
取引認識	現金主義（現金の入出金に着目）	発生主義（債権・債務の発生に着目）
記帳方式	単式簿記	複式簿記
取引区別	損益取引・資本取引の区別なし	損益取引・資本取引の区別あり

出所：筆者作成。

　地方公営企業は，今後，施設や設備の老朽化に伴う更新投資の増大や，人口
減少等に伴う料金収入の減少に直面することになる。これらの厳しい経営環境
に適切に対応していくためには，損益や資産等の状況を的確に把握したうえ
で，更新投資や経営合理化を図ることが求められる。しかしながら，全体の約
4割を占める法非適用企業は，地方公営企業と呼ばれてはいるが，一般会計と
同様の財務処理である官公庁会計がなされている。長期的な視点で計画的な取
り組みを始めるためには，これらの法非適用企業は，適用企業に移行すること

で，企業会計方式を導入することが求められる。

（5）地方公営企業の経営原則：独立採算制

　地方公営企業は，経済性の発揮と公共の福祉の増進を経営の基本原則とするが，その経営に要する経費は，サービスの受益者から徴収する料金を充てる独立採算制が原則とされる。しかし，地方公営企業法上，「経営に伴う収入をもって充てることが適当でない経費」，または，「能率的な経営を行ってもなおその経営に伴う収入のみをもって充てることが客観的に困難であると認められる経費」については，一般会計等が負担するものとされている。例えば，前者の事例としては，水道事業の「公共施設における無償給水に要する経費」などが該当する。一方，後者の事例としては，病院事業の「へき地における医療の確保を図るために設置された病院に要する経費」などが該当する。これは，**経費の負担区分の原則**と呼ばれる。したがって，一般会計等が負担すべきとされた経費以外を地方公営企業の負担区分とし，それに**独立採算制の原則**が適用されることになる。一般会計等において負担すべきとされた経費については，原則として公営企業繰出金として地方財政計画に計上され，地方交付税の基準財政需要額への算入または特別交付税を通じて，国からの財源措置が行われる。

　図表12-7は，他会計から各事業への繰入状況を示したものである。全体の繰入額は2.96兆円で，そのうち資本的収入が0.91兆円（繰入額の30.6%），収益的収入が2.05兆円（同69.4%）である。地方公営企業法に基づいた他会計からの繰入は，建設改良に充てられる資本的収入よりも，経常的な事業活動に充てられる収益的収入に対して大きいことがわかる。ただし，これは下水道事業への繰入である1.65兆円（全体の55.8%）と，病院事業への0.85兆円（同30.1%）が大きく影響している。事業別の繰入率を見れば，総じて，資本的収入よりも収益的収入に対する繰入率の方が低くなる。特に，地方公営企業法の当然適用事業でその傾向が強くなる。ただし，地方公営企業法では，負担区分の原則以外であっても，一般会計等から地方公営企業への任意の繰入も認めている。したがって，独立採算制の抜け穴にならないように，経費負担区分の適正な運営が求められている。

　図表 12-7 の料金収入割合（＝収益的収入の総収益に占める料金収入の比率）を見ると，全事業では 63.8% である。経費の負担区分の原則があるように，料金収入のみで経費のすべてを賄うことは求められていないが，下水道事業においてはその割合は 36.4% にすぎない。その一方で，電気事業では 90% 程度，水道事業では 80% 程度となっている。ただし，これらの料金収入に計上される

図表12-7　他会計繰入金：2020年度

	他会計繰入金：億円			繰入率：%		料金収入割合：%
	合　計	資本的収入	収益的収入	資本的収入	収益的収入	
水　道	2,005	1,178	828	16.9	2.6	81.3%
上水道	1,734	1,012	721	15.5	2.3	―
簡易水道	272	166	106	38.0	23.6	―
工業用水道	106	80	26	19.1	1.7	82.0%
交　通	846	482	364	19.9	7.1	74.9%
電　気	2	0	2	0.1	0.2	92.6%
ガ　ス	3	1	2	1.9	0.3	75.4%
病　院	8,494	2,001	6,493	33.7	11.7	71.6%
下水道	16,509	4,321	12,189	18.9	29.3	36.4%
港湾整備	134	100	34	10.4	3.9	76.3%
市　場	228	84	144	18.8	17.6	54.2%
と畜場	110	21	90	33.2	58.4	35.4%
観光施設	121	40	81	42.4	36.1	48.3%
宅地造成	648	591	57	24.9	2.5	73.4%
有料道路	0	0	0	0.0	45.5	54.4%
駐車場	63	46	18	56.2	9.3	65.8%
介護サービス	301	112	189	57.7	20.1	74.2%
その他	20	4	16	4.2	10.7	64.5%
合　計	29,593	9,061	20,532	21.0	14.4	63.8%

（注1）繰入率とは，資本的収入への繰入額／資本的収入，収益的収入への繰入額／総収益である。ただし，収益的収入への繰入額には，特別利益の他会計繰入金が含まれる。
（注2）料金収入割合とは，総収益に占める料金収入の割合である。
出所：総務省『地方公営企業年鑑』（令和2年度決算）より作成。

金額は，サービスの利用者が支払った料金のみとは限らない。例えば，敬老バス等に関する一般会計負担として，一般会計からの繰入が含まれている場合がある。さらには，料金収入が予定額を下回った場合などに，収支の均衡を図る目的で，一般会計等からの繰入を料金収入に含めている場合もある。地方公営企業法では，料金は「公正妥当なものでなければならず，かつ，能率的な経営の下における適正な原価を基礎とし，地方公営企業の健全な運営を確保することができるものでなければならない」との規定がある。これは料金決定に際して**原価主義**を定めたものであるが，実際の料金決定において，原価を賄う適正な料金が設定されているのか，説明責任を十分に果たすことが必要である。

　営業活動によって生じた損失（赤字）が累積している地方公営企業も存在する。2020年度末で，累積欠損金を有する事業数は，法適用企業の28.0％にあたる1,301事業である。その累積額は4.62兆円に達するが，そのうち，病院事業の469事業で1.91兆円（累積欠損額の46.9％），交通事業の31事業で1.45兆円（同35.8％）を占めている。病院事業と交通事業で，累積欠損金の合計額の82.7％を占めることになる。この要因は，交通事業については，地下鉄事業において初期投資が多額で，料金による投下資本の回収にきわめて長期間を要することである（第2節（1）の事例分析を参照）。また，病院事業については，へき地医療や救急医療など採算性の面で厳しい部門を担っていることが影響している。人口減少社会に直面した状況では，従来の経費の負担区分の原則では，持続できない事業も増えつつある。地域医療を維持していくためには，抜本的な改革の実施が避けて通れず，地方公営企業から地方独立行政法人に移行する動きも見られる。2020年度で，61の公営企業型**地方独立行政法人**が設立され，法人化によって，より自主的で柔軟な事業運営が可能となっている。

　このような状況で，地方公営企業の会計基準も見直され，2014年度の予算・決算から新基準が適用されている。この新基準では，借入金の負債計上や減損会計の導入によって隠れ債務や含み損を表面化させ，財務の実態を明らかにすることを意図している。見直しによって次のような効果が期待できる。（1）本来認識することが適当な収益・費用を，発生時点ですべて計上することで，損益構造がより明らかになる。（2）固定資産の減価償却制度の改正に

よって，現在の資産の状況等がより明らかになる。実際に，新会計基準が最初に適用された2014年度決算から，資本不足となる事業が大幅に増加することになった。

（6）地方公営企業の存在理由：自然独占

　上下水道事業や地下鉄事業（交通事業）などに共通するのは，多額の資本設備とその維持管理が必要となる一方で，追加的に利用者が増えることによる費用の増加分が小さいことである。すなわち，これらの事業は，高い固定費用と低い限界費用という特性を持つことから，供給量の拡大とともにその平均費用（供給量1単位あたりの費用）が低下する**費用逓減産業**となる。その費用逓減産業では供給量が大きい巨大企業ほど低い平均費用を享受できるため，市場競争プロセスを通じて自然淘汰（合併，倒産）が生じ，最終的に市場を支配する独占企業が出現する。これは，**自然独占**と呼ばれる**市場の失敗**の一例である。さらには，これらの企業の資本設備（例えば，水道事業の配給設備・配管，交通事業の運行設備・線路）は，事業の撤退時に，回収できない埋没費用（サンク・コスト）となるかもしれない。そのような状況では，新規参入が抑制されることで，独占企業の出現可能性はいっそう高まることになる。

　独占企業の弊害は，図表12−8を用いて説明することができる。この図は，多額の固定設備を要するが，限界費用は供給量に関係なく一定とする費用逓減産業を描いたものである。限界費用が平均費用を下回る領域では，定義上，供給量を増加させるにつれて平均費用は必ず低下することになる。このようなケースでは，利潤最大化を図る独占企業は，限界収入が限界費用と等しくなるQ_1まで供給量を増加させる。なぜならば，Q_1を超える供給量では，限界収入と限界費用が交差し，追加的に得られる収入が追加的に要する費用を下回るようになるからである。このように，独占企業の行動は，供給量をQ_1とし，そのQ_1に対応する需要曲線上のP_5に価格を設定する。しかしながら，供給量がQ_1である場合には平均費用はP_4で済むことから，この独占企業は，$(P_5 - P_4) \times Q_1$の独占利潤を得ることになる。この図では，経済学的に望ましい供給量は，社会的余剰が最大化されるQ_3である。なぜならば，需要曲線とは利用者がそ

図表12－8

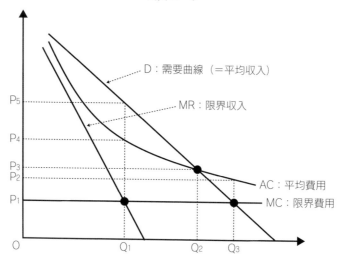

D：需要曲線（＝平均収入）

MR：限界収入

AC：平均費用

MC：限界費用

出所：筆者作成。

のサービス１単位に支払っても良いと考える価格を意味し，供給量がQ₃までは，その需要曲線が限界費用を上回っているからである。このように，独占企業による帰結は，過小な供給量と割高な価格をもたらすことになる。その結果，社会的余剰が最大化されないといった弊害と，独占利潤を生むことで余剰の一部が利用者から独占企業に移転するといった弊害を招いている。自然独占に対処するためには，公営によってそのサービスを直接的に供給するか，あるいは，民営に委ねて料金を低く抑える規制を政府が実施するかの政策的対応が必要となる。例えば，Q₃の供給量を実現するために，料金をP₁に規制する方法がある（限界費用価格原理）。ただし，この場合は事業の維持のために１単位あたりP₂－P₁の補てんが必要となる。または，供給量はQ₂に縮小するが独立採算制を優先して，料金をP₃に規制する方法がある（平均費用価格原理）。しかしながら，これらの料金規制は，政府による補てんに頼るか，利用者が支払う料金の値上げに頼るかの違いであって，双方の規制とも，民間企業の経営効率化への誘因を阻む可能性がある。

　ところで，病院事業やバス事業（交通事業）などのように官と民で同様の
サービスが民間企業によっても供給されている分野もある。地方公営企業の存
在理由は自然独占への対処だけではなく，不採算地域においても，日常生活に
不可欠なサービスを地域住民に安定的に供給するという側面も持っている。

第2節　事　　例

　本節では，交通事業（地下鉄事業）と収益事業（公営競技と宝くじ事業）を取り
上げ，その事例分析を紹介する。地方公営企業の決算および業務状況に関する
データは，『地方公営企業年鑑』において公表され，各企業の個表データも利
用可能である。また，収益事業の歳入・歳出決算データは，『地方財政統計年
報』で利用可能である。

（1）地下鉄事業

　わが国の地下鉄は，昭和2年に，現在の東京メトロ（東京地下鉄株式会社）の
ルーツとなる当時の東京地下鉄道株式会社が浅草から上野間で開通させたのが
最初である。公営地下鉄の事業開始は，図表12-9に示すように，昭和8年
の大阪市による梅田から心斎橋間の開業が最初となる。昭和30年代に名古屋
市と東京都がそれぞれ営業を開始し，その後，昭和62年の仙台市の開業で，
これまで9事業の公営地下鉄が運営を行っている。

　図表12-10は，2014年度の各事業の経営指標を示したものである。運輸収
益に対する企業債償還費の比率を見ると，京都市と福岡市は，それぞれ105%
と98%である。これらの事業は，資本費のみで運輸収益に相当する経費を要
していることになる。特に，京都市は，利息分についても重い返済負担を抱え
ている。その一方で，開業が最初であった大阪市は，33.9%にまで低下してい
る。地下鉄事業の収支は建設段階の投資額とその借入条件に大きく左右され，
開業後に，その収支を改善するのは容易ではない。そのため，新規路線の開設
や既存路線の延伸は，慎重な投資判断が求められる。

　また，自己資本構成比率を見ることで，企業経営の長期的な安定性を測るこ

図表12－9　地下鉄事業の施設と業務概況：2014年度

	事業開始	営業路線	在籍車両	職員数	延人キロ	旅客運輸収益
	年　月	Km	両	人	千人キロ	億　円
東 京 都	S. 35. 12	109.0	1132	3,393	6,367,705	1,291.5
札 幌 市	S. 46. 12	48.0	364	551	1,296,811	345.5
仙 台 市	S. 62. 07	14.8	84	485	321,077	109.1
横 浜 市	S. 47. 12	53.4	290	887	1,731,511	380.0
名古屋市	S. 32. 11	93.3	788	2,759	2,872,539	716.1
京 都 市	S. 56. 05	31.2	222	545	685,016	235.5
大 阪 市	S. 08. 05	129.9	1264	5,217	5,102,322	1,425.7
神 戸 市	S. 52. 03	30.6	208	611	933,526	184.1
福 岡 市	S. 56. 07	29.8	212	575	789,415	247.4

（注1）延人キロとは，旅客数（人）にそれぞれの乗車距離（キロ）を乗じたもので，
　　　　交通機関の輸送規模を示す指標である。
　　出所：総務省『地方公営企業年鑑』（平成26年度決算）。

とができる。地方公営企業の全事業の自己資本構成比率が2014年度で57.6で
あるのに対し，地下鉄事業は32.8にとどまる。多額の初期投資が必要となる
地下鉄事業では自己資本構成比率は必然的に低くなるが，特に，札幌市や京都
市の水準が低いことがわかる。事業の安定性のためには，支払利息が発生しな
い自己資本の造成が求められる。累積的な経営状況は，営業収益に対する累積
欠損金の程度を見ればよい。全事業（法適用事業）の累積欠損金比率が50.6で
あるのに対して，地下鉄の各事業は総じて高い比率を示している。特に，京都
市の比率は1,202.2で，きわめて高い水準にある。京都市では，建設費が高騰
したバブル期と路線拡大の工期が重なったことも影響して，重い企業債元利償
還費に苦しんでいる。その一方で，大阪市は，2000年代に入って利益を積み
重ね，それまでの累積赤字を解消して，累積欠損金はゼロである。その大阪市
営地下鉄は，2018年4月に民営化され，大阪メトロ（大阪市高速電気軌道）が
発足した。民営化で経営の自由度を高め，人口減少をにらみ不動産事業などの
非鉄道事業を進めることになる。2023年2月には直営レストランを開業する

図表12−10 地下鉄事業の経営指標：2014年度

	運輸収益に対する比率					自己資本構成比率	累積欠損金比率
	企業債償還費（a）			職員給与費(b)	合 計(a)＋(b)		
	元金分	利息分	小 計				
東 京 都	31.5%	7.8%	39.3%	25.6%	64.9%	39.4	256.7
札 幌 市	45.7%	18.4%	64.1%	11.9%	76.0%	7.3	681.6
仙 台 市	64.1%	13.0%	77.1%	25.4%	102.5%	42.8	753.5
横 浜 市	50.0%	23.1%	73.1%	19.4%	92.5%	33.5	489.8
名 古 屋 市	37.0%	17.6%	54.6%	33.8%	88.4%	17.3	353.6
京 都 市	73.1%	32.1%	105.1%	20.0%	125.2%	6.9	1,202.0
大 阪 市	25.6%	8.3%	33.9%	33.8%	67.7%	52.9	0.0
神 戸 市	50.0%	18.3%	68.3%	29.7%	98.0%	25.5	407.1
福 岡 市	79.9%	18.1%	98.0%	19.4%	117.4%	16.4	533.7
地下鉄事業	39.1%	13.5%	52.6%	27.2%	79.8%	32.8	322.2
全 事 業	—	—	—	—	—	57.6	50.6

（注1）運輸収益とは料金収入と運輸雑収であるが，ほとんどが料金収入である。自己資本構成比率とは，総資本（負債及び資本）に占める自己資本の割合である。累積欠損金比率とは，営業収益に対する累積欠損金の比率である。
出所：総務省『地方公営企業年鑑』（平成26年度決算）。

　など，大阪メトロは，交通を核にした生活まちづくり企業として多角化を加速させている。多額の初期投資を必要とする地下鉄事業は，収支が均衡するまできわめて長い時間を要する。今後，人口減少による輸送需要の伸び悩みが予想される中で，京都市をはじめ，仙台市，札幌市，福岡市など地方の事業主体は，沿線開発など乗客を確実に増やすための長期的な取り組みが重要となる。

（2）収益事業

　収益事業の目的は，「公営競技については，畜産，機械工業及び公益事業の振興を，宝くじ事業については，浮動購買力の吸収を図り，合わせて地方公共団体の財政資金を調達することにある」とされている。その公営競技の事業別の団体数は，2020年度現在，103団体の競艇事業が最多である。次いで，競輪

事業の55団体，競馬事業の50団体，オートレース事業の5団体となる。さらには，宝くじ事業が47都道府県と20政令指定都市の67団体で実施されている。収益事業の実施団体は延べ280団体で，その内訳は，市町村が215団体，都道府県が65団体である。

　これら事業の収益金は，収益事業会計から他会計に繰出しが行われ，建設事業などの財源に振り向けられることになっている。図表12-11には，その収益金の使途状況が示されている。土木費が844億円（構成比22.4%）で最も大きく，次いで，民生費の745億円（構成比19.7%），教育費の584億円（構成比15.5%）となっている。このように，収益金の大部分は，普通会計等に繰り入れられ，道路，教育施設，社会福祉施設などの整備事業の財源として活用されている。ただし，収益金繰入額の3,771億円の81.1%にあたる3,057億円が宝くじ事業によるもので，公営競技4事業の貢献度は限られている。もっとも，1990年度の収益金繰入額が6,067億円で，2020年度の3,771億円はその約6割の水準にまで落ち込んでいる。宝くじ事業の売り上げも頭打ちで，収益事業によって財政資金を調達することは難しくなりつつある。

　図表12-12は，公営競技の収益率の推移を描いたものである。公営競技の車馬券等の売上額は，90年代以降，娯楽の多様化の影響もあって落ち込み，収益率の低迷が続いていた。比較的，競艇事業は堅調であったが，特に厳しい経営状況にあったのが競馬事業で，1993年度に0.9%のプラスの収益率を記録した後は，収益率は一貫してマイナスのままであった。ただ，近年は，馬券販売の民間委託を可能にした2005年の競馬法改正の影響もあって，ネット投票やインターネット動画サービスによる新たな顧客層に支えられ，競馬事業の収益率は改善の兆しも見せている。戦後復興の財原調達の目的で始まった公営競技を地方公共団体が引き続き実施する必要があるのか，その存在意義が問われる状況になっている。

図表12-11　収益金繰入額の使途状況：2020年度

	民生費	衛生費	土木費	農林水産業費	商工費	教育費	その他	合　計
競　馬	332	182	730	98	28	3,387	6,410	11,167
競　輪	519	415	885	127	499	3,682	2,234	8,361
オートレース	15	21	14	―	―	100	0	150
競　艇	3,078	825	9,387	86	180	9,927	28,258	51,741
宝くじ事業	70,526	10,426	73,375	6,062	14,385	41,260	89,655	305,689
合計額 構成比	74,470 19.7%	11,870 3.1%	84,391 22.4%	6,372 1.7%	15,091 4.0%	58,356 15.5%	126,557 33.6%	377,107 100.0%

（注1）各経費の単位は百万円である。また，「その他」の金額には公営事業会計へ繰
　　　出も含まれている。
出所：総務省『地方財政白書令和4年版』（令和2年度決算）。

図表12-12　公営競技の収益率の推移

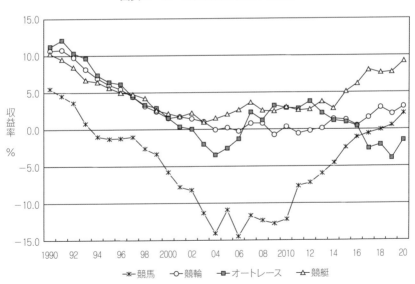

（注1）収益率とは，（歳入-歳出+翌年度に繰り越すべき財源-繰入金+繰出金+未
　　　収金-未払金）を車馬券等売上額で除した値である。
出所：総務省『地方財政白書各年版』より作成。

まとめ

◎地方公共団体の企業活動とは，地方公共団体が直接的に経営する地方公営企業を指している。地方公営企業は，地域住民の日常生活や地域の発展に不可欠である上下水道・病院・交通などのサービスを提供し，その対価として料金を徴収することで，企業としての経営を行っている。

◎地方公営企業は，徴収する料金で経営を行う独立採算制が原則である。しかし，一般会計等からの繰入に頼ることで，収支均衡を図る場合もある。また，初期投資がかさむ事業や不採算地域を担う事業では，多額の累積欠損金を抱え込み，健全な経営状況とは言えない事業もある。

◎地方公営企業の存在理由は，市場の失敗の一例である自然独占への対処として，民営に委ねて規制を課すのではなく，公営という形態で，そのサービスを直接的に供給するためである。また，不採算地域では，地域住民に不可欠なサービスを安定的に供給するという意図もある。

参考文献

総務省（2016），『地方公営企業年鑑』（平成26年度決算）。

総務省（2022），『地方公営企業年鑑』（令和2年度決算）。

総務省（各年版），『地方財政白書』。

地方公営企業制度研究会（2016），『地方公営企業の概要（28）』地方財務協会。

細谷芳郎（2013），『地方公営企業法改訂版』第一法規。

コラム　水道料金の相次ぐ値上げと官民連携の新たな動き

　給水人口が国民の 100% に近い水道事業は，もっとも身近な地方公営企業であろう。その水道事業において，老朽化した水道管や浄水場が更新時期を迎え，維持コストが膨らむことが見込まれている。しかしながら，人口減少による水需要の停滞によって，料金収入が増えることは期待できない。そのような厳しい経営環境をうけて，水道料金の値上げが相次いでいる。『日経グローカル No.299』（日本経済新聞社）によれば，2016 年 2 月から 3 月に全国 813 市区を対象に「上下水道料金の改定」に関するアンケート調査を実施し，2011 年度から 15 年度のあいだに水道料金を「引き上げた」と回答した自治体が 136 市（回答数 813 の 16.7%），「16 年度以降に引き上げる方針・予定」と回答した自治体が，時期未定を含めて 99 市（同12.2%）であることを報告している。この 2 つの回答を合わせて，235 市（同28.9%）が値上げに動いていることになる。

　その一方で，公共インフラの維持管理で官民が連携する新たな動きも広がっている。国や地方公共団体が施設を保有したまま運営権を民間に売却する「コンセッション方式（公共施設等運営権方式）」と呼ばれる動きである。民間の技術や経営ノウハウを公共インフラに取り込み，収益力や利便性の向上を期待している。公共インフラの運営権を民間に売却することで，その対価を国や地方公共団体が得ることもできる。また，民間事業者はその運営権を担保にした資金調達も可能で，民間の資金で施設の更新や修繕も担うことになる。わが国では，空港分野で，この方式を活用した民営化が先行している。関西国際空港・大阪国際空港では 2016 年 4 月から，仙台空港では 2016 年 7 月から，福岡空港では 2019 年 4 月からコンセッション方式による民間の知恵を生かした空港運営が始まった。上下水道についても，コスト縮減を期待してこの方式を活用する動きがある。例えば，静岡県浜松市では，2018 年 4 月に国内初となる下水道コンセッション事業が開始，2020 年 4 月には高知県須崎市で 2 例目となる事業が開始された。また，宮城県では，上下水道と工業用水の運営権を一体的に民間に売却する初の取り組みが 2022 年 4 月から始まっている。

索　引

272

《著者紹介》（執筆順）

篠原正博（しのはら・まさひろ）担当：第1章
　　中央大学経済学部教授

大澤俊一（おおさわ・としかず）担当：第2章
　　広島大学名誉教授

金目哲郎（かなめ・てつろう）担当：第3章，第7章
　　弘前大学人文社会科学部准教授

柏木　恵（かしわぎ・めぐみ）担当：第4章，第11章
　　一般財団法人 キヤノングローバル戦略研究所 研究主幹
　　明治大学専門職大学院ガバナンス研究科 兼任講師

山田直夫（やまだ・ただお）担当：第5章，第6章
　　公益財団法人 日本証券経済研究所 主任研究員

中島正博（なかじま・まさひろ）担当：第8章
　　淑徳大学地域創生学部教授

石川達哉（いしかわ・たつや）担当：第9章
　　九州共立大学経済学部経済・経営学科教授
　　大阪大学大学院国際公共政策研究科招へい教授

高松慶裕（たかまつ・よしひろ）担当：第10章
　　明治学院大学経済学部教授

山下耕治（やました・こうじ）担当：第12章
　　福岡大学経済学部准教授

《編著者紹介》

篠原正博（しのはら・まさひろ）担当：第1章
　中央大学経済学部教授。博士（経済学）中央大学。

主要著書：『住宅税制論』中央大学出版部，2009年．*Firms' Location Selections and Regional Policy*, Springer, 2015（分担執筆）. *Industrial Location and Vitalization of Regional Economy*, Springer, 2023（分担執筆）.

大澤俊一（おおさわ・としかず）担当：第2章
　広島大学名誉教授。博士（経済学）北海道大学。

主要著書："Productive Effects of Public Spending, Spillovers, and Optimal Matching Grant Rates", (with Tong Yang) *Humanities and Social Sciences Communications*, 9：366, 2022.

"Effects of Capital Income Taxes on Welfare in an Overlapping-generations Model", *Japanese Economic Review*, Vol. 51, No. 2, 2000.

山下耕治（やました・こうじ）担当：第12章
　福岡大学経済学部准教授。博士（経済学）横浜市立大学。

主要著書：『地方交付税の経済学―理論・実証に基づく改革―』有斐閣，2003年（共著）。「資源配分機能と地方分権」青木玲子・大住圭介・田中廣滋・林正義（編）『トピックス応用経済学Ⅱ：公共政策・財政・産業組織』第3章，勁草書房，2015年。「老朽化と料金体系が水道料金に与える影響」『フィナンシャル・レビュー』第149号，pp. 202-223, 2022年（共著）。

（検印省略）

2017年6月20日　初版発行
2021年5月10日　改訂版発行
2023年5月10日　第三版発行　　　　　　　　　　　　略称―地方財政

テキストブック地方財政 ［第三版］

　　　　　　　　　　　篠原正博
　　　　　　編著者　　大澤俊一
　　　　　　　　　　　山下耕治
　　　　　　発行者　　塚田尚寛

発行所　東京都文京区　　株式会社　**創成社**
　　　　春日2-13-1

　　　　　電　話　03（3868）3867　　　FAX　03（5802）6802
　　　　　出版部　03（3868）3857　　　FAX　03（5802）6801
　　　　　http://www.books-sosei.com　　振　替　00150-9-191261

定価はカバーに表示してあります。

©2017, 2023 Masahiro Shinohara　　組版：緑舎　印刷：エーヴィスシステムズ
ISBN978-4-7944-3243-8 C3033　　　製本：エーヴィスシステムズ
Printed in Japan　　　　　　　　　落丁・乱丁本はお取り替えいたします。

———————— 経 済 学 選 書 ————————

テキストブック地方財政	篠原　正博 大澤　俊一 山下　耕治	編著	3,000 円
テキストブック租税論	篠原　正博	編著	3,200 円
財　　　政　　　学	栗林　　隆 江波戸順史 山田　直夫 原田　　誠	編著	3,500 円
現代社会を考えるための経済史	髙橋　美由紀	編著	2,800 円
世界貿易のネットワーク	国際連盟経済情報局　著 佐藤　　純　訳		3,200 円
みんなが知りたいアメリカ経済	田端　克至	著	2,600 円
「復興のエンジン」としての観光 —「自然災害に強い観光地」とは—	室崎　益輝 監修・著 橋本　俊哉 編著		2,000 円
復興から学ぶ市民参加型のまちづくりⅢ —コミュニティ・プレイスとパートナーシップ—	風見　正三 佐々木秀之	編著	2,200 円
復興から学ぶ市民参加型のまちづくりⅡ —ソーシャルビジネスと地域コミュニティ—	風見　正三 佐々木秀之	編著	1,600 円
復興から学ぶ市民参加型のまちづくり —中間支援とネットワーキング—	風見　正三 佐々木秀之	編著	2,000 円
新・福祉の総合政策	駒村　康平	編著	3,200 円
環境経済学入門講義	浜本　光紹	著	1,900 円
マクロ経済分析 —ケインズの経済学—	佐々木浩二	著	1,900 円
入　門　経　済　学	飯田　幸裕 岩田　幸訓	著	1,700 円

(本体価格)

———————— 創 成 社 ————————